Como pão no prato sagrado

Rebecca Alpert

Como pão no prato sagrado

Uma leitura lésbico-feminista das Sagradas Escrituras e da tradição judaica

Tradução de
Ruy Jungmann

EDITORA ROSA DOS TEMPOS

Rio de Janeiro
2000

CIP-Brasil. Catalogação-na-fonte
Sindicato Nacional dos Editores de Livros, RJ.

A461c Alpert, Rebecca
Como pão no prato sagrado: uma leitura lésbico-feminista das sagradas escrituras / Rebecca Alpert; tradução de Ruy Jungmann. – Rio de Janeiro: Record: Rosa dos Tempos, 2000.

Tradução de: Like bread on the seder plate: Jewish lesbians and the transformation of tradition
Inclui glossário e bibliografia
ISBN 85-01-05181-0

1. Lésbicas judias. 2. Lesbianismo – Aspectos religiosos – Judaísmo. I. Título.

CDD – 306.76
98-1698 CDU – 3-055.3(924)

Título original norte-americano
Like bread on the seder plate: Jewish lesbians and the transformation of tradution

Copyright © 1997 by Columbia University Press

Todos os direitos reservados. Proibida a reprodução, no todo ou em parte, através de quaisquer meios.

Direitos exclusivos de publicação em língua portuguesa para o Brasil adquiridos pela
Editora Rosa dos Tempos
um selo da
DISTRIBUIDORA RECORD DE SERVIÇOS DE IMPRENSA S.A.
Rua Argentina 171 – Rio de Janeiro, RJ – 20921-380 – Tel.: 585-2000
que se reserva a propriedade literária desta tradução

Impresso no Brasil

ISBN 85-01-05181-0

PEDIDOS PELO REEMBOLSO POSTAL
Caixa Postal 23.052
Rio de Janeiro, RJ – 20922-970

CÓPIA NÃO AUTORIZADA É CRIME
ABDR
ASSOCIAÇÃO BRASILEIRA DE DIREITOS REPROGRÁFICOS
RESPEITE O DIREITO AUTORAL
EDITORA AFILIADA

Sumário

Agradecimentos

Em 1976, fui ordenada rabi. Em 1986, assumi minha condição de lésbica. Minha história nada tem de excepcional. Hoje em dia há dezenas de rabis lésbicas. Todas nós descobrimos uma maneira de dar sentido a essa parte de nossas vidas e, às vezes, integrá-las. Este livro retrata a minha maneira. Nestas páginas procuro estudar a forma como as lésbicas marcam presença no mundo judaico. Sugiro também algumas novas indicações para reinterpretar e transformar textos judaicos, a partir de uma perspectiva lésbica exclusivamente judaica, uma vez que, para mim, nossa tradição textual forma o âmago da vida de nosso povo.

Essas questões revestem-se de profundo interesse para mim, como pessoa que passou a última década vivendo simultaneamente nos mundos judaico e lésbico. Não alego adotar uma perspectiva distante ou objetiva no tocante a esse assunto. Como feminista, não acredito que essa perspectiva seja viável ou desejável. É impossível assumir uma posição imparcial sobre os fatos porque, como seres humanos, somos parte do que acontece neste mundo e a perspectiva, inevitavelmente, repercute nossas idéias. Não tenho escolha a não ser basear-me em minha própria experiência. E embora saiba que essa experiência é só minha, alimento a esperança de que encontre ressonância em outras pessoas.

Não estou convencida de que, em questões de identidade, temos que escrever adotando uma atitude pessoal e subjetiva.

Acredito que a voz de um estranho pode ser também autêntica e que, às vezes, escrevendo a partir do íntimo, podemos perder a perspectiva. Mas sinto-me satisfeita pela oportunidade de escrever sobre um assunto que é muito grato ao meu coração.

Considero este livro uma continuação dos trabalhos pioneiros de Evelyn Torton Beck, a organizadora da coletânea *Nice Jewish Girls*, e de Andy Rose e Christie Balka, os organizadores do *Twice Blessed: On Being Lesbian or Gay and Jewish*. O *Nice Jewish Girls* quebrou o silêncio sobre judias lésbicas. Seu objetivo era acusar as comunidades feminista e judaica pela opressão que exerciam sobre essas mulheres, tanto como judias em um mundo feminista quanto como feministas lésbicas em um mundo judaico. As autoras contaram histórias incríveis e apaixonantes de aceitação, de revelação da dor que vivenciaram por serem aquilo que eram. Tenho de confessar que não li o livro quando foi publicado em 1982. Era assustador demais para mim enfrentar a possibilidade de que eu poderia fundir esses dois mundos, que podia ser lésbica e, além disso, conservar minha fé judaica. A existência do livro, porém, influenciou-me ainda assim, tornando-me consciente de possibilidades com que sequer ousara sonhar.

O *Twice Blessed* deu algumas novas direções à discussão sobre lésbicas e judias. O livro abordava questões religiosas. E era co-organizado por uma lésbica e um *gay*, trazendo para a discussão, pela primeira vez, questões relativas aos *gays*. Tal como o *Nice Jewish Girls*, o *Twice Blessed* deu continuidade a um esforço para refletir a diversidade cultural judaica, *gay* e lésbica, incluindo histórias de judeus da classe operária, judeus mizrahi e judeus com deficiências físicas. Seu objetivo principal, porém, era exigir o reconhecimento de judeus/judias *gays* e lésbicas pela comunidade judaica organizada. E teve um êxito considerável na consecução desse objetivo.

Manifesto aqui também meus agradecimentos a Judith Plaskow, autora de *Standing Again at Sinai*. Embora esse livro se concentrasse em questões feministas, e não lésbicas, ele me forneceu um plano conceitual para a transformação do judaísmo.

Fui profundamente influenciada por essas obras e pelos numerosos romances, contos, ensaios e rituais que estudaram a identidade lésbica de judias nos últimos quinze anos. Grande parte desse material foi incluído em duas coletâneas: Lesbian Herstory Archives, em Brooklyn, Nova York, e no Jewish Women's Resource Center, na cidade de Nova York. Ambas contêm recursos extremamente valiosos para os estudiosos e sinto-me grata às mulheres que doaram seu tempo e energia para que essas coleções existissem.

"In God's Image: Coming to Terms with Leviticus" foi extraído do *Twice Blessed: On Being Lesbian or Gay and Jewish*, organizado por Christie Balka e Andy Rose, Beacon Press, 1989. "Celebrating Gay and Lesbian Awareness: Toward Open Jewish Communities", copyright© Rebecca Alpert. Publicado inicialmente em *New Menorah*, a revista da ALEPH: Alliance for Jewish Renewal, 7318 Germantown Ave., Filadélfia, PA 19119. "Coming Out in the Jewish Community" foi extraído do *Lifecycles Vol. 1: Jewish Women on Life Passages and Personal Milestones*, organizado por Debra Orenstein (Woodstock, Vt.: Jewish Lights Publishing, 1994). Copyright© 1994 de Debra Orenstein. "Finding Our Past: Lesbian Interpretation of the Book of Ruth" consta do *Reading Ruth: Contemporary Women Reclaim a Sacred Story*, organizado por Judith A. Kates e Gail T. Reimer (Nova York: Ballantine Books, 1994). Copyright© 1994 de Judith A. Kates e Gail T. Reimer.

Sinto-me profundamente grata a leitores de versões anteriores deste livro pelas críticas percucientes e cuidadosas. O produto final ficou melhor graças às contribuições de Martha Ackelsberg, Christie Balka, Ellen Garvey, Robin Goldberg, Shirley Idelson, Alexis Jetter, Clare Kinberg, Michael Krausz, Lori Lefkovitz, Sarra Levine, Laura Levitt, Susan Lieberman, Denni Liebowitz, Rebecca Lillian, Eleanor Myers, Annelise Orleck, Judith Plaskow, Claudia Schippert, Sheila Weinberg e Chava Weissler. Sarra Levine merece ser citada duas vezes porque leu de ponta a ponta duas versões anteriores completas e, com isso, deu um exemplo do antigo ensinamento judaico, de que aprendemos mais com nossos alunos.

Eu não poderia ter encontrado a coragem de escrever este livro sem o estímulo e o exemplo de tantas pessoas, como:

os rabis reconstrucionistas — Linda Holtzman, Deborah Brin, Jane Litman, Julie Greenberg, Leila Berner e Sharon Kleinbaum — que foram simultaneamente modelos e parceiras neste processo; a comunidade feminista judaica B'not Esh e, em especial, Faith Rogow, que me deram a coragem de ousar;

os editoradores da Columbia University Press — Larry Gross, o primeiro a acreditar neste projeto; Lillian Faderman, que com seu *insight* e apoio tornou possível que eu não desfalecesse com o esforço; Ann Miller, que tranqüilamente me auxiliou em alguns trechos difíceis; e Susan Heath, que realizou um inspirado trabalho de revisão de texto;

meus filhos, Lynn e Avi Alpert, que tornaram ser mãe algo mágico, de maneiras que eu nunca imaginei que pudesse acontecer, e o pai de ambos, Joel Alpert, por sua compaixão e compreensão.

Quando minha mãe fazia uma refeição, ela sempre retirava a camada mais doce do melão ou separava a parte mais tenra da carne, deixando-as para o fim. Minhas palavras finais de gratidão destinam-se à minha companheira, Christie Balka, cuja presença diária me manteve viva, cuja crença na possibilidade de um mundo de justiça e paz sustentou este livro e que, com gestos simples de carinho, permitiu-me chegar a este dia.

Rebecca Alpert

Como pão no prato sagrado

Um

Lésbica e Judia: Qual É o Problema?

Visibilidade Lésbica

As revoluções sociais gêmeas das décadas de 1960 e 1970 — os movimentos feminista e de *gays*/lésbicas — tornaram possível a mulheres que definem o compromisso com outras mulheres como algo básico em sua vida torná-lo público, "assumir", dar a si mesmas o nome de lésbicas. Embora nem todas se sintam à vontade adotando esse papel público, e conquanto numerosos privilégios e direitos sociais ainda nos sejam negados, a aceitação social do lesbianismo ultrapassa em muito as expectativas das gerações passadas de mulheres que jamais ousaram sonhar que essa abertura para a identidade sexual viria um dia a acontecer.

Como parte dessa mudança, começamos a pensar em como o lesbianismo afetava a nossa vida em outros aspectos. O reexame da identidade judaica constituiu uma parte importante desse processo. No inverno de 1979, o Grupo Mulheres Judias, na Universidade da Califórnia, Berkeley Hill, convidou a *rebbitzin* do *campus* Habad House, Hilda Langer, para falar sobre o tema "Mulheres e Halahá". Por simples curiosidade, uma das organizadoras do encontro perguntou a Langer sobre o lugar das lésbicas no judaísmo. Langer tratou o assunto como de somenos importância.

Sugeriu que se tratava de uma transgressão leve, tal como comer pão durante a Páscoa dos judeus. Embora fosse algo que não se devia fazer, eram poucas as conseqüências.

Algum tempo depois naquela primavera, quando alguns membros do grupo de Berkeley planejavam um jantar de Páscoa, o comentário de Langer veio à tona. Para elas, no entanto, a explicação de Langer não se coadunava com a realidade que viviam. Segundo a experiência que tinham do assunto, o lesbianismo era algo muito mais problemático e grave no contexto judaico do que o sugerido pelo comentário de Langer. De modo que, naquele ano, resolveram não só comer pão durante a Páscoa, mas colocar uma côdea de pão no prato cerimonial, num gesto de solidariedade às lésbicas que lutavam para obter um lugar na vida judaica.[1]

A idéia de colocar pão no prato cerimonial da Pessah (Páscoa judaica) incendiou a imaginação de vários grupos de judias lésbicas e a "Côdea de Pão no Prato Cerimonial da Pessah" transformou-se em um *midrash*, que foi incorporado ao *haggadot* lésbico judaico em todos os Estados Unidos nos primeiros anos da década de 1990. Ao ser recontada a história, um rabi, "o Febrente Rebbe", declarou que "há tanto lugar para lésbicas no judaísmo como para o pão levedado no prato cerimonial na Pessah". E as mulheres responderam:

> Por que esta noite é diferente de todas as outras noites, e por que esta Páscoa de todas as outras? Porque, até esta Páscoa, não havia lugar para o hametz no prato cerimonial da Pessach, mas, esta noite, nesta Páscoa, haverá lugar para o hametz, para uma côdea de pão. Nesta Páscoa, haverá um lugar para as lésbicas no judaísmo — porque foi dito: Há faraós em todas as gerações e, em cada geração, uma mulher terá de deixar seu próprio Mitzraim.[2]

Embora nem todos os grupos se sentissem à vontade em colocar o pão no prato cerimonial da Páscoa (uma transgressão muito mais grave do que meramente comer pão nos últimos dias desse feriado), a história em si disse o que queria. No seder Oberlin, elas resolveram deixar um espaço vazio, marcado como makom, no prato cerimonial. Esta palavra significa literalmente espaço, mas é também usada na tradição judaica como Deus, sem sexo definido. Esse "espaço" abriria uma passagem para que entrassem as judias lésbicas e outras que se sentiam alienadas.[3]

A história, porém, não termina aí. Comovidas com o ritual, mas também constrangidas demais com o simbolismo do pão no prato pascal, feministas judias substituíram o pão por uma laranja e começaram, em vez disso, a colocá-la no prato. Inicialmente, a laranja destinava-se a simbolizar o papel das lésbicas e, mais tarde, dos *gays*, no judaísmo. Incluir grupos de *gays* era um tanto estranho, mas ainda assim algo novo a ser estudado e incorporado.[4] A natureza infratora, tanto do símbolo quanto do ato, foi mais uma vez eliminada.

Ao longo dos anos, no entanto, a lenda mudou. Começou a ser contada a história de uma feminista judia que, falando na Flórida, foi censurada por um homem, que disse que mulheres rabis tinham tanto lugar no judaísmo quanto laranjas no prato da Páscoa, ou que as mulheres tinham tanto lugar no bimá quanto laranjas no prato cerimonial.[5] Colocar uma laranja no prato para representar os papéis da mulher no judaísmo, no entanto, agradou a numerosas pessoas e esse costume foi incorporado a jantares cerimoniais. Artistas incluíram laranjas em seus desenhos de pratos cerimoniais da Páscoa e em abafadores do matzá.[6]

E, assim, nessa época, nasceu também uma lenda. Tal como qualquer história que se conhece por transmissão oral, só raramente ela foi contada duas vezes da mesma forma. As variações complexas da história refletem as maneiras complicadas de como judias lésbicas eram tratadas pela comunidade judaica. Esse processo de transmissão deixou também claro que as judias lésbicas interpretavam de maneira muito diferente, variando da rebbitzin Habad a feministas judias o tratamento recebido por elas na comunidade judaica.

Quando as lésbicas judias começaram a assumir sua condição,[7] a comunidade judaica americana reagiu, em muitos aspectos, da mesma maneira que qualquer grupo que enfrenta um desafio de alguns membros excluídos ou ignorados que buscam uma mudança de *status*. A comunidade reagiu com ignorância, silêncio, classificando-as como homossexuais, e exorcismo, como vimos na história anterior. Membros de grupos fizeram tudo o que podiam para defender o *status quo* e também incorporar a mudança, de forma que alterasse de maneira menos radical a natureza do grupo, tal como existia. Procuraram minimizar e padronizar a diferença. A reação judaica, no entanto, caracterizou-se também por um conjunto peculiar de atitudes que têm origem não na cultura americana geral, mas na tradição judaica.

Reações Judaicas

Inicialmente, numerosos judeus reagiram com incredulidade. Quando falei pela primeira vez diante de uma congregação, em fins da década de 1970, na cidade de Nova York, sobre a questão Homossexualidade e Judaísmo, uma associada idosa e venerável classificou minha palestra como impertinente e absurda. "Não há judias lésbicas", proclamou. Foi preciso a resposta de outra associada, que conhecia numerosas lésbicas, para desiludi-la dessa idéia. E foi a idéia de que não há lésbicas judias que levou a rebbitzin Habad, em 1979, a considerar o lesbianismo como um problema sem importância. Tal como comer pão na Páscoa era algo que podia ser ignorado.

Com a publicação, em 1982, de um livro divisor de águas, o *Nice Jewish Girls: A Lesbian Anthology*, vieram a lume histórias de mulheres que pela primeira vez se definiam como lésbicas e judias, ajudando a refutar o mito de que judeus nunca, ou mesmo raramente, mantêm relacionamentos eróticos com o mesmo sexo. Mesmo que os incrédulos não possam mais duvidar de que há grandes números de judias lésbicas, eles, freqüentemente, recusam-se a fazer qualquer coisa que implique reconhecer-lhes a existência. A despeito da disponibilidade de informações, muitos judeus evitam informar-se mais sobre a vida lésbica. Se eles não se informam sobre as questões que as lésbicas ora colocam, então a comunidade tampouco poderá começar a resolver os problemas da integração de pontos de vista lésbicos na vida judaica. E tampouco ela poderá beneficiar-se com a criatividade lésbica.

Outros, que não nos ignoraram, reagiram pedindo-nos que mantivéssemos oculta nossa identidade sexual. Mas, com certeza, se havia mulheres que se consideravam lésbicas, e que eram também judias, que diferença isso fazia? O judaísmo recebe de braços abertos todos os que nascem judeus ou que passam por uma cerimônia de conversão (embora as definições sobre quem é judeu certamente difiram entre as seitas). Que diferença faria se alguém tivesse uma "preferência sexual" incomum? De que maneira poderia isso lhe afetar a vida religiosa ou a identidade judaica? Que importância teria isso? O aparecimento de sinagogas para *gays* e lésbicas, em fins da década de 1970, contestou essa reação.

Gays e lésbicas deixaram claro que suas necessidades, visões de mundo e sonhos não são exatamente iguais aos de outros judeus e que existem considerações especiais que exigem que assumam sua identidade sexual. Quando compareço à sinagoga, onde minha parceira e eu somos as únicas lésbicas presentes, é muito difícil para nós, por exemplo, sentirmo-nos à vontade em manifestar nossa afeição recíproca, dando-nos as mãos ou mesmo nos beijando ao fim do serviço, oportunidade esta considerada natural por heterossexuais que mantêm relacionamentos há longo tempo. E, sem comunidades que nos aceitem, acontecimentos especiais em nossa vida, como representar o papel de genitor/genitora ou celebrar aniversários não podem, muitas vezes, ser considerados corretos.

Outros, mais à vontade, começaram a considerar exóticas nossas diferenças, a se sentirem fascinados por nós, transformando-nos, por assim dizer, em "laranjas". Queriam que lhes explicássemos tudo sobre o que era ser uma lésbica.[8] Por que você é *gay*? Como é que você pratica o sexo? Como é que você tem filhos? Como é criar um bebê com duas mães? De que maneira você pode distinguir amizades de envolvimentos românticos, se ambos acontecem com mulheres? Você não gosta de homens? Por que está usando esse símbolo esquisito, o triângulo cor-de-rosa na estrela judaica? O que é que você faz em sinagogas *gays*?

Outros, embaraçados com a própria ignorância e constrangidos com a vida que levamos, reagiam guardando silêncio ou fazendo como se não existíssemos, substituindo o "lésbicas" por "mulheres no bimá". Receosos de dizer a coisa errada e nos ofender, muitas vezes nada diziam, absolutamente, deixando, dessa maneira, de reconhecer nossa existência ou incorporar-nos a suas visões da vida judaica. Durante muitos anos, nossas idéias e pensamentos foram inteiramente excluídos de tudo. Jamais éramos convidadas a escrever ou ensinar sobre temas lésbicos em qualquer publicação, em escolas ou em conferências judaicas.

Recentemente, começamos a ser incluídas, mas na maioria das vezes simbolicamente. A maioria das pessoas que ora escrevem sobre temas judaicos inclui uma linha, um parágrafo, ou mesmo um artigo sobre questões *gays* em uma antologia ou em um número especial sobre judeus *gays* em uma revista. Em várias ocasiões, fui convidada a contribuir com uma "peça lésbica" para uma antologia ou ser a oradora em uma sessão de conferência dedicada a temas lésbicos. Utilizar-nos como símbolo significa dar voz a uma única perspectiva lésbica judaica.[9] Afinal de contas somos uma pequena minoria, provavelmente menos numerosa do que a cifra muitas vezes citada de 10 por cento, baseada nos estudos muito antigos de Kinsey sobre conduta sexual. Até que ponto poderia ser obscura nossa pequena comunidade? Por que deveria grande atenção ser dada à vida que levávamos e aos nossos pontos de vista sobre temas judaicos?

Outros viam-nos não só como formando um bloco monolítico, mas também como muito parecidas consigo mesmos. Reagiam concentrando-se nas semelhanças entre judeus heterossexuais e lésbicas. Passando as lésbicas judias a exigir cerimônias em que fossem reconhecidos seus relacionamentos e permitido que tivessem filhos sob sua guarda, parte do constrangimento a nosso respeito começou a desaparecer. Na verdade, disseram eles, vocês são iguais a nós. Estão comprometidas com a sobrevivência do povo judeu e compartilham nossos tradicionais valores familiares. Vocês se apaixonam, assumem relacionamentos de longo prazo, têm filhos, levam vidas "estáveis": qual a necessidade de focalizar aquilo em que são diferentes? Eles querem nos receber, mas a um preço — o mesmo preço que judeus pagaram quando nações-estado da Europa nos concederam emancipação há duzentos anos.[10] Como indivíduos, todos os direitos e privilégios nos foram concedidos. Como grupo, esperava-se que evitássemos manifestações públicas de nossa conduta e práticas características, que nos conformássemos à norma. Aquelas entre nós que não se conformassem, que não quisessem criar filhos ou viver em relacionamentos firmes, não eram bem-vindas.

Mas há também sinais positivos. Numerosas pessoas na comunidade judaica começaram a compreender a necessidade de que a presença das lésbicas fosse aceita como semelhante e diferente da de outros judeus em suas manifestações espirituais, culturais e sociais e a nos reconhecer como grupo complexo por direito próprio. Não raro ligações positivas dão início a relacionamentos pessoais, como amigo ou membro da família. Os que nos apóiam começam a compreender que não nos sentimos bem recebidas como iguais na comunidade judaica porque enfrentamos tanto preconceito e ódio, com os quais temos de aprender a conviver, e que, na maior parte, nós e nossos problemas somos ainda invisíveis nas instituições de nosso povo. Nossos aliados não hesitam em desafiar regras, piadas e comentários que nos excluem e depreciam nossa humanidade, ou as suposições sobre a norma de heterossexualidade, que torna invisível nossa vida.

Problemas com a Tradição Judaica

Não obstante, mesmo que todos os judeus heterossexuais vencessem seus preconceitos e nos apoiassem, esse fato não solucionaria o problema de nos integrar na vida judaica. Isso porque o problema não está apenas na reação de indivíduos e instituições, mas nos antigos textos sagrados, que formam o âmago de nossa crença e prática. Leiamos ou não esses textos, compartilhemos ou não dessas crenças ou observemos ou não as práticas que recomendam, eles continuam a exercer um efeito profundo sobre nossas vidas como judias. No dia 12 de dezembro de 1995, por exemplo, uma notícia procedente de Israel informava que

> Um rabi israelense, membro do Parlamento, citou a Bíblia, que condena os homossexuais à morte. Logo depois ativistas ho-

> mossexuais receberam cartas de ameaça e o apartamento de um casal deles foi objeto de atos de vandalismo. As cartas continuam a chegar, contendo mensagens que se tornam cada vez mais extremadas — variando de ameaças de "uma morte estranha" a manifestações de admiração por Yigal Amir e promessas de lhe seguir o exemplo.[11]

Essas palavras, crenças e costumes determinam a maneira como os demais se comportam em relação a nós. Afetam também a maneira como nós nos vemos e nossos sentimentos sobre o fato de sermos judias. Reclamamos ligação com uma cultura cujos textos sagrados contêm idéias que nos excluem e nos magoam. Não é de se espantar que nos identifiquemos com o pão no prato cerimonial da Pessah.

Judeus tradicionais excomungaram algumas de nós, simplesmente por serem lésbicas.[12] Proibiram-nos de tomar parte nas paradas do Dia da Independência de Israel,[13] de prestar publicamente homenagem a vítimas *gays* do Holocausto,[14] de plantar árvores em Israel em memória de nossos mortos,[15] de fazer aliyá nos termos da lei do retorno. E ampliaram as normas halakhic contra relacionamentos dentro do mesmo sexo, no caso de homens, para aplicar-se também às mulheres.[16]

Instituições judaicas liberais, ainda que mais compreensivas, não nos deram pleno acesso à vida religiosa. Em várias ocasiões, recusaram-se a nos ordenar, a permitir que ensinássemos em escolas hebraicas, a trabalhar em *campi* de faculdades ou ter a oportunidade de cultuar nossos relacionamentos seja através de cerimônias ou de uma estrutura de deveres que nos incluam.[17] Judias feministas religiosas sentem-se assustadas ou insultadas por nossas diferenças. Conversei com algumas rabis, que se recusaram a falar publicamente em nossa defesa, assustadas com a possibilidade de que pensassem que elas, também, são lésbicas.

Para resolver esse dilema, temos que escolher estratégias de reação. E é este o objetivo deste livro. À medida que a comunidade judaica torna-se mais aberta ao exame do lugar das lésbicas, podemos agora analisar com mais profundidade essa dinâmica: descobrir o que tornaria possível às lésbicas participar mais intensamente, como lésbicas, da vida judaica. Para que isso aconteça, não só os judeus, mas o judaísmo e seus textos sagrados precisam ser transformados, de um ponto de vista lésbico. Essa transformação terá de incluir novas interpretações de textos antigos, um esforço para descobrir ou redescobrir textos judaicos de outras eras que incorporem uma sensibilidade lésbica e a criação de novos textos sagrados que sejam abertamente judaicos e lésbicos.

Como resultado desse trabalho, não só as judias lésbicas tornar-se-ão participantes mais efetivas, mas o próprio judaísmo ficará enriquecido com novas estratégias e histórias interpretativas. Tal como a história do pão no prato cerimonial da Pessah, muitas poderão ser as versões e interpretações. E algumas delas talvez nos tornem tão contrafeitas que continuaremos a tentar exorcizá-las ou fazer com que desapareçam. Mas alimento a esperança de que estamos prontas para enfrentar, com uma nova compreensão, as questões que as lésbicas criam para o judaísmo.

Definindo os Pontos de Vista Lésbicos

Para compreender o que seria necessário para transformar o judaísmo a partir de um ponto de vista lésbico, temos, em primeiro lugar, que compreender o que entendemos por lésbica na sociedade moderna. Embora não haja uma definição simples e por todos aceita, podemos identificar vários fenômenos ligados ao lesbianismo: desejo sexual e atração pelo mesmo sexo; amizade e feminismo romântico do ponto de vista da mulher e não-conformidade no tocante a sexos. Essa definição é importante, porque as três dimensões da existência lésbica constituem, na verdade, os principais obstáculos à transformação do judaísmo por iniciativa das lésbicas. Como seres sexuais, compartilhamos o estigma aplicado no judaísmo ao homossexualismo masculino, baseado em proibições bíblicas. Como feministas, somos parte da invisibilidade das mulheres na tradição judaica. Como não-conformistas em questão de sexos, contestamos o enfoque rígido do papel dos sexos nos textos tradicionais. Esses três obstáculos estão em geral entrelaçados. Isto é, argumenta-se que a falta de uma proibição categórica contra a sexualidade lésbica nos textos judaicos tradicionais torna possível permitir o lesbianismo no judaísmo. Mas pode-se também argumentar que a razão por que o comportamento lésbico não foi estigmatizado deve-se exatamente ao fato de que aquilo que mulheres fazem não tem importância no contexto da vida judaica. A ausência de proibição severa da homossexualidade feminina, por conseguinte, não a torna permissível. Torna-a meramente invisível. E à medida que nos recusamos a conformarmo-nos aos papéis atribuídos aos sexos nos torna vulneráveis a sermos chamadas de travestis e de termos abandonado os papéis tradicionais das mulheres.

Desejo Sexual

Na sociedade ocidental moderna, as lésbicas são caracterizadas pelo desejo sexual por pessoas do mesmo sexo. Desse ponto de vista, o lesbianismo questiona a natureza normativa da heterossexualidade ao fornecer um modelo alternativo aos relacionamentos sexuais. Sob esse ângulo, elas se parecem muito com os *gays*, que tampouco se enquadram nos papéis heterossexuais definidos como normas. Começando na década de 1970, essa afinidade levou a alianças com o movimento de liberação *gay*. Grupos de lésbicas e *gays* trabalharam juntos em questões que interessam a ambos, incluindo liberação sexual e direitos civis, tais como proteção contra crimes gerados por ódio e contra a discriminação no local do trabalho e em moradias. Alguns desses grupos queriam também obter o reconhecimento de relacionamentos entre lésbicas e *gays* e os benefícios que cabem aos heterossexuais através do casamento, incluindo descontos no imposto de renda, direitos de herança, custódia de filhos e outros privilégios sociais intangíveis. E formamos juntos também organizações, como sinagogas para *gays* e lésbicas.

As Lésbicas como Mulheres

Em outros enfoques do lesbianismo, a concentração não é na sexualidade, mas nas afinidades entre lésbicas enquanto mulheres. Antes da segunda onda de feminismo, mulheres cujo mundo revolviam em torno de relacionamentos com outras mulheres eram conhecidas como "amigas românticas".[18] Durante toda a primeira onda do feminismo, ninguém considerava a forte ligação romântica entre mulheres como assunto de interesse público. Em fins do século XIX, porém, lésbica era o rótulo pespegado por médicos e sexólogos a mulheres que amavam outras mulheres, classificando-as como "invertidas sexuais", isto é, mulheres que odiavam possuir um corpo feminino. Nessa época, mulheres que mantinham entre si longos relacionamentos afetuosos e não raro fundamentais, tampouco davam a si mesmas o nome de lésbicas. Seus relacionamentos como companheiras por toda a vida, porém, serviram de modelo para feministas lésbicas contemporâneas.[19]

No início da segunda onda elas eram freqüentemente descritas como "mulheres identificadas com mulheres". A teoria feminista do lesbianismo postulava uma conexação profundamente enraizada entre todas as mulheres. Essas feministas figuraram também entre as mais destacadas proponentes da teoria e consideravam o lesbianismo um prolongamento de seu feminismo. A análise que faziam enfatizava os aspectos do patriarcalismo que precisavam ser mudados. Lésbicas assumiram papéis de grande destaque no movimento feminista e participaram ativamente de campanhas em defesa das mulheres contra a violência, pela liberdade de querer ou não ter filhos e pela igualdade no local de trabalho. Nesse contexto, proliferaram grupos de estudo e de orações, lésbicos e feministas.

Não-conformistas em Matéria de Sexo

Em princípios deste século, a lésbica era quase sempre considerada como "terceiro sexo", "mulher-macho" que audaciosamente usurpava privilégios masculinos. A atração sexual de uma mulher por outra tornou-se um problema médico nos primeiros trabalhos dos sexólogos. Esses "especialistas" consideravam o lesbianismo inextricavelmente ligado à identidade de sexo. Pensava-se que o desejo sexual da mulher tinha origem no desprezo pelos papéis e comportamento tradicionais que dela se esperava. Se uma mulher queria ter relação sexual com outra, supunha-se que desejava também outros privilégios masculinos. As parceiras dessas mulheres que mantinham os papéis tradicionais não eram definidas como lésbicas nem atenção era dada a seus desejos.[20]

Durante a segunda onda do feminismo, algumas correntes da teoria feminista manifestaram-se contra a ligação entre os papéis esperados de cada sexo e o desejo sexual. Essa separação proporcionou uma base teórica para que mulheres assumissem papéis e comportamento masculino, sem a suposição concomitante de que não eram, em conseqüência, heterossexuais. Essas feministas sentiam-se constrangidas com os papéis de "mulher-macho" na cultura lésbica de épocas anteriores, que giravam em torno de ligações entre desejo sexual e papéis impróprios ao sexo. Nos dias atuais, a transgressão da conduta apropriada ao sexo ainda desempenha um papel importante nas comunidades lésbicas e uma identificação complexa com o sexo constitui uma característica importante do lesbianismo. A ligação entre sexo e transgressão sexual abre numerosas possibilidades para a expressão da sexualidade lésbica.[21]

Mais recentemente, lésbicas têm trabalhado em conjunto com aqueles que se consideram homossexuais. As alianças desses indivíduos são mais amplas e incluem todos os que se consideram à parte da norma heterossexual dos casamentos monogâmicos: bissexuais e outros cujas práticas sexuais são consideradas "aberrações" pela sociedade, aceitando travestis, prostitutas/prostitutos e transexuais. A teoria dos homossexuais questiona interpretações sociais de dicotomias tais como homo e heterossexual. Tem como objetivo erradicar distinções sociais fundamentais, baseadas em sexo e orientação sexual, bem como acabar com as relações de poder decorrentes dessas categorias.[22]

Lésbicas em Coalizão

Por um ou outro motivo, têm sido problemáticas todas as alianças feitas por lésbicas. Freqüentemente, nessas alianças seus interesses são ignorados e ninguém procura sequer atendê-los. No feminismo, elas concentraram energias na crítica à dominação masculina, em vez de desafiar o sistema de heterossexualidade que beneficia indistintamente todos os que o adotam, tanto mulheres como homens.[23] Feministas heterossexuais, por seu lado, relutam muitas vezes em reconhecer as contribuições de lésbicas ao trabalho feminista em assuntos tais como questões de saúde na gravidez e violência sexual.[24] No movimento de liberação *gay*, os interesses dominantes defendidos são freqüentemente masculinos, ignorando críticas de feministas lésbicas em questões como a violência sexual. Comunidades de homos e transexuais definem igualmente seus problemas de maneira a incluir o lesbianismo sob o rótulo de preferência sexual, considerando-o uma de muitas opções possíveis em comportamento, sem levar em conta diferenças de poder, determinadas pelo sexo, entre *gays* e lésbicas.

Essa depreciação silencia freqüentemente a voz das lésbicas. Feministas afro-americanas enfrentam uma provação semelhante, forçadas como são a escolher entre identificação com a raça ou o sexo e, por isso, são tornadas invisíveis em ambos os contextos. As lésbicas, de igual maneira, são obrigadas a escolher entre identificação baseada em sexo e sexualidade. Nos casos em que identidades múltiplas entram em conflito, certos grupos resolvem às vezes definir espaços separados próprios. Um movimento separatista tem sido de importância crucial para definir uma voz lésbica única.[25] Ainda assim, para muitas pessoas, separatismo não é solução. Conforme sugeriu Bernice Johnson Reagon, criar um espaço separado pode ser útil como refúgio, mas torna-se também uma prisão que impede as lésbicas de eliminar as condições que criaram a necessidade de um espaço separado.[26] Essa perspectiva não permite que elas trabalhem em estreita colaboração com outras que estão também questionando e lutando contra o rígido sistema de sexualidade/sexo apropriado, que nos oprime a todas.

Há importantes conexões para as lésbicas nos pontos de vista feminista, *gay* e homo, e meu objetivo é erguer uma voz lésbica que leve em conta todas essas perspectivas, reconhecendo-lhes tanto as contradições quanto as limitações. Embora seja importante esclarecer as diferenças entre essas várias dimensões do lesbianismo, é também crucial compreendê-las como parciais e ligadas entre si. A lésbica pode identificar-se com aspectos de todas essas perspectivas, simultaneamente ou em diferentes ocasiões na vida. E porque o termo "lésbica" engloba todas essas perspectivas, adoto-o para categorizar os temas deste livro.

Vitórias Feministas

Nas duas últimas décadas, ocorreram enormes progressos na inclusão de contribuições e problemas das mulheres na agenda da vida judaica. A aceitação de pontos de vista feministas tornou possível às judias lésbicas encontrar uma voz na comunidade judaica. Reconhecer que compartilhamos o mesmo silêncio com todas as demais judias forneceu-nos um contexto no qual podemos combater e reagir contra tal invisibilidade. Feministas judias, heterossexuais e lésbicas, já formularam um paradigma, com o qual podemos abordar o processo de transformação. Uma clara transformação do judaísmo por iniciativa das lésbicas toma forma, graças ao ativismo e à vasta produção da literatura feminista judaica.[27]

Problemas Restantes

Mas esta é apenas parte da história. Embora mudanças enormes tenham ocorrido no tocante à transformação do judaísmo por ação de feministas, atitudes de condenação da homossexualidade permanecem solidamente enraizadas na tradição judaica. As lésbicas carregam o fardo da caracterização bíblica da homossexualidade masculina como *to'evah,* ou seja, uma "abominação".[28] Vivenciamos essa proibição como dirigida contra nós não apenas por nossa solidariedade aos *gays,* mas porque, com nossa crescente visibilidade, líderes do judaísmo tradicional deixaram claro que acreditam que as proibições se estendem também a nós.

E embora o feminismo tenha aberto novas fronteiras no tocante aos papéis que homens e mulheres representam na sociedade, transgredir ou desafiar papéis de sexo e definirmo-nos como homossexuais é altamente problemático na vida judaica tradicional. Lésbicas que não querem ser mães e preferem dedicar-se ao trabalho, ou que se apresentam de maneiras tradicionalmente atribuídas ao homem, dificilmente são bem aceitas. O judaísmo continua a ser influenciado em alto grau pelas injunções bíblicas do "sede fecundos e multiplicai-vos" (Gênesis, 1:28) e pelas proibições contra o uso de roupas do sexo oposto (Deuteronômio, 22:5).

A maneira como compreendermos o papel dessas proibições em nossa vida como judias é de importância crucial para a transformação do judaísmo por ação das lésbicas. Se supusermos que essas leis e práticas são imutáveis para todo o sempre, então talvez tenhamos de rejeitar, em sua totalidade, o ponto de vista religioso. Se, contudo, supusermos que o judaísmo sofreu mudanças radicais ao longo do tempo e que foi, na verdade, a flexibilidade e o dinamismo da tradição que o sustentou, então poderemos entrever a oportunidade de reinterpretar e transformar essas regras e proibições, bem como, se necessário, rejeitar normas específicas e construir sobre novas fundações.

Definindo o Judaísmo

A possibilidade de transformação do judaísmo com aceitação do lesbianismo implica a compreensão de que uma nova base poderá ser construída no contexto das definições complexas e mutáveis dessa religião. Concordo com numerosos estudiosos, que argumentam que não há um único judaísmo monolítico e que nunca houve tal fenômeno.[29] Comunidades judaicas separadas existiram e existem em todas as partes do mundo. Todas elas se adaptaram e foram influenciadas pela cultura e pelas atitudes da comunidade que as recebe. Em grau considerável, o judaísmo floresce há milhares de anos graças às adaptações à vida nas diferentes nacionalidades, raças e religiões. Em todos esses casos, com exceção do Estado de Israel, os judeus viveram como estranhos nas culturas que as recebem.[30] Este fato, claro, produziu um impacto significativo sobre a maneira como a comunidade judaica lida com os *gays* e lésbicas que nela vivem.

Além do mais, em todas as comunidades nacionais de judeus existem comunidades separadas. Todas elas são singulares em termos da língua que falam, da diversidade étnica, do grau de observância à lei judaica, das maneiras como expressam a cultura de seu povo e no desejo de identificar-se com outros judeus e apoiá-los fora dos marcos de referência vigentes.

Diferenças em etnicidade, crenças, práticas e concentração em certos assuntos sempre existiram entre os judeus desde os tempos bíblicos. Basta lembrar que o cristianismo começou como uma seita judaica, estudar a história do movimento carismático no judaísmo ou, ainda, analisar as diferenças entre os judeus asquenazim e sefardis nos dias atuais para compreender a amplidão das culturas judaicas.

Embora numerosas pessoas associem hoje o judaísmo à sua dimensão religiosa, ocorre nesse caso uma simplificação excessiva. Desde a emancipação dos judeus nos países ocidentais no século XVIII, muitos deles conservaram forte identificação com o povo judeu sem qualquer envolvimento na prática religiosa. Conforme sugeriu Mordecai Kaplan, o fundador do Reconstrucionismo, o judaísmo é uma civilização que abrange elementos encontrados em qualquer cultura: língua, direito, arte, política, folclore e religião. O sionismo e o socialismo constituem duas expressões poderosas da cultura judaica secular. Até aqueles que se consideram judeus principalmente por razões religiosas dificilmente compartilham um único conjunto de práticas e crenças. Como reconstrucionista, acredito que o único fator unificador para os judeus é nossa ligação com o povo e a civilização judaica. Desse ponto de vista, o judaísmo inclui todos os que manifestam identificação com a história textual desse povo em particular, seus valores e costumes, como quer que sejam definidos.[31]

Fatores Agravantes

A complexidade da vida judaica acrescenta outra interessante dimensão à transformação do judaísmo pelas lésbicas. Durante esse trabalho, teremos de manter em mente que o lesbianismo é apenas uma das muitas dimensões da identidade judaica. Em certas situações, há lésbicas judias que acham que outros aspectos da experiência judaica são mais importantes. Ocasionalmente, uma rabi lésbica pensa que seu sofisticado conhecimento e observância do judaísmo lhe concede *status* mais alto do que o daquelas que não tiveram essa educação avançada. Lésbicas judias brancas cujos pais vieram da Rússia sentem-se mais à vontade na maioria dos ambientes nos Estados Unidos do que a judia marroquina. A judia nata e lésbica se sentirá mais à vontade em uma cerimônia pascal familiar do que a colega que é apenas uma convertida ao judaísmo. A lésbica mais idosa encontrará ligações mais de seu agrado em numerosos ambientes de organizações judaicas do que a lésbica mais jovem que se define como homossexual. Lésbicas em bom estado de saúde têm mais acesso a instituições judaicas do que as que padecem de deficiências físicas. Alguns desses fatores, no entanto, podem funcionar em sentido oposto nos segmentos da comunidade judaica onde grupos diferentes constituem maioria. Esses fatores de diferença precisam ser levados em conta quando falamos na transformação do judaísmo por influência das lésbicas. E esses fatos nos lembram que não há um ponto de vista lésbico judaico universal. Toda e qualquer visão da vida judaica, do ponto de vista da lésbica, será apenas parcial.

Judaísmo e lesbianismo são fenômenos complexos que não comportam uma definição simples. Ainda assim, há uma relação entre as experiências e as idéias dessas lésbicas que forma o que a pensadora feminista afro-americana Patricia Hill Collins descreveu como "um ângulo de visão singular", do qual se poderia analisar os valores e idéias do judaísmo em suas várias manifestações.[32] Examinarei nestas páginas textos judaicos antigos, modernos e contemporâneos, com o objetivo de iniciar um processo de mudança da tradição textual judaica que sirva de base a uma transformação social mais profunda.

Neste primeiro capítulo sugeri que, a despeito dos progressos ocorridos na comunidade judaica, com vistas à aceitação de lésbicas, nenhuma mudança real será possível sem confrontar os textos judaicos, reinterpretá-los e adicionar nossa própria interpretação. Argumentei que a capacidade de confrontar e contestar esses textos implica ver o lesbianismo e o judaísmo como fenômenos complexos, cujas definições mudam no tempo e no espaço. No capítulo que se segue, darei prosseguimento a esse processo, examinando os textos perturbadores que nos tornaram invisíveis e ultrajadas. Examiná-los é um passo necessário, que dá início ao processo de transformação. Só examinando as razões profundamente enraizadas de nossa alienação é que poderemos realmente dar partida ao processo de encontrar um lugar para nós, como lésbicas, na vida judaica.

Após analisar no Capítulo 2 esses textos da Torah, sugerirei no Capítulo 3 a possibilidade de compreendê-los de novas maneiras, lendo-os através da lente do lesbianismo. Os Capítulos 4 a 6 examinarão outros textos bíblicos que proporcionam uma abertura para uma transformação mais profunda da crença e prática judaicas do ponto de vista lésbico. Nos Capítulos 7 e 8, chamarei atenção para textos modernos que passaram despercebidos, mas que constituem partes importantes para construir um passado lésbico judaico. O Capítulo 9 sugere que a ficção lésbica judaica contemporânea torna também nossa vida parte dessa transformação textual. O capítulo final ousa imaginar o que seria a vida judaica baseada na transformação da tradição textual por iniciativa das lésbicas.

Dois

Textos Perturbadores da Torah[1]

A Torah, o mais sagrado dos textos para o povo judeu, contém passagens altamente problemáticas para as lésbicas. Inclui, por exemplo, um trecho que classifica como abomináveis os atos de homossexualismo masculino: "Com o homem não te deitarás, como se fosse mulher: é abominação" (Levítico, 18:22). Em outro versículo, insiste em que a humanidade é definida pela parceria homem-mulher: "Criou Deus, pois, o homem à sua imagem, à imagem de Deus o criou; homem e mulher os criou" (Gênesis, 1:27). Outro versículo tem sido interpretado como sugerindo que a sexualidade lésbica é estranha à prática judaica: "Não fareis segundo as obras da terra do Egito, em que habitastes (...) nem andareis em seus estatutos" (Levítico, 18:3). Sem a menor dúvida, essas injunções provocam consternação naquelas entre nós que participam da vida religiosa. E precisamos de novas estratégias para lhe superar os efeitos.

Mesmo que não sejamos religiosas, esses textos judaicos antigos podem afetar-nos. A Torah é invocada por outras pessoas para sustentar-lhes a crença de que o homossexualismo é um erro. (Isso se aplica não só aos judeus. A Torah é citada por grupos religiosos da direita cristã com o mesmo objetivo.) Os usos dados à Torah podem solapar o orgulho que sentimos de nós mesmas, alimentando não só a homofobia de estranhos como também a nossa.

Mesmo que não sejamos freqüentadoras da sinagoga ou de escola religiosa, onde lemos essas palavras, contra elas nenhuma imunidade temos. Em salas de aula de universidades, trechos da Torah são ensinados como literatura. Pressupostos baseados nessas palavras encontram espaço nos jornais, no cinema e na televisão. Não podemos ignorar o fato de que, na literatura sagrada de nosso povo, as lésbicas são menosprezadas ou aviltadas. Neste capítulo, analisaremos essas três passagens embaraçosas da Torah, as maneiras como foram interpretadas ao longo de toda a história judaica e como serviram para aprofundar nosso senso de alienação.

A Importância da Torah

Antes de analisarmos esses textos, porém, é importante compreender o papel fundamental da Torah na vida religiosa judaica. A Torah consiste nos cinco primeiros livros da Bíblia hebraica. É conhecida também como Pentateuco, ou os Cinco Livros de Moisés. Esses livros contêm histórias sobre as origens do mundo, o aparecimento de nosso povo e os primórdios do sistema jurídico judaico. Tradicionalmente, são entendidos como uma revelação — como palavras de Deus, postas na escrita por Moisés, profeta de Deus, no monte Sinai. Essas palavras, portanto, são consideradas não só o registro de nosso passado, mas a explicação, por Deus, de sua vontade para o povo de Israel. O estudo e a interpretação da Torah têm sido a ocupação principal dos judeus nos últimos 2.500 anos, desde os tempos de Ezra.

A Torah é o alicerce de todo o corpo jurídico judaico. Nas leis codificadas nesses livros estão a origem definitiva da autoridade e o ponto de partida do desenvolvimento posterior da civilização judaica. De acordo com a interpretação estrita da lei, nenhum pronunciamento contido na Torah poderá jamais ser anulado ou revogado. E numerosas leis redigidas posteriormente foram investidas de autoridade ao serem ligadas, de alguma forma, a uma passagem da Torah, da mesma maneira que as proibições contra os "estatutos do Egito" foram mais tarde identificadas como a razão das proibições contra o lesbianismo.

Além de suas implicações para o sistema legal judaico, a Torah reveste-se de profundo poder simbólico. É preservada em um pergaminho escrito a mão e guardada na arca, um local sagrado situado à frente ou no centro de todas as sinagogas, sob uma chama que queima eternamente. É adornada com uma capa e ornamentos especiais. Retirada da arca com grande pompa, é cantada em voz alta três vezes por semana e em dias santificados. A leitura pública da Torah constitui o evento principal do serviço matutino no Shabat. Ser convocado à Torah para recitar a oração que precede a leitura do pergaminho constitui uma grande honra. Bênçãos e leitura da Torah formam a experiência básica da cerimônia do bar/bat-mitzvá.

Evidentemente, as palavras da Torah não podem ser levianamente ignoradas, nem desejaríamos que fossem. Isso porque, embora a Torah contenha trechos embaraçosos, constitui também a fonte de conceitos vitais para nós: que devemos amar nossos vizinhos como a nós mesmos e tratar com respeito o estrangeiro, o pobre e o solitário. A Torah nos ensina a considerarmo-nos como criados à imagem de Deus e, por conseguinte, como os portadores da santidade no mundo. E contém também histórias maravilhosas e inspiradoras sobre a criação do mundo e da jornada de nosso povo da escravidão para a liberdade.

Aqueles entre nós que resolvem aceitar por completo a tradição judaica assim procedem, em parte, por causa dos alicerces lançados pela Torah. Não podemos simplesmente expungir aquilo de que não gostamos. A Torah é nossa herança e texto básico de nosso povo. Ainda assim, uma questão dolorosa surge e reverbera em nossa vida: como viver como judias quando o mesmo texto que nos diz para amar nossos vizinhos diz-nos também que atos de homossexualismo masculino são puníveis com a morte, por decreto desse mesmo Deus? Quando o texto que nos diz que fomos criados à imagem de Deus baseia-se na suposição da união macho-fêmea? Quando nossa sexualidade é ligada aos "estatutos do Egito" — à cultura do povo que nos escravizou? Vamos começar a responder a essas perguntas examinando atentamente as passagens problemáticas para nós e, em seguida, chegar a uma conclusão sobre que recursos temos para conviver com elas.

A História da Criação

Criou Deus, pois, o homem à sua imagem, à imagem de Deus o criou; homem e mulher os criou.

Gênesis, 1:27

Temos que resolver a questão de como lésbicas podem viver como judias quando o texto sagrado, que nos diz que fomos criadas à imagem de Deus, diz também que atos de homossexualismo masculino são puníveis com a morte e que atos lésbicos estão associados aos "estatutos do Egito". Temos aí idéias contraditórias: se Deus criou todos os seres humanos à imagem divina, então homens que amam homens e mulheres que amam mulheres devem ser partes também do plano divino. Conquanto seja necessário chegar a um acordo com a proibição legal contra atos de homossexualismo masculino na Torah, é importante também examinar, com mais atenção, o texto que declara que todos os seres humanos foram criados à imagem de Deus. Isso porque esse texto, que aparentemente dá sustentação à nossa dignidade e humanidade, não deixa de ser problemático. Na verdade, dá origem a perguntas ainda mais embaraçosas.

Nesse caso, estamos estudando um mito, e não a lei. Não devemos, claro, subestimar o poder do mito para definir normas sociais, isso de maneiras ainda mais poderosas do que a legislação. Precisamos apenas lembrar o modo como a história de Édipo afetou nosso pensamento sobre as relações entre pais e filhos, ou no poder dos contos de fada para ensinar lições sobre como devemos comportarmo-nos no mundo, para compreender o poder do mito de determinar a maneira como vemos as coisas. Os mitos são muitas vezes escritos de forma descritiva para explicar como o mundo funciona, mas usados prescritivamente para explicar como o mundo deve funcionar. No caso do mito hebraico da criação, no qual encontramos a idéia de que todos fomos criados à imagem de Deus, tanto os pressupostos prescritivos quanto os descritivos levantam obstáculos à aceitação das lésbicas na tradição hebraica.

Uma vez que esse texto é mito, e não lei, melhor será estudá-lo "miticamente", isto é, através da linguagem do midrah. O objetivo, neste caso, não é o de descobrir o significado "verdadeiro" do texto, ou mesmo compreender o que ele significa em seu novo contexto. Por que focalizar essa história e não outras crônicas bíblicas? Exatamente porque esse texto arroga-se o direito de definir a natureza dos seres humanos em relação a Deus, a nossos relacionamentos íntimos com outros seres humanos e a nossa sexualidade.

A Criação dos Sexos

A idéia de que os seres humanos foram criados à imagem de Deus é encontrada no próprio início do texto da Torah, no primeiro capítulo do Gênesis. A declaração está inserida na primeira das duas histórias da criação constantes da Bíblia hebraica. Nessa declaração simples, é exposta uma visão de mundo completa.

A principal maneira como se compreende que seres humanos existem no mundo é através da definição da identidade sexual: a pessoa é anatomicamente macho ou fêmea. Para as feministas, essa declaração pode ser interpretada sob uma ótica positiva. A interpretação feminista argumenta que homens e mulheres foram criados iguais, simultaneamente, e ambos à imagem de Deus. Nessa versão da história da criação, nenhum domínio ou primazia são dados ao homem com base em diferenças biológicas.

É perturbador, no entanto, considerar o sexo biológico como a característica definidora principal da humanidade. Esse mito introduz um rígido sistema binário de identidade, no qual o ser humano tem de ser biologicamente macho ou fêmea. E deixa o *status* dos intersexuais, os que nasceram com os dois sexos biológicos, sujeitos a dolorosas e preconceituosas atitudes da sociedade. Com maior freqüência, eles são obrigados a escolher um sexo, e não a viver em um estado mais ambíguo como macho e fêmea. Na maioria dos casos, os pais decidem-se pela cirurgia, com o objetivo de eliminar um conjunto de órgãos sexuais antes de a criança ter oportunidade de decidir sobre uma identidade ou conservar ambas.[2] O mito de que só há dois sexos, mutuamente exclusivos, é reforçado pela narrativa da criação no texto hebraico.

A descrição da criação do homem implica também um elo entre a identidade sexual e a identidade de sexo. Embora a maioria dos indivíduos que são anatomicamente machos ou fêmeas se identifique como tais, há muitos que acham que nasceram no corpo errado, que pensam pertencerem ao outro sexo. A necessidade de definir o indivíduo como macho ou fêmea, da forma exposta no texto, é reforçada durante toda a vida da pessoa, e os que adotam identidades alternativas de sexo sofrem profunda discriminação em virtude dessas diferenças.[3]

O problema é ainda mais agravado pelo entendimento, simplista demais, dos termos "macho" e "fêmea", não só da perspectiva cultural quanto também biológica. Da maneira como o texto é em geral interpretado, "macho" e "fêmea" referem-se não só à anatomia, mas também à aceitação de papéis, às posições que se espera que homens e mulheres ocupem na sociedade. Uma vez que o texto implica um entendimento fixo de "macho" e "fêmea", pouco espaço deixa para o estudo de identidades sexuais ambíguas ou para ampliar a definição do que significa ser macho ou fêmea.

As questões postuladas até agora, de sexo biológico, aceitação do sexo e papéis que cabem a cada um deles, são amiúde interpretadas como relacionadas diretamente com a orientação sexual da pessoa. Em conseqüência, se uma mulher decide ser caminhoneira profissional ou se um homem resolve usar saia ocasionalmente, supõe-se logo que são lésbica e *gay*. E é a ameaça de ser rotulado dessa maneira que impõe a rígida observância dos papéis de cada sexo, impedindo que homens e mulheres explorem uma grande variedade de opções em comportamento e levando também à confusão sobre a identidade lésbica.

Ninguém sabe como é formada a orientação para o sexo ou sexual. Não podemos, por conseguinte, presumir a natureza da relação entre ambos e o sexo biológico. Mulheres que assumem o lesbianismo podem na verdade ser levadas, devido à nossa orientação sexual diferente, a pensar, em formas mais complexas, em sexo e sexualidade. Algumas podem mesmo resolver experimentar mais livremente essas identidades do que as heterossexuais. Numerosas pessoas com identidades alternativas de sexo e sexuais, porém, não se consideram necessariamente *gays* ou lésbicas.[4] Ainda assim, ler o texto através de uma lente lésbica aumenta nosso interesse por essas questões, porque entendemos a identidade lésbica como parte de um contexto mais amplo, que questiona pressupostos sobre sexos e sexualidade. Preocupamo-nos, por conseguinte, com a opressão sofrida por pessoas com identidades de sexo e sexuais diferentes e precisamos também ler o texto a partir dessa perspectiva.

"Tornando-se os Dois uma Só Carne": Criação e Complementaridade

A conexão inextricável entre os dois sexos é ainda mais perturbadora. A criação de seres humanos como macho *e* fêmea, não como macho *ou* fêmea, impõe-nos o paradigma da união complementar de homens e mulheres como essencial à experiência humana. Essa visão, mencionada na primeira história da criação, é tornada explícita na segunda, sobre Adão e Eva. E é esta história da criação que fornece as explicações básicas sobre complementaridade dos sexos, sexualidade e heterossexualidade compulsória.[5]

Através dos séculos, comentaristas e estudiosos da Bíblia têm se sentido perplexos com o fato de a história da criação ser contada duas vezes no texto. Na primeira, a criação dos seres humanos é descrita em poucas palavras. A segunda é mais elaborada do que a primeira e conhecida pela maioria das pessoas. É realmente entendida como uma explicação dos elementos básicos da vida humana — trabalho, sexualidade, procriação, vestimenta, abrigo e morte. Nessa história, Deus cria Adão.

O primeiro trabalho de Adão é cuidar do jardim. Mas ele está só e Deus chega à conclusão de que isso não é bom. Cria animais, Adão lhes dá nomes, mas eles não são companhia apropriada. Deus soluciona o problema anestesiando Adão e criando dois novos seres, homem e mulher, para serem companheiros recíprocos, conforme descrito pela frase hebraica, *ezer c'negdo.* A importância da união nessa história repercute e anuvia a primeira. No primeiro capítulo do Gênesis, homem e mulher são ligados. Na segunda versão, eles mantêm uma relação crucial entre si como companheiro(a)/contraparte.

Em seguida, o autor bíblico sugere que esse companheirismo

é a razão da existência do casamento. Porque é *ezer c'negdo*, "deixa o homem pai e mãe, e se une à sua mulher, tornando-se os dois uma só carne" (Gênesis, 2:24). É nessa interpretação que a conexão entre homem e mulher assume uma conotação sexual.

De acordo com essa história da criação, portanto, o paradigma do companheirismo humano é a união homem/mulher. Parece, nessa altura da narrativa, que a lição que está sendo ensinada é a da primazia do companheirismo, definido através da união dos opostos macho e fêmea. Essa parte da história, assim entendida, suscita importantes questões. A primeira diz respeito à necessidade de definir relacionamentos como pares de opostos, com vistas a evitar a solidão. Temos que questionar este pressuposto básico, uma vez que numerosas sociedades reconhecem a capacidade de certos indivíduos de funcionar sem companheirismo heterossocial e em grupos predominantemente homossociais. Na verdade, a cultura judaica, tal como a maioria das culturas pré-modernas, foi e continua a ser, em círculos tradicionalistas, predominantemente homossocial, enfatizando a rígida separação dos sexos em todas as dimensões da vida pública.[6] Ainda assim, a tradição judaica não tem lugar para indivíduos que não anseiam pela companhia de outros do sexo oposto ou que não experimentam solidão como um mal a ser superado, mas cuja vida feliz e produtiva desmente a necessidade de uma união heterossocial.

A segunda questão diz respeito ao pressuposto de que a união de opostos, definida como macho/fêmea, é o paradigma básico para casais. Encontra-se aí o desafio mais importante às lésbicas que resolvem morar com suas parceiras. Mesmo que aceitemos a idéia de que é preferível o companheirismo com outro indivíduo, não está absolutamente claro que o companheirismo que escolhermos precisa ser com um homem.

Essa concentração no relacionamento complementar entre homem e mulher constitui o fundamento de grande parte dos sentimentos contra as lésbicas e os *gays* fora da comunidade judaica e, sobretudo, na direita religiosa. "Deus criou Adão e Eva, e não Adão e Manoel" tornou-se um *slogan* importante no movimento contra os *gays*. Vemo-lo em tabuletas e cartazes quando participamos de passeatas *gays*, de Washington a San Francisco. Vemo-lo em adesivos pregados em pára-choques de carros, em cidades pequenas e grandes. E brota como a verdade da boca de pastores fundamentalistas, de convidados em programas de entrevistas na TV, de estudantes em classes universitárias. A história da criação, para muitos na sociedade contemporânea, proclamaria a verdade sobre o que é certo e natural para todas as pessoas.

Um artigo de 1994, escrito por Reuven Kimelman, manifesta a mesma idéia do ponto de vista judaico. Argumenta ele que a base fundamental e imutável da vida familiar judaica é a complementaridade macho/fêmea. Dado esse raciocínio, é impossível que *gays* e lésbicas sejam "bons" judeus.[7]

"Teu Desejo Será para o teu Marido": Definindo a Norma Heterossexual

Até esse ponto, na narrativa do Gênesis, a questão da sexualidade não era o tema principal. Nesse momento, desenvolvendo-se a história, a mulher torna-se curiosa sobre a árvore, que Deus proibiu que ela e o homem tocassem. Pegando a deixa com a serpente e manifestando vontade independente, ela decide comer o fruto da árvore e oferece um pouco ao homem que está com ela. Nesse momento eles se dão conta de que estão nus e procuram se cobrir. Essa referência é em geral compreendida como tomar consciência da sexualidade. Deus, notando que eles não lhe haviam cumprido a ordem de não comer do fruto da árvore, introduz numerosas mudanças na natureza da existência de ambos. O homem será alienado de seu trabalho. A mulher terá o mesmo destino e, além disso, sofrerá dores de parto. A questão da sexualidade é equacionada quando Deus diz à mulher: "teu desejo será para o teu marido, e ele te governará." Além disso, nesse momento, é dado a Adão o poder de escolher um nome para a esposa. Ele a chama de Eva, que significa mãe de todos os viventes. O mito supõe conexões entre sexualidade, procriação, dominação masculina e desejo heterossexual.

Nesse instante, a história torna-se problemática para as feministas, uma vez que a relação de igualdade entre homem e mulher é substituída por uma relação de dominação: "e ele te governará." Além disso, a história frisa a identidade básica da mulher como mãe.

Para as lésbicas, surge um problema diferente. A questão da dominação masculina, da forma definida pelas palavras "ele te governará", é de somenos importância, se não nos definirmos como pertencentes ao grupo a quem se aplica o "teu desejo será para o teu marido". Como mulheres que não desejam homens como parceiros sexuais, lésbicas não se incluem na "maldição de Eva". Talvez este seja o aspecto mais ameaçador da existência lésbica, uma vez que reconhece haver mulheres cujos desejos desafiam o pressuposto de "naturalidade" da heterossexualidade. O desejo da lésbica complica a universalidade desse mito.

E pode levar-nos também a questionar a natureza do mito, e se ele prescreve ou descreve. Se descritivo, é um esforço para explicar por que homens dominam mulheres; por que o parto é doloroso e perigoso e porque, queiram ou não, as mulheres o suportam; e por que a heterossexualidade é a norma. Mas se é prescritivo, então o autor deve ter suposto que o desejo da mulher pelo marido deve ser tornado compulsório, porquanto esse desejo é, na realidade, difuso, e poderá ser canalizado em outras direções.

A história torna-se também complicada para as lésbicas porque não há uma conexão necessária para nós entre sexualidade e procriação. Embora algumas lésbicas façam ocasionalmente amor com homens, a procriação lésbica não tem em geral relação com o coito heterossexual. Por essas razões, a história exclui por completo a existência da mulher como lésbica.

A Proibição Contra o Comportamento Homossexual Masculino

Com homem não te deitarás, como se fosse mulher: é abominação.

Levítico, 18:22

Três vezes por ano, na tarde do Yom Kipur e, em seguida, duas vezes durante o ciclo anual de leituras da Torah, em todos os anos

nos últimos 2.500 anos judeus em todo o mundo escutaram a leitura pública do Levítico, declarando que o ato sexual entre dois homens é "uma abominação". Quando é lida a proibição contida no versículo 20 do Levítico, durante a leitura anual do ciclo da Torah na primavera, a homossexualidade masculina é considerada não só uma abominação, mas também como crime capital.

O que poderia ser mais alienador do que saber que o texto mais sagrado de nosso povo, lido em voz alta no dia mais sagrado do ano, classifica como abominação aquilo que é fundamental em nossa vida? O que poderia ser mais apavorante do que saber que aquilo que, para nós, é um ato sagrado de amor, foi considerado por nossos ancestrais como punível com a morte?

Conviver com esse trecho no Levítico talvez seja a maior luta isolada enfrentada por lésbicas que desejam encontrar um lar na comunidade judaica, a despeito do fato de não terem sido mencionadas especificamente. Tem havido muitas especulações sobre essa omissão. Supuseram alguns, baseando-se nesse fato, que entre o povo hebraico nunca houve comportamento lésbico. Claro, se soubessem da existência de homoerotismo feminino, tê-lo-iam proibido juntamente com o masculino. Esse argumento, baseado no silêncio que se fez em volta do assunto, porém, não leva em conta as atitudes divergentes sobre sexualidade masculina e feminina na visão hebraica de mundo. A preocupação sexual número um da Bíblia hebraica é a ejaculação do sêmen. O que as mulheres faziam entre si pouco interessava aos autores e redatores da Bíblia. Por esse motivo, será mais cabível supor que o homoerotismo feminino não foi proscrito porque a sociedade nenhuma atenção prestava às atividades sexuais privadas das mulheres.

Em ambos os casos, a maioria das judias lésbicas de modo algum considera a ausência de proibição como lhes conferindo qualquer posição privilegiada particular no judaísmo, em comparação com os *gays*. Mas, de fato, fornece-nos uma vantagem. Devido à proibição bíblica, os sentimentos mais insultuosos são freqüentemente dirigidos contra os *gays*, poupando-se as lésbicas de parte da hostilidade.

Mas, ainda que não sejamos objeto de tanta hostilidade, o silêncio constitui um problema. O fato de o comportamento lésbico não ser mencionado no texto bíblico põe em destaque a invisibilidade dos interesses das mulheres em nossa tradição. Essa invisibilidade é a razão da dor que judias lésbicas sentem freqüentemente quando estudam a tradição. E duplica nosso fardo quando lemos esse texto. Identificamo-nos com a antipatia contra a sexualidade masculina dos *gays* e reagimos a ela. Além disso, temos de enfrentar o fato de que não somos mencionadas no texto — mesmo que sintamos afinidade com os *gays*, mesmo que sejamos incluídas de qualquer maneira quando pessoas usam a proibição bíblica para profligar a homossexualidade. As lésbicas têm ainda que descobrir uma maneira de conviver com o Levítico. O silêncio que nos envolve complica esse processo.

Com esse entendimento como pano de fundo, vejamos como os versículos do Levítico, 18:22 e 20:13, foram interpretados por comentaristas judeus tradicionalistas. Descobrimos que essa proibição é mencionada um número de vezes menor na Torah do que outras. Supõem alguns que a inexistência de discussão sobre o assunto deve-se ao fato de que a homossexualidade não era comum entre os judeus. Podemos apenas especular sobre a extensão dessa prática, mas cabe dizer com certeza que o assunto não era considerado suficientemente problemático para exigir extensa discussão pública. Por qualquer que seja a razão, o homossexualismo, na verdade, não foi uma questão fundamental no mundo judaico até os tempos contemporâneos.

A maior parte das interpretações do Levítico 18:22 depende de uma palavra pouco esclarecedora — *to'evah* —, geralmente traduzida como "abominação". Na verdade, o significado da palavra é obscuro. Por isso mesmo, intérpretes aproveitaram a oportunidade para traduzi-la de maneiras que explicam a proibição. Afinal de contas, o texto nunca nos diz por que deitar-se com um homem é *to'evah*, mas apenas que é.

O que poderia *to'evah* significar? De acordo com Bar Kapparah, comentarista do século II, ela significa "*to'eh ata ba* — tu te desencaminharás por causa disso" (*Babylonian Talmud, Nedarim* 51b). Esse jogo de palavras foi considerado como dizendo que não é um mal intrínseco participar de atos homossexuais, mas sim que esses atos têm conseqüências negativas. Bar Kapparah, porém, não explicou quais eram essas conseqüências. Deixou que comentaristas posteriores lhe interpretassem a interpretação.

O *Pesikta (Zutarta)* e o *Sefer Hâ-Hinnukh* (209) sugerem que atos homossexuais desviam o homem do objetivo principal do comportamento sexual, isto é, a procriação. O *Tosafot* e R. Asher ben Jehiel supõem que desencaminhar-se significa abandonar a esposa e desorganizar a vida familiar. Essa interpretação é reforçada pelo pronunciamento geral do comentarista medieval Saadiah Gaon, de que a legislação de natureza moral da Bíblia tem por objetivo preservar a estrutura da família (*Emunot ve-Deot* 3:1). Finalmente, o comentarista moderno R. Barukh haLevi Epstein, autor do comentário *Torah Temimah*, sugere que desencaminhar-se significa deixar de seguir a maneira anatomicamente apropriada da união sexual.

O comentarista bíblico mais famoso, Rashi, que viveu na França do século XI, fez um único comentário sobre o Levítico 20:13. Querendo tornar o texto mais claro para os leitores, explicou, de forma bem vívida, o significado das palavras "como se fosse mulher": "ele penetra em um tubo como uma espátula de pintura."

Em fins deste século, judeus tradicionalistas vieram a conviver com o fato de que *gays* e lésbicas marcam hoje presença na comunidade judaica. O *Encyclopedia Judaica Yearbook*, de 1974, aliás, contém um artigo escrito pelo rabi ortodoxo Norman Lamm, que foi reproduzido em numerosos volumes sobre ética judaica.[8] Lamm define a homossexualidade como pecado e doença. E conclui que, porque é pecado, a proibição não pode ser rescindida, mas porque é também doença, a punição bíblica de morte não deve ser executada. A resposta de Lamm mantém o texto na forma simplista como é compreendida — uma proibição categórica da homossexualidade. Conquanto alegue que é desnecessária uma interpretação para explicar o texto, ele, na verdade, oferece uma interpretação própria do significado da *to'evah*:

> A própria grande variedade das interpretações da *to'evah* indica um significado muito mais fundamental, isto é, que um ato

> caracterizado como abominação é *prima facie* repugnante e que dispensa ser ainda mais definido ou explicado.[9]

A maneira de Lamm entender o termo "*to'evah*", como sendo "*prima facie* repugnante", esclarece o problema que *gays* e lésbicas enfrentam quando confrontam a tradição judaica, e pouco espaço deixa para discussão.

Mas não são apenas os judeus ortodoxos que adotam interpretações para assumir uma atitude moral contra a homossexualidade. Observem a reação seguinte de Solomon Freehof, rabi reformista:

> Na Escritura (Levítico, 18:22), a homossexualidade é considerada uma "abominação". O mesmo acontece em Levítico 20:13. Se a Escritura chama-a de abominação, isso significa que é mais do que a violação de um simples preceito legal. A Escritura revela uma atitude ética com raizes profundas.[10]

E Freehof prossegue, sugerindo que esta é uma atitude por ele aceita.

Conforme deixam claro essas interpretações tradicionalistas, os estudiosos dos textos judaicos entendem a legislação contida no Levítico como proibindo categoricamente o comportamento homossexual masculino. Essas interpretações explicam o significado simplista do texto, ao definir palavras difíceis ou obscuras no versículo. O objetivo delas é frisar o antagonismo entre a maneira como seus autores entendem o judaísmo e a prática de comportamento homossexual.

A Proibição do Lesbianismo

> Não fareis segundo as obras da terra do Egito, em que habitastes... nem andareis nos seus estatutos.
>
> *Levítico, 18:3*

Essa passagem bíblica tampouco diz coisa alguma sobre lesbianismo. Ainda assim, foi usada mais tarde por fontes legais judaicas para proibir o comportamento lésbico: "O que fariam eles? Um homem casaria com um homem, ou uma mulher com uma mulher, um homem casaria com uma mulher e com sua filha, ou uma mulher casaria com dois homens." Essa referência textual foi extraída do *Sifra (Ahare Mot),* uma reunião de comentários sobre o Levítico compilados na era romana, no século II d.C.[11] Neles, a proibição bíblica contra "as obras da terra do Egito" é ligada, além de outras coisas, ao casamento de lésbicas. O texto bíblico em si não sugere que a proibição de comportamentos "como as obras na terra do Egito" tenha alguma coisa a ver com o casamento com membro do mesmo sexo, e tampouco temos prova de que havia casamentos dentro do mesmo sexo no Egito, à época em que foi composto o Levítico.[12] Mas é bem provável que o autor do *Sifra* soubesse da existência de casamentos de membros do mesmo sexo na cultura romana, na qual vivia, e que tenha trocado as localizações de Roma e Egito, sem levar em conta a precisão histórica.

Na sociedade romana, o homoerotismo feminino era julgado o máximo em depravação. Considerava-se que mulheres que amavam outras mulheres queriam privilégios masculinos e tentavam usurpar a autoridade do homem.[13] O casamento entre lésbicas, no entanto, era conhecido na sociedade romana e temos, de fato, outros exemplos de referências a casamentos entre elas no Império Romano do século II d.C. Um romance de autoria de Jâmblico, contemporâneo de Luciano, conta a história do casamento de uma rainha do Egito, Berenice, que se dizia ter amado e casado com uma mulher chamada Mesopotâmia.[14] E um Patriarca da Igreja, Clemente de Alexandria, condena o casamento entre mulheres como uma prática inaceitável, contrária à natureza.[15]

Prova adicional de conhecimento do homoerotismo feminino em fontes judaicas de princípios do período romano (provavelmente, desde o início da era cristã) é encontrada em uma obra extracanônica fragmentária, *The Sentences of Pseudo-Phocylides,* provavelmente escrita por um judeu que viveu à época da diáspora. Nesse texto, as mulheres são proibidas de imitar os papéis sexuais dos homens.[16] Não sabemos se o texto se refere a posições durante o coito heterossexual, ao amor com membros do mesmo sexo, ou ao casamento.[17] Mas, da mesma forma que o texto *Sifra,* mostra que nessa época sabia-se da existência de tais atividades sexuais.

Conquanto outras discussões sobre o lesbianismo sejam encontradas em textos judaicos antigos, a conexão com o texto bíblico só volta a ser mencionada neste século. Já outros textos antigos deram menos importância ao lesbianismo. No Talmud (*circa* 500 d.C.), o homoerotismo feminino é descrito como o *mesolelot*. Traduções inglesas modernas definem *mesolelot* como "praticar lascívia".[18] Mas não há indicação no contexto que essa definição pejorativa seja justificada pelo termo. Aparentemente, esse termo era usado como referência a comportamento sexual que não envolvia penetração.[19] Trata-se provavelmente do equivalente hebraico de "tríbade", o termo antigo usado nas culturas grega e romana para mulheres que empenhavam-se em atividade sexual esfregando um no outro seus órgãos genitais.[20]

Os rabis do Talmud estavam interessados no *mesolelot* apenas na medida em que esse comportamento poderia mudar o *status* de virgem (*betulah*) da mulher. As não-virgens perdiam a qualificação para o casamento com homens de descendência sacerdotal (que só podiam casar com virgens). No Talmud, encontramos duas opiniões. Rav Huna argumenta que mulheres que praticam o *mesolelot* não devem ser consideradas aceitáveis para casamento com descendentes de sacerdotes; Eleazar diz que elas devem ser, e a lei lhe segue a opinião. O texto sugere que tal comportamento não justifica castigo porque é *prizut*. Esta palavra é geralmente traduzida como "mera obscenidade", mas poderia ser compreendida melhor como "infração leve".

O Talmud babilônio refere-se ao *mesolelot* em outro caso. No *Shabbat 65*a, está escrito que R. Samuel proibiu que suas filhas dormissem juntas. No texto, é levantada a questão do motivo por que ele impôs tal proibição. Comentaristas sugeriram que ele seguia a interpretação de Rav Huna, supondo que as filhas seriam proibidas de casar com sacerdotes se praticassem o *mesolelot* (neste caso, *mesolelot* incestuoso). A conclusão do texto, porém, indica que Samuel não concordou com Rav Huna. E sugere que ele proibiu as filhas de dormirem juntas para que não ficassem acostumadas a "um corpo estranho".

Conquanto me sinta tentada a argumentar que Samuel temia que as filhas pudessem gostar tanto do homoerotismo feminino que se recusassem a casar com um sacerdote (ou qualquer outra pessoa), é mais provável que os dois textos sirvam de exemplos de argumentos diferentes. Os rabis que escreveram e revisaram esses trechos evidentemente tinham conhecimento de comportamento homoerótico feminino, mas supuseram que as mulheres envolvidas certamente casariam com homens. A preocupação deles, portanto, era, ao que tudo indica, pôr fim a tal comportamento, de modo que as mulheres em questão pudessem ser preparadas para o casamento. As filhas de Samuel não deviam acostumar-se a prazeres sexuais ou porque não estavam ainda prontas para o casamento ou porque, quando casassem, teriam de dormir separadas dos maridos. Maridos e esposas não podiam compartilhar a mesma cama devido às leis do midá, que proibiam que marido e mulher se tocassem enquanto ela menstruasse e durante sete dias após esse período. De modo que o prazer sexual, embora encorajado, limitava-se a aproximadamente metade do mês, devido às exigências do midá. O que não quer dizer que as filhas em questão não pudessem ter preferido a companhia recíproca à de um marido. Dessa possibilidade, no entanto, não podemos ter certeza.

Na Idade Média, as leis judaicas compendiadas no Talmud e em outros textos eram classificadas por assunto, de modo que fosse mais fácil às pessoas entendê-las e ter acesso aos preceitos legais. Uma dessas codificações, apropriadamente intitulada *Mishneh Torah* (um segundo Torah), foi compilada e publicada por Moisés Maimônides (1130-1205). A compilação de Maimônides não só reiterou os precedentes legais, mas o texto lhe reflete também a análise e nos fornece algumas informações sobre o *mesolelot* em seus tempos, que lançam luz sobre a questão do lesbianismo em sociedades judaicas posteriores:

> As mulheres são proibidas de praticar o *mesolelot* entre si, sendo isto "as obras do Egito", contra as quais fomos advertidos, uma vez que é dito: "Não fareis segundo as obras da terra do Egito..." (Levítico, 18:3). Nossos sábios disseram: "O que fariam eles? Um homem casaria com um homem, ou uma mulher com mulher, ou uma mulher casaria com dois homens." Embora esse ato seja proibido, seus perpetradores não

> estão sujeitos a açoitamento, uma vez que não há mandamento específico negativo que o proíba, nem há coito concreto envolvido de qualquer tipo. Em conseqüência, essas mulheres não estão desqualificadas para o sacerdócio por causa de prostituição, nem uma mulher é proibida a seu marido por causa disso. Convém à corte de justiça, no entanto, administrar o açoitamento prescrito para a rebeldia, uma vez que elas praticaram um ato proibido. O homem deve ser particularmente rigoroso com a mulher nesse assunto e impedir que mulheres que se sabe que se entregam a essas práticas a visitem e que ela as visite.[21]

À vista do texto, parece que o principal interesse de Maimônides não era a situação hipotética de casamentos com sacerdotes, assunto de que trata superficialmente, mas os problemas de homens casados com mulheres que convivem com mulheres que se sabe que praticam o *mesolelot.* Ele faz uma ligação, não mencionada no texto do Talmud, entre o *mesolelot* e "mulheres que casam [*nosin,* o termo técnico legal do casamento judaico] com outras".

Embora o comportamento lésbico fosse apenas uma infração leve, o casamento entre mulheres, como subversão de normas heterossexuais, teria constituído uma ameaça grave ao sistema legal e receberia mais atenção, como sugerem os comentários de Maimônides. A concentração na fonte bíblica, e não nos comentários do Talmud, permitiu a Maimônides considerar esse comportamento grave e ampliou a permissão para puni-lo. Ainda assim, ele resolveu definir o comportamento lésbico como um crime leve de rebeldia. Tal leniência é notável, dado o fato de ele ter conhecimento de comportamento lésbico de mulheres casadas com homens e o fato de ter ligado essas práticas ao casamento entre lésbicas, que categorizou entre as "obras do Egito", proibidas pela Bíblia. Maimônides entendia o lesbianismo como problema do marido que não conseguia controlar o comportamento da esposa. Mas o comportamento nem era desprezado nem considerado pecaminoso. Não era crime grave, especialmente em comparação com a homossexualidade masculina, para a qual era cominada a pena capital. Era visto como de somenos importância, mas não inteiramente ignorado. O castigo devia ser aplicado pelas autoridades da comunidade, pela corte de jusiça, e não simplesmente pelo homem que fora ultrajado pela esposa.

Em contraste com o costume europeu moderno, a lei judaica pune a esposa e não a parceira, a presumida lésbica, que a seduz. A pessoa que se presume que tenha iniciado o contato social não é a que recebe a censura ou a punição. O comportamento lésbico em si não é considerado problemático, a menos que ameace a instituição do casamento heterossexual.

As antigas fontes judaicas conheciam o comportamento homoerótico feminino, embora não se sentissem ameaçadas por ele. Tal postura provocou silêncio em torno do assunto, mas a verdade é que havia pouco a discutir. Agora que o lesbianismo tornou-se um tópico mais aberto, a neutralidade de fontes mais antigas minora até certo ponto atitudes negativas modernas.

Nos tempos modernos, tem sido limitada a reação ao lesbianismo nos círculos ortodoxos, onde a tradição jurídica judaica detém a autoridade final. No artigo irretocável de 1974, ao escrever sobre homossexualidade, Norman Lamm absteve-se de analisar em qualquer profundidade o lesbianismo no velho judaísmo. Dedicou apenas um parágrafo a fontes rabínicas que tratavam de mulheres, no qual negou que tal comportamento produzisse qualquer impacto importante sobre a vida judaica.[22] Em sua opinião, trata-se de uma transgressão leve, mas que tampouco deve ser tolerada.

O conhecimento mais recente sobre o grau em que o lesbianismo existe resultou em interpretações mais rigorosas dos escritos tradicionalistas. Em um livro de 1994, escrito do ponto de vista ortodoxo sobre as mulheres, Michael Kaufman discute rapidamente o lesbianismo em uma seção dedicada a mulheres casadas. Não o qualifica como transgressão leve e declara ousadamente que é proibido pela lei judaica, atribuindo a proibição à injunção bíblica contra costumes egípcios. Segundo ele, o lesbianismo é não só legalmente proibido, mas também uma "perversão da natureza e da ordem divina" e "intrinsecamente repugnante".[23]

A leitura de textos legais judaicos tradicionais leva à conclusão de que o comportamento sexual privado das mulheres não merecia grande importância. Como feministas, rejeitamos a maneira rabínica de interpretar a situação, que alega que nossas atividades sexuais não contam e que não têm importância. Não obstante, agora que o lesbianismo tornou-se público e desafia a heterossexualidade, a reação dos círculos tradicionalistas é de raiva e asco.

Tomados em conjunto, esses textos bíblicos são profundamente perturbadores para as judias lésbicas. Tornam nossa existência invisível, menosprezam ou trivializam nossa sexualidade e defendem normas para a existência humana que excluem nosso estilo de vida. Esses fatores são suficientes para que algumas lésbicas resolvam abandonar inteiramente o judaísmo. Outras decidem ignorar os textos e manter suas ligações com a religião. Mas, como sugeri no início deste capítulo, muitas de nós sentem-se obrigadas por um forte compromisso a lutar contra esses textos e descobrir uma maneira de neutralizá-los.

A Reação *Halakhic*

Uma vez que a Torah constitui o alicerce da literatura jurídica judaica (halahá), é lógico supor que poderíamos usar o método halakhic para contestar esses textos. Se não gostamos da maneira como foram interpretadas as leis sobre o comportamento lésbico, por que não redigimos novas leis?

Esse processo só seria possível se certas mudanças fossem introduzidas no processo halakhic. A transformação do judaísmo a partir de uma perspectiva lésbica começa com a suposição de que a identidade e o comportamento das lésbicas não têm nem mais nem menos valor ou santidade do que o comportamento heterossexual. A questão não é se a pessoa é lésbica ou heterossexual, mas como criar valores em um mundo judaico no qual a lésbica seja tão normal quanto o heterossexual. Transformar o judaísmo através de uma lente lésbica só pode acontecer em um mundo onde não consideraríamos mais a questão da ética da homossexualidade do que consideraríamos se é mais ético ser judeu, budista ou cristão.

Devido a esse pressuposto, é difícil trabalhar no contexto do halahá. Claro, poderíamos argumentar que o halahá, em parte alguma, interdita o comportamento lésbico. Uma vez que nenhuma injunção há contra essa escolha, ela tem de ser aceita na lei judaica. Mas este argumento seria errôneo. Conforme vimos, lei judaica posterior pune de fato o comportamento lésbico e um esforço foi feito por Maimônides e outros teólogos para descobrir origens bíblicas para a proibição. Embora a maioria das discussões jurídicas sobre o lesbianismo não assuma um tom ético, essa preferência é considerada uma conduta rebelde e um pecado venial. E, mais importante, o halahá baseia-se na natureza normativa da heterossexualidade. A lei judaica prescreve o casamento heterossexual e exige que a procriação ocorra dentro do mesmo. Seus preceitos limitam o papel da mulher e a definem como propriedade do marido.[24]

Outro problema em usá-lo no planejamento da transformação da tradição pelas lésbicas é que se pensa em geral que o halahá emana da autoridade da revelação. Para muitas judias lésbicas, essa perspectiva cria problemas, uma vez que requer a crença em um Deus que revela a verdade, que observa e julga, que premia e castiga comportamento individual.

A última dificuldade com o sistema halakhic é que ele só pode ser interpretado por certos rabis, considerados especialistas no assunto, e é altamente improvável que judias lésbicas venham a ter oportunidade de servir nessa capacidade. Não faz sentido transformar o judaísmo a partir de uma perspectiva lésbica e criar uma situação na qual as lésbicas não terão voz no processo decisório.

A transformação, por iniciativa das judias lésbicas, terá que erguer a vista para além do halahá, em busca de recursos para reinterpretar e contestar esses textos. E nós os acharemos, esforçando-nos para descobrir um corpo de textos judaicos que nos incluam. Alguns desses textos serão encontrados na própria Torah, uns tantos em outros trabalhos da literatura sagrada judaica e, finalmente, em outros que nós mesmos redefiniremos como sagrados para nós. O restante deste livro é dedicado a essa tarefa.

Três

Interpretação da Torah por Judias Lésbicas

A Torah é o documento formativo da vida judaica. Tem sido o texto comum do povo judeu através dos tempos e em diferentes circunstâncias sociais. Embora a maioria dos judeus não o interprete literalmente, ele continua a ser a origem de nossas idéias e ideais. A Torah contém a lei, a história e o mito que definem os valores judaicos básicos que nos inspiram.

Uma maneira de lidar com suas passagens embaraçosas é compreender que a Torah é apenas um registro parcial da história antiga de nosso povo. Contém as partes da história que homens em posições de autoridade resolveram deixar consignadas. Abordamos agora esse texto de 3.000 anos de idade sabendo que as necessidades e sensibilidades humanas mudam ao longo do tempo e que temos de revisitá-lo a cada geração, com o objetivo de verificar que *insights* podemos dele extrair de uma perspectiva própria.

A Torah omite qualquer menção ao homoerotismo feminino, que não é, aliás, proibido expressamente em qualquer pronunciamento legal. E as poucas histórias na Bíblia que incluem relacionamentos entre mulheres tratam principalmente de irmãs, esposas no casamento polígamo, mães e filhas. A ausência de leis e histórias sobre esse assunto, porém, não significa que os interesses das lésbicas estivessem ausentes na civilização judaica antiga.

Tornar-lhe os interesses visíveis nesses textos constitui o primeiro passo para a transformação, por iniciativa de lésbicas, da tradição judaica. Eu gostaria, portanto, de sugerir três métodos para ler a Torah através de uma lente lésbica, usando tanto o trecho do Levítico que classifica de abominação o comportamento homossexual masculino quanto a história da criação, com o objetivo de exemplificar as maneiras como abordo o assunto. Podemos, como fizeram nossos antepassados, interpretar o texto de modo a nos permitir conviver com ele em nossos próprios termos. Podemos, também, como fizeram os estudiosos bíblicos, tratar o texto como um registro histórico e tirar conclusões baseadas na maneira como funciona em um dado contexto. Ou podemos ainda adentrar diretamente o texto com nossas emoções e autoconhecimento, deixando que ele nos desperte raiva e, transcendendo-a, leve-nos à ação.

Todos esses métodos, ainda que de maneiras diferentes, aceitam-lhe a autoridade. Interpretando-o, utilizamos sua própria linguagem com vistas a dar-lhe novos significados. Valendo-nos de raciocínio histórico, limitamos-lhe a autoridade, ao analisá-lo sob a lente de outro sistema. E abordando-o emocionalmente, nós o confrontamos nesses termos e o usamos como instrumento de transformação social.

O Método Interpretativo

O midrah — o processo de fazer comentários para interpretar o texto — constitui um aspecto essencial de tentativas feitas durante toda a história judaica para instilar vida na Bíblia. Através de gerações, intérpretes procuraram tornar o texto acessível a seus contemporâneos, que talvez não lhe compreendessem o significado original. O texto pode ser ambíguo, obscuro, ou repetitivo. Uma palavra ou costume talvez sejam desconhecidos e precisem de explicação, como vimos no caso da palavra *to'evah*. Uma parte do texto talvez desminta outra, tal como as duas histórias da criação, e a solução do conflito torna-se necessária. A mesma palavra ou frase podem ser repetidas, aparentemente sem finalidade, tendo os comentaristas procurado explicar tais repetições ao atribuir-lhes significados diferentes. O mandamento de observar o Shabat, por exemplo, é descrito inicialmente pela palavra "shamor" (observar) e, em seguida, pela palavra "zakhor" (lembrar). Por esse motivo, nas noites de sexta-feira acendemos duas velas, para cumprir ambos os mandamentos. Finalmente, há casos em que gramática ou sintaxe são incomuns e se prestam a uma nova interpretação. Mas, embora os métodos interpretativos sejam legítimos e geralmente praticados, importa notar que numerosos judeus alegariam que o texto, na verdade, não necessita de interpretação. Ele se mantém por si mesmo, como palavra de Deus.

Ainda assim, o método é também usado para alterar o significado dos versículos bíblicos, até mesmo contradizendo às vezes o significado original. Os rabis antigos, por exemplo, interpretavam o mandamento de olho por olho como significando compensação monetária ou punição por um crime. Esse ponto de vista permite aos comentaristas mudar ou expandir o significado do versículo.

Comentaristas modernos vêem uma contradição entre o Levítico, 18:22 e a idéia, exposta no Gênesis, de que todos fomos criados à imagem de Deus. Essa contradição terá de ser resolvida. Temos que supor que aqueles entre nós que fomos criados como lésbicas e *gays* o fomos também à imagem de Deus e que atos fundamentais para nossa identidade não podem, por isso mesmo, ser uma abominação.[1]

Outra interpretação chama atenção para o fato de que o texto se refere apenas a certos *atos* sexuais, e não a *relacionamentos* amorosos entre membros do mesmo sexo.[2] O texto, por conseguinte, não é relevante para um estilo de vida, amor e família que ignorava. Ou, talvez, o texto esteja sugerindo que qualquer homem heterossexual que quisesse a experiência sexual de "dormir com um homem" deveria considerar que tal "aventura" poderia ser dolorosa para sua atual parceira e, portanto, seria bom refrear-se a tal atividade.

Outro estudioso contemporâneo, Yehuda ben Ari, concentra seus comentários nas palavras "como se fosse mulher", sugerindo que o texto tenta apenas nos dizer para não fazer amor com um homem *como se* ele fosse mulher — isto é, o amor *gay* e o amor tradicional são realmente diferentes. Importa não confundir um com o outro, uma vez que os atos não despertam os mesmos sentimentos nem cumprem os mesmos mandamentos.[3]

Judeus ortodoxos *gays* começam também a contestar o Levítico, 18:22. Yaakov Levado, um rabi ortodoxo *gay*, escrevendo sob um pseudônimo que significa "solitário", sugere que as palavras "como se fosse com mulher" referem-se apenas ao coito anal, e que só esse comportamento deve ser, nos termos da lei, proibido aos *gays*. Recomenda ele que os *gays* aceitem a proibição e que especialistas em halakhic pensem na possibilidade de aceitar aqueles que estejam dispostos a cumpri-la.[4]

Um método semelhante pode ser usado para pensar em questões levantadas pela história da criação. Phyllis Trible, estudiosa feminista da Bíblia, traduz a palavra Adão como "criatura da terra", porquanto "Adão" deriva de "adamá", a terra.[5] Segundo essa interpretação, Adão, no momento da criação, nem é homem e mulher, nem homem ou mulher, nem ele ou ela.

A interpretação de Trible desvenda possibilidades importantes. Na segunda história, pelo menos inicialmente, a raça humana inicia a vida como um ser primordial que nem pertence a um sexo nem pratica sexo. Postular que a vida começa com uma criatura da terra que nem pertence a um sexo nem pratica o sexo gera dúvidas sobre até que ponto essas características são essenciais para os seres humanos. Encarar o primeiro ser humano como "criatura da terra" permite-nos imaginar um mundo no qual sexo e sexualidade são irrelevantes — um mundo no qual as pessoas não seriam automaticamente julgadas e rotuladas com base nessas duas construções sociais.

Seguindo essa interpretação, a criação do homem e da mulher a partir da criatura da terra produz dois seres inteiramente novos, macho e fêmea, que deverão ser companheiros um do outro, da forma descrita pelas palavras hebraicas *ezer c'negdo*.[6] Neste particular, é útil a frase *ezer c'negdo*. Ela pode ser entendida como significando alguém que é seu igual mas não igual a si mesmo. Podemos, por conseguinte, argumentar que o objetivo de escolher um companheiro implica encontrar alguém que seja um igual mas não inteiramente igual a si mesmo. A diferença constitui um fator importante para criar relacionamentos expressivos. A questão colocada por relacionamentos lésbicos é se a diferença anatômica, ou de sexo, é a característica mais importante para definir o *ezer c'negdo* apropriado.

Eva e Lilith

Outra maneira de abordar textos problemáticos consiste em conceber e introduzir nas histórias novos elementos que as ampliem ou expliquem. Na primeira história da criação, por exemplo, nem homem nem mulher receberam nome. Tudo o que sabemos sobre eles é que foram criados iguais, à imagem de Deus. Escritores midrashic antigos ficaram confusos com a primeira história e tentaram esclarecê-la. De acordo com tais lendas, Adão era o mesmo indivíduo em ambas as histórias, com a diferença de haver duas mulheres. Na primeira história, ela teria sido Lilith. E por que não reaparece na segunda? O midrah relata que Lilith recusou submeter-se à vontade de Adão e que, por isso, Deus expulsou-a do jardim. Na lenda judaica, ela é uma figura demoníaca, que mata crianças.[7] Feministas judaicas contemporâneas, no entanto, redimiram-na como mulher que queria igualdade e recusava submeter-se ao domínio masculino.

Seguindo essa tradição, Judith Plaskow escreveu um midrah intitulado "Applesource", no qual sugere possibilidades adicionais e novas direções para estudo. Em sua versão da lenda, Plaskow cria a oportunidade de Lilith e Eva se encontrarem e desenvolverem uma profunda afeição mútua:

> E conversaram durante muitas horas, não uma única vez, mas muitas. Uma ensinou a outra muitas coisas, contaram-se histórias, riram e choraram juntas, em um incontável número de vezes, até que entre elas se formou o laço da fraternidade.[8]

A ligação entre ambas era fortemente carregada de energia erótica. Embora não explicitamente, Plaskow planta as sementes da possibilidade de um relacionamento lésbico entre as duas. Eva e Lilith eram aventurosas, brincalhonas e uma adorava a companhia da outra. Evidentemente, ingressaram no mundo da amizade romântica. Talvez o "Applesource" pudesse continuar a descrever-lhes, em termos eróticos, o relacionamento amoroso. Adão, enquanto isso, poderia ter-se contentado com o relacionamento especial que mantinha com Deus. Essa ligação entre eles serviu, na verdade, como protótipo da relação apaixonada entre o homem judeu e Deus ao longo de toda a história judaica.[9] Começando agora as mulheres judias a explorar imagens femininas de Deus, essas relações ficarão ainda mais complexas. As lésbicas poderão começar a erotizar suas relações com Deus, como os homens fizeram durante séculos.

Para alguns leitores, todo esse processo de interpretação textual pode parecer irracional e desnecessário, até mesmo divertido. Por que dar-se ao trabalho de validar esse texto? Por que jogar de acordo com essas regras? Porque há muitos *gays* e lésbicas judeus que se sentem constrangidos pela autoridade absoluta e a imutabilidade do texto da Torah. Esta é a única solução que lhes permite afirmar seus *selves gay* e judaico e ajudá-los a se sentirem como pessoas íntegras. E todos nós, como aliás já observei, somos, de maneiras sutis e destrutivas, afetados pelas interpretações tradicionais. E é por esse motivo que um trabalho mais criativo precisa ser feito na área de interpretação do texto da Torah.

O Método Histórico

Há pouco mais de cem anos, pensadores judeus e cristãos começaram a estudar a Bíblia como documento criado por mãos humanas. O questionamento pelos primeiros críticos bíblicos da autoridade divina é hoje comum. Em sua época, no entanto, tais opiniões eram heréticas.

Estudiosos judeus procuraram colocar a Bíblia no contexto do Oriente Próximo antigo. Esclareceram grande parte do que era obscuro no texto bíblico com referência a costumes vigentes em outras culturas e explicaram as repetições como resultado de compilação de documentos de vários autores. Introduziram o conceito de evolução e tentaram fixar as datas dos utensílios mencionados na Bíblia. Desenvolveram sensibilidade às nuances do texto, cultivando interesse por padrões lingüísticos e literários.

A crítica bíblica permite-nos estudar uma passagem da Torah em contextos histórico, lingüístico e cultural e compreendê-la a uma luz nova e mais objetiva. Claro, temos de lembrar que a objetividade completa é impossível. Examinando de fora o texto, somos condicionados por normas e expectativas culturais. Na verdade, olhamos o texto através de outro tipo de lentes. Conquanto a crítica bíblica seja uma maneira válida de estudá-lo, esse método não constitui uma maneira de obter "a verdade".

Esse método começa focalizando o significado simples do versículo do Levítico — segundo o qual, nos tempos bíblicos, certos atos homossexuais eram proibidos.[10] Ainda assim, tal método não requer que afirmemos a verdade dessa realidade nos dias correntes. Podemos, como críticos da Bíblia, reconhecer a necessidade de um reexame das normas bíblicas. (Afinal de contas, a Bíblia tolerava também certos atos que não aceitamos mais como morais — tais como apedrejar um filho rebelde ou atribuir *status* de segunda classe às mulheres e aos deficientes físicos, por exemplo.)

Além disso, a crítica pode explicar, de um ponto de vista diferente, por que atos homossexuais eram considerados *to'evah*, ao examinar usos lingüísticos paralelos da palavra. *To'evah* pode ser um termo técnico usado para referir-se a um ato proibido de idolatria. A partir dessa interpretação lingüística, é possível concluir que as referências constantes do Levítico são específicas a práticas de homossexualidade no contexto de cultos e não a relações sexuais como as conhecemos hoje. Essa interpretação é confirmada por referência a outros usos do termo *to'evah*, que freqüentemente aludem a violações rituais.[11]

Em segundo lugar, numerosas leis constantes da Torah têm como objetivo estabelecer distinções entre atos considerados puros e impuros, e definir as fronteiras da comunidade judaica. Em conseqüência, as proibições sexuais descritas incluem-se em uma categoria mais geral de leis contra o hábito de misturar coisas: definir o alimento como *kosher* e *treif* (proibido), separar os sexos e seus vestuários, advertir contra a poluição causada por fluidos corporais, proibir a lavra da terra com dois tipos de animais e de combinar certos tipos de tecidos em uma veste.[12] Hoje em dia podemos reexaminar o assunto e verificar qual entre essas distinções ainda faz sentido.

A crítica bíblica, além disso, lança luz sobre a questão das repetições no texto. Um desses críticos poderia argumentar que a injunção contra os atos homossexuais aparece repetida porque o texto inclui duas fontes diferentes, e que foi escrito em ocasiões diferentes. Esse fato explica por que uma injunção exige a pena de morte, mas não a outra. A pena de morte pode ter sido aplicada em um período da história bíblica, mas não em outro.[13]

Usando esse método, podemos nos afastar do texto e perguntar como ele funcionou no passado. Adotando algumas das sugestões anteriores, podemos notar que sua função foi definir a pureza e estabelecer fronteiras entre o povo israelita e os costumes de seus vizinhos. Esse enfoque separa os valores manifestados no texto das leis específicas nos quais aparecem, abrindo a possibilidade de que talvez haja outros meios, fora da lei, de perpetuar valores — se, na verdade, os aceitamos ainda hoje. Além do mais, se não somos constrangidos pelos pressupostos de que houve uma autoria divina, podemos concluir que, embora a proibição contra atos homossexuais tenha funcionado em seu tempo, ela não é mais apropriada para a sensibilidade ética moderna.

Confrontando o Texto

Há um último método para enfrentar o desafio de textos embaraçosos. Nesse método, debruçamo-nos diretamente sobre o texto. Não esperamos que o midrashist ou o erudito o interpretem para nós. Em vez disso, confrontamo-lo em seu imediatismo — procurando descobrir-lhe o significado em nossa vida, aceitando tudo que isso implica e, em seguida, transcendendo-o.

Abordar o significado simples do Levítico 18:22 implica reconhecer a origem de grande parte da opressão sofrida por lésbicas e *gays*. A Bíblia diz efetivamente que atos sexuais entre homens é *to'evah* — uma abominação — e que são puníveis com a morte. E sabemos muito bem que esse texto deu a incontáveis gerações permissão para julgar repugnantes aqueles entre nós que somos lésbicas ou *gays*, para odiar-nos e mesmo usar de violência contra nós.

Em nosso encontro com o Levítico, experimentamos a dor, o medo e a raiva que essa declaração nos causa. Podemos imaginar a dor muda sofrida por gerações de homens, mulheres e crianças que experimentaram sentimentos de amor pelo mesmo sexo e foram forçados a escondê-los ou reprimi-los. Pensamos naqueles que agiram inspirados por esses sentimentos e foram obrigados a curtir vergonha e culpa e temer pela vida. Lembramo-nos de como nos sentimos quando ouvimos pela primeira vez essas palavras, sabendo que provinham de fonte sagrada. E ficamos enraivecidas — furiosas com o poder que essas palavras exerceram sobre nossa vida, com a grande dor que experimentamos por causa delas.

Em nosso encontro com a história da criação, conhecemos-lhe o significado simples e ficamos furiosas por nos serem negados privilégios que são conferidos à união heterossexual — do direito à proteção legal do casamento às simples cortesias com que são recebidos casais heterossexuais em restaurantes, hotéis e em todos os locais públicos.

Ao ler o trecho que associa o lesbianismo às "obras do Egito", sentimos raiva pela maneira como somos ligadas ao mal em nossa tradição; somos lembradas da história do rabi que nos compara ao pão levedado no prato cerimonial da Pessah e experimentamos, no fundo do coração, a dor de nos sentirmos sempre como estranhas.

Em seguida, se podemos, transcendemos a raiva. Começamos a encarar essas palavras como instrumentos para educar pessoas sobre a história, de raízes muito antigas, da opressão de lésbicas e *gays*. Começamos a usá-las para quebrar o silêncio que nos envolve.

Dessa maneira, podemos transformar a Torah de obstáculo em via de acesso. Tornamo-nos mais honestas conosco mesmas e com a comunidade sobre as barreiras ao nosso envolvimento afetivo, sobre nossa necessidade de locais separados de culto e sobre nossa exigência de sermos aceitas como partes integrantes da vida judaica.

Estejamos nós interpretando, criticando ou confrontando, não há soluções simples para conviver com os textos perturbadores da Torah. Maravilhamo-nos com o fato de que palavras escritas há mais de 3.000 anos tenham ainda tanto poder sobre nós. Palavras são poderosas. Agora, cabe-nos reunir aquelas que nos transformem a vida, dêem um novo sentido à nossa existência como judias lésbicas e convidem outros judeus a trabalhar conosco para consecução desse objetivo.

Não podemos evitar o desafio de encontrar soluções criativas para aquilo que encontramos no texto. Para sermos pessoas completas como judias lésbicas, temos de reconhecer a grande dificuldade com que se encaixam essas peças de nossa vida. Mas temos também de exigir — de nós mesmas e da comunidade — que elas se encaixem. Reinterpretar esses textos difíceis é um importante ponto de partida.

Redefinindo os Textos Sagrados

Reinterpretar textos perturbadores é apenas uma das partes da reação lésbica à tradição textual judaica. Outra consiste em procurar descobrir textos judaicos diferentes que possam vir a ser potencialmente sagrados para nós. Um texto é sagrado se nos conta uma história sobre como construir nossa vida e como pensar no mundo em que vivemos. É sagrado se desafia pontos de vista que negam a humanidade das lésbicas. Em outras palavras, a transformação do judaísmo pelas lésbicas exige que ampliemos o conceito de texto sagrado da Torah. E na vida judaica há precedente abundante dessa ampliação do conceito. Ler o texto bíblico para compreender situações modernas tem sido parte importante da tradição judaica desde a antigüidade, conforme sugerido no Mishnah: "vire-o e revire-o, pois tudo está nele" (*Avot*, 5:25). A palavra hebraica "Torah" não se refere apenas aos Cinco Livros de Moisés. A palavra em si significa "ensinar" e, com freqüência, refere-se a todos os textos judaicos que expressam valores sagrados.

O objetivo da lésbica judia é ampliar e tornar mais complexa a idéia do que é texto sagrado, e não definir um novo cânone. O que é sagrado para alguns judeus talvez não o seja para outros. Como lésbicas, definimos para nós mesmas novas dimensões da Torah, mas isso não significa criar um cânone lésbico judaico. Em vez disso, precisamos do reconhecimento de que, para nós judias, a reinterpretação de textos dolorosos não é suficiente. Procuramos também descobrir textos que valorizem mais honestamente nossa vida.

A pesquisa e reinterpretação de novos textos sagrados é uma forma de resistência cultural. É também uma oportunidade para as judias lésbicas para que definam seu relacionamento com textos judaicos, de maneiras novas, que lhes permitam permanecer ligadas às antigas tradições de nosso povo mas também modificá-las para atender às suas necessidades. Esse processo nos permitirá descobrir nosso lugar na comunidade.

Podemos encontrar temas lésbicos em textos judaicos logo que estivermos dispostas a formular as perguntas certas. Para encontrar um ponto de vista lésbico em textos antigos, temos de procurar além do óbvio e indagar o que os mesmos poderiam significar para lésbicas que buscam um lugar na sociedade judaica contemporânea. Um esforço semelhante para recuperar o texto bíblico para as mulheres tem sido feito por feministas judias e cristãs.[14]

"Aonde Quer que Fores": Interpretação Lésbica do Livro de Rute

Um bom lugar para iniciar esse processo de definir novos textos sagrados é a história bíblica de Rute e Noemi. Essa história é em geral entendida como uma crônica de lealdade de uma jovem mulher que, após a morte do marido, continua a sustentar e cuidar da sogra. Para as lésbicas, no entanto, é a história do relacionamento de duas mulheres, história que começaram a usar em busca de textos bíblicos que, de alguma maneira, nos incluam. Pensem nos seguintes cenários:

Uma lésbica está pronta para converter-se ao judaísmo. Levou uma vida de judia durante vários anos e quer oficializar esse status. *Pede que seja realizada uma cerimônia por volta da época do Shavuot, quando o Livro de Rute é lido na Sinagoga, pois sente-se profundamente ligada a Rute, uma convertida que acredita ser igual a si mesma, uma amante de mulheres.*

Duas judias lésbicas planejam uma cerimônia de casamento. Sabem que não podem pronunciar os votos tradicionais do matrimônio, que trata da união segundo a lei judaica. Resolvem, em vez disso, dizer uma à outra as palavras de Rute: "Porque aonde quer que fores, irei eu, e onde quer que pousares, ali pousarei eu."

Outro casal de judias pensa em celebrar o décimo aniversário do relacionamento de ambas. Para homenageá-las na cerimônia, uma amiga escreve e compõe um fundo musical para o versículo 1:16, do Livro de Rute.

Um livro sobre cerimônias lésbicas de casamento é publicado, intitulado Ceremonies of the Heart: Celebrating Lesbian Unions. *Nele, o versículo 1:16 do Livro de Rute é julgado erroneamente como sendo o voto de casamento judaico tradicional.*[15]

Um grande filme, Tomates Verdes Fritos, *utiliza o versículo 1:16, do Livro de Rute, como a mensagem secreta enviada por uma mulher a fim de informar a "amiga" de que deseja pôr fim a um casamento abusivo e ir viver com ela.*[16]

Uma sinagoga destinada a gays *e lésbicas patrocina uma conferência sobre o tema "Rute e o Significado da Amizade Feminina na Tradição Judaica". Como principal oradora, a rabi lésbica Linda Holtzman interpreta a história de Rute e Noemi como um modelo de amor profundo possível entre mulheres.*

Um livro sobre judeus gays e lésbicas inclui um artigo escrito por um erudito judeu, intitulado "Em Busca de Modelos de Papéis a Representar". Ele, também, refere-se à história de Rute e Noemi como exemplo positivo na Bíblia de uma relação primária entre mulheres. Sugere que a história gira não em torno da devoção de Rute ao Deus judaico, mas de sua dedicação a Noemi. E, ainda, que Rute casa com Boaz para assegurar que as duas terão uma fonte de apoio financeiro e que poderão permanecer juntas.[17]

Uma rabi lésbica não assumida me diz que vem pregando sobre Rute há anos. "As pessoas que realmente escutam", diz ela, "sabem o que quero dizer."

Dadas as dificuldades apresentadas por outros textos que examinamos, a busca de um passado judaico que nos inclua exige um esforço para nos localizarmos em algum ponto na tradição bíblica. Procuramos com todo cuidado no passado judaico mulheres que possam ter sido, como nós, amantes de mulheres. A busca é difícil. Durante séculos, nas culturas ocidentais, o amor lésbico tem sido silenciado em público. A recuperação de origens lésbicas tem sido prejudicada pela falta de registros escritos. Conforme observei anteriormente, o lesbianismo é mencionado em textos legais judaicos apenas como comportamento sexual que maridos devem vigilantemente proibir que as esposas pratiquem. Se tem de haver modelos de papéis de lésbicas, eles devem ser encontrados nas entrelinhas, através de reconstrução imaginativa do texto. Uma vez que a história de Rute descreve um relacionamento amoroso entre mulheres, é um local lógico de onde começar.

Os relacionamentos entre mulheres merecem destaque em textos judaicos. Há algumas histórias sobre irmãs ou esposas de um mesmo homem e umas poucas sobre mães e filhas. Quando, de fato, aparecem em relação uma à outra, as mulheres são quase sempre rivais e antagonistas, como nos casos de Sara e Hagar, ou de Raquel e Lia. A história de Rute e Noemi é uma exceção. Rute, evidentemente, ama Noemi e assume um compromisso com ela por toda a vida quando diz:

Não insistas comigo para que eu te deixe,
E me vá longe de ti:
Aonde fores, eu irei.
Aonde habitares, eu habitarei.
O teu povo é o meu povo, o teu Deus, meu Deus.
Na terra em que morreres, quero também eu morrer

E aí ser sepultada.
O Senhor trate-me com todo o rigor,
Se outra coisa, a não ser a morte,
Me separar de ti!

(Rute, 1:16-17)

Quando essas palavras são lidas através da lente da experiência lésbica, elas apontam para algo maior do que um relacionamento de lealdade e obrigação entre duas mulheres. Essa história de amizade feminina ressoa poderosamente em judias lésbicas à procura de modelos de papéis a representar. Rute e Noemi mantêm um compromisso assumido que cruza as fronteiras da idade, da nacionalidade e da religião.

Rute assume com Noemi o compromisso de permanecer com ela até que a morte as separe. Lésbicas escutam na promessa de Rute um prenúncio do compromisso que podem agora, nas sociedades ocidentais modernas, assumir uma com a outra, de serem companheiras por toda a vida. Atualmente, numerosas judias lésbicas vivem em relacionamentos assumidos que são marcados por cerimônias públicas. Não é de surpreender que a promessa que Rute faz a Noemi tenha sido incorporada aos rituais lésbicos como o voto que um casal assume entre si. A freqüência com que esse voto é assumido em círculos lésbicos torna inteiramente compreensível o erro cometido pelo organizador do texto, que não era judeu, do *Ceremonies of the Heart*, quando supôs que a fala de Rute era, na realidade, parte de um voto judaico padrão de casamento.

Fora do contexto, a declaração de Rute parece realmente um voto de casamento. Se os participantes tivessem sido de sexos opostos, o Rute 1:16-17 teria sido, com certeza, interpretado como uma manifestação poética de amor. Em *Eros and the Jews*, David Biale frisa essa ligação quando nota que a frase usada para descrever a decisão de Rute de continuar com Noemi, que se "uniria a ela" (*davkah bah*) é a mesma "união" descrita na história da criação, onde se diz que o homem deixa pai e mãe e se "une" à sua mulher.[18]

Além disso, Rute e Noemi assumem o compromisso de manter as relações familiares. Hoje em dia, um número cada vez maior de judias lésbicas está formando arranjos familiares alternativos, dependendo de redes de amigos para substituir as famílias que as rejeitaram. E estão também criando crianças juntas, de forma não diferente da dos heterossexuais.

O relacionamento entre Rute e Noemi reveste-se ainda de outra dimensão para as judias lésbicas. Outras diferenças que não as de sexo são cruciais para os relacionamentos entre elas. Muitas delas têm relacionamentos com mulheres que cruzam as fronteiras de idade, raça, nacionalidade e religião. Rute e Noemi servem de modelo de um relacionamento que ignora diferenças. Judia e moabita, elas pertencem a culturas diferentes e adoram divindades diferentes. Dado o fato de que Noemi é a mãe do falecido marido de Rute, elas são evidentemente de gerações diferentes. Ainda assim, superam as diferenças e estabelecem uma ligação permanente. A promessa de Rute de aceitar a fé de Noemi em Javé é um possível modelo para casais de lésbicas resolverem tal diferença.

E, por último, Rute e Noemi são amigas. Exemplificam um relacionamento carinhoso entre mulheres. Os relacionamentos lésbicos incluem as ligações de amizade e afeição feminina cultuadas tanto por lésbicas quanto por mulheres heterossexuais. O fato de Ruth mostrar-se disposta a deixar a terra natal, casar com o homem escolhido por Noemi e ligar por completo seu destino ao dela fala eloqüentemente de como era profunda a ligação entre as duas. Esse laço é posto em destaque quando lésbicas estudam a história de Rute.

A ligação entre as duas abre um campo fértil ao midrah. A Bíblia hebraica tende a ignorar as motivações de seus personagens humanos e coube a comentaristas posteriores acrescentar as explicações. Por que Sansão é convencido a cortar os cabelos? Por que Abraão insurge-se contra a ordem de sacrificar o filho? O que o convence a dar ouvidos à voz na moita? Por que José engana os irmãos? O que leva Rute a querer seguir Noemi? O midrah lésbico pode responder a esta última pergunta de maneiras que preencham os hiatos no relacionamento entre Rute e Noemi. Teriam elas se ligado no amor pelo falecido marido de Rute? Teria Rute sido realmente convencida a seguir Noemi por causa de seu amor por Javé? Ou será que Rute e Noemi tornaram-se amigas especiais, companheiras ou mesmo amantes enquanto moravam juntas com Moab?

Só através desse tipo de sugestão midrashic é que Noemi e Rute se tornam autênticos modelos para as judias lésbicas contemporâneas. Muito embora votos de compromissos recíprocos assumidos, ligações familiares, amizade feminina e relacionamentos entre culturas e gerações constituam aspectos importantes da cultura das lésbicas, a sexualidade lhes é essencial à identidade. Numerosos heterossexuais supõem que a única coisa diferente nas lésbicas resume-se no fato de que são mulheres que praticam sexo com outras. As judias lésbicas têm se esforçado para provar que sua cultura inclui outros elementos, além daqueles que já descrevi. Ainda assim, sem amor romântico e sexualidade a história de Rute e Noemi perde grande parte de seu impacto como modelo para os relacionamentos entre judias lésbicas.

Um midrah de judia lésbica sobre Rute requer que se leiam as entrelinhas e que suas palavras sejam imaginadas como desejo sexual por Noemi. Para as lésbicas, esse fato não é implausível. Durante séculos, o amor sexual entre mulheres foi ocultado do público. Conforme argumentei, a ausência na Bíblia de proibição de comportamento lésbico não implica necessariamente que, nessa cultura, tal conduta era desconhecida. O fato de Rute ter sido casada em nada diminui a plausibilidade dessa sugestão. As únicas referências ao lesbianismo em textos legais judaicos são as que proíbem que mulheres casadas participem dessa prática, de modo que cabe presumir que algumas delas praticavam esses atos. Não é absurdo argumentar que Rute teve de casar-se com Boaz para proteger-se e proteger Noemi, uma vez que não era possível, nos tempos bíblicos, que mulheres sobrevivessem sem a proteção e o sustento financeiro de homens.[19] A sugestão de que a crônica de Rute tem origem na tradição oral de menestréis femininas[20] empresta plausibilidade a tal interpretação.

Quando lêem o Livro de Rute, estudiosas e comentaristas heterossexuais nele não vêem o que vemos. Têm certeza de que Rute queria apenas devotar-se ao Deus de Noemi. Convencem-se de que o relacionamento amoroso importante era o que existia entre Rute e Boaz. Com exceção da crítica feminista Ilana Pardes, a maioria não consegue imaginar que haja um tema de amor entre mulheres oculto nas entrelinhas.[21]

Demonstrar as possibilidades literárias, históricas e lógicas de que a história de Rute e Noemi possa ser interpretada como uma história de amor lésbico certamente entristecerá alguns leitores. Ainda assim, midrashim menos plausíveis foram aceitos ao longo do tempo. A explicação de que Isaac não voltou do monte Moriá após a Amarração, porque foi enviado ao yeshivá, é um exemplo nesse sentido. Não constitui objetivo do midrah provar que a história aconteceu realmente dessa maneira, mas abrir espaço para uma mudança na tradição, ao mesmo tempo em que fornece um antecedente histórico à mudança. Permitir interpretações lésbicas do Livro de Rute é uma maneira de acolher as lésbicas na comunidade judaica contemporânea.

Em todas as épocas, descobrir o que está escrito nas entrelinhas tem sido a essência da interpretação através do midrah. E é justamente o fato de poder ser reinterpretada a cada geração que torna tão poderosa a narrativa bíblica. O midrah funciona quando permite que pessoas enxerguem a história sob uma nova luz ou com mais uma dimensão. O midrah dá-nos uma oportunidade de embelezar as histórias da Bíblia e da história judaica e focalizar, de novos ângulos, nossos heróis. Não é de surpreender que — neste momento em que as mulheres tomam parte mais ativa na vida judaica — midrashim estejam sendo escritos sobre Sara, Miriam e Débora. Na Idade Média, quando o martírio era um tema importante, foram escritos numerosos midrashim para reinterpretar a amarração de Isaac. E quando os sionistas sentiram que era chegada a hora de proclamar a proficiência militar dos judeus, nova ênfase foi posta no heroísmo dos macabeus.

O midrah lésbico desempenha o mesmo papel. Inspira-nos a fazer novas perguntas ao texto: por que, quando são mencionadas, Shifrah e Puah aparecem sempre juntas? Como foi que Miriam e a filha do faraó se conheceram?[22] O que foi que fez a filha de Jephthah quando foi embora com as mulheres? Para onde foi Dina quando deixou a casa de Shehem?

Nas culturas ocidentais, as lésbicas foram, durante séculos, obrigadas a ler nas entrelinhas, procurando modelos a representar em locais onde todos os vestígios haviam sido ocultados. Para nós mulheres, cujo amor por outras jamais teve aceitação pública, escrever midrah deu-nos uma oportunidade de tornar nossa presença conhecida e de conferir validade aos nossos relacionamentos. Temos de insistir em nosso direito de procurar pistas da existência de mulheres como nós no passado, em todos os casos em que pudermos encontrá-las. Ler dessa maneira as histórias de Rute e Noemi, Eva e Lilith, e outros textos, deve ser considerada uma obrigação com as nossas ancestrais anônimas, para lhes dar, também, a oportunidade de falar. Alimentamos a esperança de que nosso midrah encontre um lugar respeitável na tradição judaica.

A interpretação textual, porém, comporta outras facetas. Podemos usar também os textos bíblicos como ponto de partida para a divulgação de pontos de vista das judias lésbicas. Nos capítulos seguintes, estudarei maneiras de como um texto profético pode servir como contexto para análise dos interesses das judias lésbicas contemporâneas.

Quatro

Haznea Lekhet Im Elohekha: A Visibilidade da Judia Lésbica

Até agora, a transformação do judaísmo por iniciativa das lésbicas que venho propondo concentrou-se em questionar e reinterpretar textos bíblicos vistos de nossa perspectiva. Além desse processo, podemos estudar outras partes da Bíblia que se prestam para conceituar uma transformação mais profunda da crença e prática judaicas, do ponto de vista lésbico. Conforme sugeri ao discutir os textos embaraçosos constantes do Gênesis e do Levítico, não podemos simplesmente extirpar passagens do texto bíblico ou ignorá-lo, uma vez que, para começar, ele contém preceitos que definem as próprias razões que nos levam a permanecer fiéis ao judaísmo e ao povo judeu. Para que seja aceita uma transformação por ação das lésbicas, temos não só de contestar textos difíceis, mas também usar aqueles que nos inspiram como base de nosso trabalho.

Constitui prática comum entre comentaristas judeus usar uma passagem da Bíblia como texto inicial ou como prova de idéias contemporâneas. A passagem que escolhi como contexto para examinar os interesses das lésbicas judias é encontrada no Livro de Miquéias, que encerra os escritos de um profeta menor, que viveu no século VI ou VII antes da era cristã. Miquéias resume seu entendimento sobre o "que é bom" da seguinte maneira: "O que é o que o Senhor pede de ti, senão que pratiques a justiça (*asot mishpat*), ames a misericórdia (*ahavat hesed*)[1] e andes humildemente com o teu Deus (*haznea lekhet im elohekha*)" (Miquéias, 6:8). Os três capítulos seguintes contêm uma interpretação lésbica dessa injunção profética que focaliza alguns dos problemas por elas hoje enfrentados. Além disso, oferecem soluções para os dilemas seguintes: assumir nossa identidade, relacionarmo-nos com nossas famílias e contribuir para um mundo mais justo e pacífico, a partir de nossa posição excepcional (e, atualmente, problemática). Embora a interpretação seja específica a lésbicas judias, tenho esperança de que o modelo aqui proposto para resolver esses dilemas possa ser aplicado também a questões enfrentadas por judias não-lésbicas.

O preceito triplo de Miquéias sugere três áreas de interesse especial: conviver com o mundo e mostrar ao mundo quem somos (como andarmos humildemente com Deus), como estabelecer relacionamentos sociais (como amar bem) e como tornar o mundo um lugar melhor para viver (como praticar a justiça). Minha interpretação inverte a ordem do preceito de Miquéias. Da forma como ele o expõe, o preceito culmina com o relacionamento do indivíduo com Deus, e concorda com a visão teocêntrica de mundo dos autores bíblicos. De minha perspectiva, centralizada no ser humano, faz sentido começar com o relacionamento entre o indivíduo e Deus, expressado através do relacionamento da lésbica consigo mesma. É esse relacionamento que lhe permite amar outras pessoas e, em seguida, transformar esse amor em atos de justiça para com toda a humanidade — o que, para mim, é a meta final.

O Processo de Assumir

O processo começa no ponto em que Miquéias o termina, com a enigmática frase "haznea lekhet im elohekha". Tradicionalmente, ela tem sido traduzida como "andar humildemente com teu Deus", embora traduções mais recentes sugiram que significa andar pudicamente vestido, ou com decência. Interpreto essa frase como a maneira como a pessoa entende seu lugar no mundo. Suponho que a maneira como considera sua vida lhe determinará a capacidade de comportar-se eticamente no que interessa aos demais. Um conceito judaico fundamental exige que amemos nossos vizinhos como a nós mesmos. Comentaristas o entenderam como implicando que só podemos aprender a amar nossos vizinhos se aprendemos a amar a nós mesmos.

Andar com Deus é uma metáfora da maneira como cada pessoa encara sua própria vida. É um modo de conceituar seus sentimentos e pensamentos mais íntimos. Não é necessário ter um conceito tradicional de Deus ou imaginá-lo em forma humana para compreender bem a metáfora. Imaginar-se andando dessa forma requer uma visão de Deus como o valor mais importante na vida, um valor que está sempre e em qualquer lugar com o indivíduo. Deus pode estar na imagem de um ser humano, mas poderia ser também poder, força, sentimento, idéia ou qualquer outra coisa que nos ajude a ver santidade no mundo.

Como judias lésbicas, começamos com a suposição de que só poderemos andar com Deus se nos conhecermos e aceitarmos pelo que somos. Andar com Deus começa com auto-aceitação e requer dizermos a nós mesmas a verdade sobre nós mesmas. Essa atitude descreve o fato de a mulher assumir, de declarar que é lésbica, como pré-requisito necessário para andar com Deus. E isso requer autoconhecimento. As que andam com Deus sabem quem são e conscientemente reclamam para si um caminho no mundo. São guiadas pela compreensão de que todos os seres humanos são sagrados, tendo sido criados à imagem de Deus. Respeitam o processo misterioso, tenha ele origem na natureza ou na sociedade,[2] que as torna mulheres eroticamente atraídas para outras e que preferem com elas construir uma vida. Não é tarefa fácil de realizar. Conto a minha própria história, quando decidi assumir quem sou, como um exemplo:

> E ninguém ficou com ele, quando José se deu a conhecer a seus irmãos. E levantou a voz em choro, de maneira que os egípcios o ouviam. (Gênesis, 45:1-2)

Ao ler a Bíblia quando criança, eu sempre ficava profundamente comovida com a história de José e seus irmãos. Chegava às lágrimas quando José, obrigado a esconder sua própria identidade, pôde finalmente contar aos irmãos quem realmente era e reconciliou-se com eles após anos de desavença.

Só quando eu era muito mais velha é que identifiquei a história de José como semelhante à minha. Tal como José, escondi, durante muitos anos, parte de minha identidade. E, ainda como José, a experiência de revelar aquela dimensão oculta de mim mesma me fez sentir inteira. José escondeu sua identidade como hebreu. Eu escondi a minha como lésbica.

Cresci sabendo que sentia uma forte atração por membros de meu próprio sexo. Mas tudo o que via na sociedade — filmes, canções populares, o relacionamento entre meus pais, histórias da Bíblia — apontava para a heterossexualidade como norma. Eu freqüentemente tinha paixonites por coleguinhas e professoras e mantive relacionamentos sexuais com namoradas na escola secundária. Ainda assim, na adolescência, eu nunca teria me considerado lésbica. Supunha que estava simplesmente atravessando um estágio. Na época, lésbicas só eram encontradas em bares, revistas pornô e romances baratos. Supunha-se que fossem mulheres com medíocre ajustamento que queriam ser homens, e não mulheres corajosas que ousavam ser diferentes. Eu não queria ser uma delas.

A experiência na escola hebraica aumentou o desconforto que sentia com meus pendores sexuais e fomentou o desenvolvimento de minha identidade heterossexual. Lições sobre a importância de casar com um judeu e criar filhos judeus foram muito bem ensinadas e eu queria desesperadamente me integrar. Nada havia no judaísmo, nesta época, que indicasse qualquer possível aceitação das lésbicas.

Para mim, concentrar-me na identidade judaica proporcionava uma alternativa perfeita para investigar minha identidade sexual. Casei-me, tornei-me rabi, e tive dois filhos. A despeito de meus desejos em sentido contrário, a forte atração erótica que sentia por mulheres nunca me abandonou. Após algum tempo, comecei a considerar-me bissexual. Em alguma altura, no entanto, tornou-se claro para mim que precisava fazer uma opção. Foi nessa ocasião que renunciei ao casamento e desenvolvi um relacionamento básico com uma mulher

Assumir para mim mesma, chamar a mim mesma de lésbica, não foi fácil. Eu havia conquistado *status* e visibilidade no mundo judaico como rabi e tive medo de que, se assumisse, teria de renunciar a isso. Preocupava-me, pensando que pessoas com quem trabalhava poderiam sentir-se constrangidas em minha companhia e que não mais respeitariam minhas idéias e decisões.

Mas, em certa altura, surgiu em mim a forte convicção de que seria melhor se as pessoas soubessem, e que eu não deveria me preocupar se soubessem ou não, pelo menos durante a maior parte do tempo. Assumi porque cansei de me esconder e mentir, atitudes estas que produziam um efeito corrosivo em minha alma. Ao assumir, senti orgulho em ser lésbica. Obtive paz de espírito e uma sensação de liberdade inalcançável na época em que era enrustida. Nesse ano, o Pessah assumiu um novo significado, porque eu havia realmente passado pela jornada através dos estreitos apertados do mizrayim e alcançado a liberdade. E eu, finalmente, soube o que José sentiu quando revelou sua identidade aos irmãos.

A Ética de Assumir e Viver no Mundo

Aceitar e agir segundo essa atração erótica é um exemplo de *haznea lekhet*, porque indica auto-aceitação. Judias lésbicas alegam que nossas atrações sexuais constituem uma atividade sagrada. O que a torna sagrada nada tem de intrínseco à ação. É a aceitação por nós mesmas de nossas alegrias e prazeres sexuais, de deixar de ver nossa vida erótica como separada do resto de quem somos e, sim, fundamental para tornar nossa vida rica e significativa.[3] Com uma freqüência grande demais, as lésbicas, especialmente quando sua homossexualidade é inicialmente despertada, sentem-se envergonhadas de seus sentimentos e desejos. *Haznea lekhet* significa aceitar o desejo e descobrir maneiras criativas de manifestá-lo. Claro, essas manifestações têm de conformar-se a outros padrões éticos de comportamento em relação a nós mesmas e aos demais. Esses desejos e comportamento, porém, libertarão também nosso potencial criativo e nos permitirão viver de forma sagrada e positiva. Quando a conexão entre o *self* sexual e o resto do *self* é cortada, não podemos andar com Deus. É importante para as judias lésbicas proclamar o elo entre sua sexualidade e o resto de suas vidas como judias.

Dessa perspectiva, não há um caminho sagrado para a lésbica quando ela se esconde. Escondidas, renunciamos à oportunidade de expressar nossas necessidades e desejos íntimos. A lésbica que esconde de si mesma seus desejos sexuais não pode caminhar na direção da auto-aceitação. Isso se aplica a todas as que fazem uma opção que não conduz a seu próprio desenvolvimento e crescimento como pessoa. Assumir lembra-nos de que Deus está conosco, que quando lésbicas assumem sua condição, elas têm a ajuda do poder no universo, que nos dá forças para tomar atitudes corajosas.

Andar com Deus não se limita à auto-aceitação como lésbica na privacidade de nosso mundo interior. Os estágios seguintes da auto-aceitação sugerem que ela deve apresentar-se como é à família e aos amigos, aos mundos lésbico e *gay*, e ao mundo lésbico judaico. Mas sou de opinião que andar verdadeiramente com Deus ultrapassa esse estágio. A maneira definitiva de andar com Deus e com auto-aceitação exige também assumir publicamente a condição de lésbica. A relutância em assim agir pode ter origem em autêntica discriminação e fanatismo por parte do mundo ou na ameaça de perder o emprego ou a custódia de filhos. Mas pode ser também resultado de vergonha da própria sexualidade e de perder *status*. É claro que a visibilidade de lésbicas e *gays* na sociedade tornou possível um respeito pelos direitos civis e sociais desses indivíduos, antes desconhecidos na história humana. Lésbicas deveriam estar dispostas a escrever sobre sua vida, falar de si mesmas em matérias nos jornais e televisão, dar depoimentos, trabalhar pela promulgação de leis que ampliem nossos direitos civis, aceitar participar de casos-teste nas cortes de justiça para expandir esses direitos e, em especial, falar francamente nas sinagogas e organizações comunitárias judaicas que quiserem informar-se sobre nós. Quanto mais lésbicas falarem publicamente sobre seus compromissos como lésbicas e judias, menos provável é que alguém possa negar-nos nossa humanidade, baseado na alegação de que não conhece ninguém que seja lésbica ou *gay*.

Mas há outra dimensão na ética de assumir nossa condição. O *haznea lekhet* exige também que sejamos honestas: honestas conosco mesmas sobre nossa sexualidade e honestas com outras pessoas em nossa vida. Assumir publicamente evita que tenhamos de mentir — para médicos, que às vezes deixamos de consultar porque não queremos falar de nossa vida sexual; para colegas de trabalho, com os quais omitimos pronomes quando nos referimos às nossas parceiras; para conhecidas, que nos querem apresentar a homens. As mentiras que dizemos podem ser leves, mas nos prejudicam a capacidade de viver abertamente e leva-nos para tipos de mentiras incompatíveis com a caminhada com Deus. E atraem também não-lésbicas para nosso mundo, exigindo freqüentemente que elas neguem o que vêem.

Evitar mentir tem outra conseqüência. Se todas as lésbicas assumissem, não teríamos de mentir uma para a outra, fingir que a rabi, a cantora, a pessoa que se candidata a um emprego de professora na escola judaica ou de editora do jornal judaico não é a mesma que vimos com a amante uma destas noites em um concerto musical. As comunidades lésbica e *gay* concordaram há muito tempo em manter uma conspiração de silêncio, jamais revelar a identidade de um *gay* ou de um lésbica fora da comunidade *gay* (embora fofocas desse tipo na comunidade lésbica sejam comuns). Essa conspiração de silêncio é um fardo imposto às lésbicas assumidas pelas amigas enrustidas, em detrimento da vida que levam. Andar com Deus exige que deixemos de exigir umas das outras que mantenham silêncio, e também que convençamos as enrustidas para que se mostrem.

A citação de Miquéias, porém, sugere não só que encontremos uma maneira de andar com Deus, mas que essa maneira seja decorosa, decente e humilde. *Haznea lekhet*, porém, não implica o pressuposto de que não temos orgulho de ser lésbicas. O fato de que assumir e sentir-se bem como lésbica é entendido como uma maneira de andar com Deus deve ilustrar claramente essa atitude.

Mas implica que não devemos ter a arrogância de pensar que podemos escolher o caminho certo para todas as pessoas. Andar humildemente com Deus significa auto-aceitação, e não exigir que os outros nos sigam o exemplo. Não se trata de um mandado para que as outras se revelem. A humildade deve resguardar-nos de suposições arrogantes sobre quem deve declarar sua identidade lésbica. Essa humildade compensa o fardo que nos é imposto por lésbicas não-assumidas, o de lhes guardar o segredo. Temos de lembrar sempre da idéia de que não podemos julgar os demais até que tenhamos passado pelo que eles passaram (*Mishnah, Avot*, 2:5). Logo que uma pessoa assume sua condição, é difícil para ela compreender o que obriga outra a permanecer escondida ou ser incapaz de aceitar sua sexualidade. Embora seja importante promover o valor de assumir, como exemplo de auto-aceitação e maneira apropriada de andar com Deus, nem todas as mulheres se sentirão suficientemente à vontade com sua sexualidade ou com sua família para julgar seguro assumir. Embora outras que já assumiram possam desejar convencer outras judias lésbicas a declarar publicamente sua condição, temos de respeitar o processo e a decisão de cada pessoa.

Aqueles na comunidade *gay* que popularizaram o ato de dizer quem é quem afirmam que há duas razões para assim agir — proporcionar modelos a representar e desmascarar hipócritas. Em primeiro lugar, argumentam que os mortos devem ser apresentados como modelos e que revelar quem foram não os prejudica. Dada a importância dos papéis, especialmente em círculos judaicos, eu também não vejo dano em trazer à luz as inclinações eróticas de judias do passado que viveram numa época em que reconhecer o próprio lesbianismo era equivalente a confessar uma doença mental ou torpeza moral. Evidentemente, negou-se a elas a opção de serem francas sobre sua orientação sexual. Poder-se-ia argumentar que o valor judaico de respeitar os mortos nos proibiria de citar nominalmente lésbicas de gerações passadas. Essa perspectiva, no entanto, baseia-se na suposição de que o lesbianismo é motivo de vergonha. Como lésbicas visíveis e que se vêem como andando com Deus, damos os nomes de companheiras de gerações passadas para lhes honrar a memória, e não para cobri-las de vergonha.

Os defensores da revelação argumentam também que elas deveriam ser exibidas como modelos a serem seguidos. Elas podem afetar um grande número de pessoas, mas não são necessariamente modelos. Como feministas, fama deve significar algo muito diferente para nós. As lésbicas querem escrever história de uma maneira diferente, celebrar os atos de coragem e honestidade de todas as pessoas. Os critérios relativos à celebridade deveriam ter mais a ver com andar com Deus do que obter fama como artista de cinema ou político. Embora não haja dúvida sobre o valor das lésbicas assumidas, será melhor se elas assumirem porque querem identificar-se com nossa comunidade e contribuir para ela, do que se forem expostas contra suas próprias inclinações.

Mas o que dizer de desmascarar hipócritas? Hipócritas são definidas como aquelas que trabalham contra os direitos das comunidades *gay* e lésbica, ao mesmo tempo que utilizam os privilégios de espaços comunais (sinagogas, livrarias, bares e centros comunitários de *gays*) que lutamos tanto para conseguir. Nessa categoria são incluídas ocasionalmente aquelas que podem pessoalmente apoiar o trabalho em prol dos direitos de *gays* e lésbicas, mas que trabalham para instituições ou representam outras que nos oprimem, tais como os seminários, os legislativos ou as forças armadas.[4]

Tais hipócritas são modelos negativos. Por que deveria a comunidade lésbica querer incluí-las? Claro, não lhes deve ser negado um lugar, se o pedirem. Desmascarar hipócritas pode conceder vantagem política à comunidade lésbica, mas essa não é uma maneira útil para fomentar a causa, porque nos força a comportarmo-nos como aqueles que querem negar nossos direitos. Essa conduta não difere da chantagem que nossos inimigos perpetraram na década de 1950 e que obrigou numerosas lésbicas a virem a público. Muitas dessas lésbicas, na verdade, talvez não se considerem parte de uma comunidade lésbica. Podem, quem sabe, assumir a abordagem minimalista, que argumenta que sexualidade é assunto privado e que a atração sexual que sentem por alguém do mesmo sexo é a única coisa que as distingue de outras pessoas. Lésbicas assumidas discordariam disso e argumentariam que há uma grande diferença entre tirar prazer da sexualidade lésbica dentro de quatro paredes e viver abertamente como lésbica. Nosso objetivo deve ser convencê-las de que essa atitude não está de acordo com o ideal judaico de andar com Deus — mas isso é tudo o que podemos fazer. Coagir e criar situações embaraçosas não são métodos aceitáveis de atingir esse objetivo.

Não é de surpreender que desmascarar, como tática, tenha sido rejeitado por *gays* e lésbicas judeus, e por lésbicas de modo geral.[5] Por maior que seja nosso desejo de que o mundo mude, as decisões nesse sentido têm de basear-se em nossos valores sobre maneiras aceitáveis de assim agir. Não obstante, o oposto de desmascarar — a omissão intencional do *status* como lésbica judia — deve ser também forçosamente combatido. Os modelos são importantes. A visibilidade implica uma declaração pública. Jornalistas da imprensa judaica e de outros tipos não deveriam nos manter envolvidas em um véu de silêncio. Eles deveriam ser lembrados, em todos os casos possíveis, de incluir em suas matérias a orientação sexual da pessoa, mesmo que o lesbianismo não seja especialmente relevante para o assunto.

Estou sugerindo que devemos encorajar que se assuma a condição de lésbica como um valor. Só aceitando quem somos como judias lésbicas poderemos dar aos demais meios para nos compreender e aceitar. Conquanto não possamos coagir outras a assumir publicamente que são lésbicas e judias, podemos usar de nosso poder de persuasão para convencer outras que têm condições de falar publicamente. Quanto maior for o número de lésbicas judias que assumirem sua sexualidade, mais fácil será para todas nós sermos aceitas na comunidade judaica, o que constitui uma precondição para transformá-la. As não-lésbicas terão, nesse caso, oportunidade de ver que constituímos um grupo variado, que nos apresentamos e nos comportamos de grande variedade de maneiras. E elas começarão a compreender que somos também judias em uma grande variedade de maneiras. Não há um único e específico caminho para se seguir o preceito do *haznea lekhet*.

O Papel da Comunidade Judaica

As lésbicas só assumirão sua condição na comunidade judaica quando o ambiente for seguro para que assim procedam. Para que isso aconteça, elas terão de divulgar a idéia de assumir como significado de auto-aceitação e maneira válida de andar com Deus. A comunidade judaica terá de aceitar o reconhecimento desse estado como um valor, de tal modo que aquelas que se escondem, e os que as mantêm escondidas, através de palavras insensíveis ou ações cruéis, sejam considerados como agindo de maneiras ímpias.

Andar com Deus com humildade, decoro e honestidade é uma tarefa difícil. Não é fácil renunciar à arrogância, nem ser decorosa na vitória da auto-aceitação em um mundo judaico que nos diz diariamente que nós não nos encaixamos, que não nos integramos. A *haznea lekhet im elohekha* exige um ato de equilíbrio delicado entre sentir orgulho e alegria, por sermos capazes de estar em paz conosco mesmas, e não esperar que outras trilhem o mesmo caminho. Nosso objetivo é criar um mundo em que assumir não seja um problema, porque não é mais estigmatizada a orientação sexual desviante da norma. Vivemos ainda em uma sociedade em que acusar falsamente alguém de ser *gay* ou lésbica pode justificar um processo judicial por calúnia, como era também o caso chamar alguém de judeu antes da década de 1950.[6] E é essa realidade que estamos nos esforçando para mudar.

A comunidade judaica desempenhará um papel importante nesse processo, ao considerar o ato de assumir o lesbianismo como um gesto sagrado. E as não-lésbicas podem também aplicar a si mesmas esse modelo de andar honestamente com Deus. Isso poderia significar se aceitarem mais e serem honestas sobre a maneira como também elas silenciam sobre aspectos de si mesmas.

Um caminho importante para que o ato de assumir adquirisse caráter sagrado na comunidade judaica seria através de cerimônias que celebrassem essa decisão. Com a criação de rituais nesse sentido, as lésbicas terão uma experiência de ciclo de vida excepcional com que contribuir para a comunidade.

Rituais

Assumir é o principal rito de iniciação para lésbicas e *gays.* O ritual assinala uma mudança de identidade e também uma mudança de *status* no mundo. Tal como outros ritos de iniciação, é simultaneamente emocionante e perigoso. O ritual de assumir a condição de *gay*/lésbica proporciona a oportunidade de realizar essa importante mudança de vida no contexto de uma comunidade, e com suas bênçãos.

Assumir implica estabelecer uma nova identidade e senso de *self* no mundo. Para muitas mulheres, ser lésbica significa participação em uma nova cultura. Poderia envolver uma nova estética ou novos contatos com novas instituições. E ler jornais, revistas e livros, ou escutar ou assistir programas com temas lésbicos e *gays* no rádio ou na televisão. Provavelmente, exigirá o comparecimento a reuniões comunitárias — paradas de orgulho *gay*, espetáculos de artistas cômicas ou de músicas lésbicas, ou participação em comícios políticos. E talvez mesmo envolver viagens a locais como Provincetown, San Francisco ou ao Michigan Womyn's Music Festival, no qual lésbicas podem andar em público de mãos dadas sem que ninguém estranhe.

Uma vez que não há um momento definitivo para assumir (embora, para muitas lésbicas, a primeira experiência sexual desse tipo e a confissão aos pais possam ser os momentos mais cruciais no processo), é difícil precisar o exato momento apropriado para o rito de iniciação. Eu gostaria, por isso mesmo, de sugerir três diferentes possibilidades.

Mesmo nos casos em que nossa identidade é conhecida há anos, freqüentemente vemo-nos a braços com certas decisões, como se devemos ou não nos tornar conhecidas em certas circunstâncias, e continuamos a sentir os medos que surgem quando precisamos tomar essa decisão. Embora eu venha falando publicamente e escrevendo como lésbica judia há muitos anos, e na maior parte das vezes me sentindo muito bem, ocasionalmente experimento certo embaraço. Dando um exemplo, há alguns anos falei em um painel sobre ser lésbica e judia em uma conferência patrocinada pela National Jewish Women's Resource Center. Nunca pensei que ia encontrar Doris por acaso, uma mulher mais velha que me ajudou na pesquisa para minha dissertação de doutorado, quinze anos antes. Tenho de reconhecer que não disse a ela sobre qual assunto ia falar e, honestamente, tive esperança de que ela não houvesse lido o programa. Por mais à vontade que eu houvesse me tornado com minha situação, o medo de que alguém que eu respeito talvez não me aprove ainda surge ocasionalmente.

Uma vez que assumir é um processo contínuo, é apropriado pronunciar uma bênção ou uma prece em todas as ocasiões em que o processo é levado mais adiante. Estejamos nós dizendo a uma pessoa que não vemos já há algum tempo sobre nossa identidade ou marchando em uma parada de orgulho *gay*, podemos reconhecer nossa coragem entoando a bênção:

> *Nevarekh et Eyn HaHayyim asher natna lee haozmah lazet min hamezarim.*
> Abençoada seja a fonte da vida por ter-me dado a coragem necessária para assumir.[7]

Além de usar essa bênção em circunstâncias privadas, isoladas, numerosos *gays* e lésbicas talvez sintam a necessidade de participar de um ritual público entre amigos ou na sinagoga. O ritual pode ser muito simples, consistindo em pronunciar a bênção, seguida por uma bênção adicional que um amigo, o que dirige o serviço religioso, ou o rabi, possa pronunciar na ocasião, tal como:

> Que Aquele que abençoou nossos antepassados Abraão, Isaac, Jacó, Moisés, Aarão, Davi, Sara, Rebeca, Lia, Raquel, Miriam e Rute abençoe — (o nome da pessoa) —, que se apresentou corajosamente para proclamar sua identidade lésbica perante esta congregação. Que ela possa crescer em autoconhecimento e que se rejubile em sua identidade recém-recuperada. Que sua coragem seja um modelo para outras que anseiam por revelar aspectos escondidos de si mesmas. Que ela receba amor, calor humano e apoio de sua comunidade, família e amigos. Que seu ato público nos inspire a aprofundar nosso compromisso de trabalhar por uma época em que *gays* e lésbicas não sofram mais com o ódio e o preconceito e em que todos viverão em harmonia e em paz. Amém.

Essa cerimônia poderia ser realizada em qualquer reunião, no lar ou em um serviço na sinagoga, mas poderia ser mais apropriada em uma ocasião em que a Torah fosse lida, acompanhada por uma *aliyá* à Torah. Dessa maneira, a cerimônia teria a ressonância do bat-mitzvá. Tornar-se um bat-mitzvá significa fazer a transição para tornar-se um judeu responsável ou assumir uma nova identidade como mulher e judia. Analogamente, assumir a condição de lésbica é um evento do ciclo de vida que exige a proclamação de uma nova identidade. A ligação, portanto, é sumamente apropriada.

Outra opção seria ligar o ritual de assumir a condição de lésbica a um aspecto da história judaica destacado no calendário de nosso povo. A experiência do *yeziat mizrayim*, a saída do Egito, ressona poderosamente com o ato público da judia lésbica de assumir sua condição. A tradição judaica exige que toda judia vivencie sua saída do Egito. O fato histórico é uma comemoração de liberdade, de deixar a vida controlada de escravo e ingressar na vida de pessoa livre. Para o judeu, essa liberdade não é apenas libertação individual, mas também aceitação da responsabilidade de reclamar uma identidade judaica e de viver no mundo como judeu. Quando assume, a lésbica deixa também para trás as restrições do espaço fechado para vivenciar o *haznea lekhet*: o júbilo e a liberdade de uma nova identidade e o peso da responsabilidade que a nova identidade acarreta.

Os temas de deixar o Egito são evocados durante o Shabat Shirá, quando lemos a parte da Torah que conta a travessia do mar. É esse momento de transição que exemplifica, melhor do que qualquer outra coisa, a experiência de assumir, tanto por causa da coragem necessária para cruzar o mar e iniciar uma nova vida de liberdade quanto da exultação experimentada ao ser completada a travessia. O serviço da Torah durante o Shabat Shirá, portanto, é uma ocasião apropriada para a cerimônia em que a lésbica assume sua condição. Além disso, a haftará (parte profética) dessa semana é sobre Débora, a única mulher na Bíblia que não esteve ligada a um homem.[8]

A história de José revelando-se aos irmãos, a leitura feita no ciclo anual por volta da época do Hanucá, poderia servir também como um expressivo pano de fundo para a cerimônia.

As leituras no serviço poderiam incluir histórias de coragem extraídas da literatura judaica ou lésbica. O midrah sobre Nahshon, o primeiro israelita a cruzar o mar (B. Talmud, *Sotah*, 36b) seria sobremodo apropriado para inclusão. Quando os demais israelitas pararam, cheios de medo, diante do mar furioso, Nahshon entrou na água, um ato baseado em fé e na coragem de ousar. O midrashim sobre a revelação de José poderia ser também incluído.

O trecho a seguir, de uma história de Adina Abramowitz, "Growing Up in Yeshiva", seria também apropriado:

> No segundo ano após formar-me na escola de preparatórios, em dezembro de 1980, compareci à conferência de fundação da New Jewish Agenda e inscrevi-me no grupo de afinidade lésbico/*gay*. Isso foi talvez meu primeiro ato consciente de auto-aceitação e orgulho. Eu tinha vinte e dois anos de idade e estivera vivendo o conflito entre minhas identidades judaica e lésbica durante cinco anos. O simples fato de estar numa sala em companhia de mais de trinta pessoas que acrescentaram a seus nomes as palavras "*gay*" e "lésbica", juntamente com "judeu/judia", teve um efeito imensamente curativo sobre mim... Após todos esses anos de debate íntimo, resolvi, na véspera do Ano-novo de 1980, tentar chamar a mim mesma de lésbica durante um mês. Quase no mesmo instante, senti um enorme alívio. Embora as lutas com minha orientação sexual não tivessem absolutamente terminado, nunca mais, desde aquele momento, questionei minha identidade lésbica.[9]

A pessoa que vai assumir sua condição deveria, no serviço religioso, definir seu papel. Deveria dar um *d'var Torah* alusivo ao significado dessa mudança em sua vida. Poderia ler na Torah ou, quem sabe, escrever novas palavras para descrever o júbilo de Miriam quando cruzou o mar. Poderia tomar à frente em uma canção ou dança para comemorar seu novo *status*. No mínimo, poderia repetir a bênção que acompanha o fato de assumir sua condição — "*Nevarekh et Eyn HaHayyim asher natna lee haozmah lazet min hamezarim* (Abençoada seja a fonte da vida por ter-me dado coragem para assumir)" — e ser chamada à Torah para uma *aliyá*. A bênção teria uma ressonância especial no Shabat Shirá, uma vez que, para a judia que está assumindo sua condição de lésbica, *lazet min hamezarim* ecoa a idéia de estar deixando o Egito, o Mizrayim. O ritual poderia terminar com uma canção alegre para refletir o estado de espírito da celebração. Da mesma maneira que os israelitas cantaram ao cruzar o mar, o mesmo deveria fazer a comunidade judaica quando uma de nós resolvesse libertar-se de uma velha escravidão para seguir o preceito do *haznea lekhet*.

Quando uma judia comemora, à vista de todos, o fato de assumir sua condição de lésbica, é de importância crucial que a comunidade, clara e inequivocamente, manifeste-lhe apoio. Ainda é alto hoje o risco de assumir o lesbianismo em público e a mulher que celebra esse ritual sentirá, com toda probabilidade, uma mistura de orgulho e vulnerabilidade. Seria bom se membros da comunidade desejassem dizer uma mazzal tov, escrever-lhe uma nota ou dar uma contribuição de zedakah em homenagem a ela, preferivelmente a uma organização que trabalhe em prol dos direitos de *gays* e lésbicas. Uma vez que essas cerimônias põem em destaque a visibilidade de *gays* e lésbicas na comunidade, elas proporcionam inspiração ao trabalho comum para trabalhar pela liberação dessas pessoas e pelos direitos civis.

Judias lésbicas se sentirão à vontade, comemorando o fato de assumir em um ritual comunitário, quando a comunidade tiver um número maior de pessoas que aceitem a opção de viver como lésbicas, quando assumir for reconhecido como *haznea lekhet*. Até que isso ocorra, numerosas lésbicas e *gays* continuarão escondidos. Alguns resolverão também assumir seletivamente para algumas pessoas, mas pedirão a elas que mantenham a informação confidencial.[10] É importante que a comunidade compreenda que assumir é difícil para a maioria de nós que se identifica como *gays* ou lésbicas e que o processo difere em cada caso.

O fato de que o aumento da visibilidade leve, em última análise, ao aumento da aceitação tem constituído o fator importante para ajudá-las a revelar o que são. De muitas maneiras, é mais fácil permanecer escondida. Enquanto assim permanecerem, elas não precisarão temer as avaliações negativas de outras pessoas, nem preocupar-se com a possibilidade de perder o emprego ou uma promoção, o amor caloroso dos pais e de outros membros da família, ou ainda a custódia dos filhos. É difícil lidar com amigos que têm problemas com questões de sexualidade; não é agradável discordar dos comentários críticos de um colega. E é tão confortável misturar-se, ser simplesmente igual a todos, como os judeus com tanta freqüência tentam conseguir.

Embora não seja fácil assumir, esse gesto é vital para a saúde da pessoa, das lésbicas e da comunidade judaica. É imperativo que as jovens lésbicas de hoje tenham modelos para seu processo de autodescoberta e disponham de espaços públicos, espaços judaicos, nos quais possam sentir-se à vontade em um mundo que continua hostil a pessoas que se definem como diferentes.

Visibilidade como Grupo

Assumir e tornar-se visível como pessoa na comunidade, porém, não é a única dimensão da injunção de Miquéias, de andar humildemente com Deus. A auto-aceitação aqui implícita diz respeito também à visibilidade das lésbicas judaicas como grupo. Neste contexto, o *haznea lekhet* significa a oportunidade de ter essa visibilidade em nossos próprios termos, sob a forma de sinagogas, organizações e centros comunitários *gays* e lésbicos.

Tornar as lésbicas visíveis na comunidade exige que nossos grupos sejam reconhecidos e aceitos como dignos. Freqüentemente nos perguntam por que precisamos de espaços separados. Não estaremos nos separando da comunidade ao criar espaços próprios para *gays* e lésbicas? Ao contrário, esses espaços são oportunidades que temos de dar contribuições à comunidade. Para levar nossa perspectiva excepcional para uma conversa entre judeus, precisamos que nossas vozes sejam diferentes. Nossas instituições e publicações proporcionam a lésbicas que foram alienadas da comunidade um veículo para que possam a ela voltar.

Sinagogas Gays *e Lésbicas*

Comprovou-se que o movimento *gay* e lésbico em prol de sinagogas próprias é um dos fatores decisivos para tornar visíveis na comunidade judaica os interesses desses indivíduos. Devido a questões de sexismo, contudo, tanto no movimento *gay* judaico quanto na comunidade judaica em geral, as questões que a eles interessam têm sido o núcleo do movimento em prol de sinagogas próprias para *gays*, e as lésbicas, ironicamente, têm sido obrigadas a lutar para se tornar visíveis no mundo judaico dos *gays*. Ainda assim, desde seus primórdios, em princípios da década de 1970, o movimento em prol de sinagogas para *gays* e lésbicas tem se concentrado em tornar-se visível e desempenhar um papel no mundo judaico.

Sinagogas *gays* começaram a surgir nos Estados Unidos em princípios da década de 1970. O grupo de Los Angeles, o Beth Chaim Chadashim (BCC), surgiu em 1972, organizado por membros judeus da Igreja da Comunidade Metropolitana. Esses judeus começaram a sentir-se como estranhos em um ambiente cristão e deram-se conta de que o que queriam mesmo era uma experiência religiosa judaica.[11] O início da Congregação Beth Simchat Torah (CBST), na cidade de Nova York, teve origem semelhante.[12] Em 1975, havia congregações na Filadélfia, em Boston, Washington e San Francisco. Em 1976, realizou-se, pela primeira vez, a Conferência Internacional de Gays Judeus. A primeira reunião fora dos Estados Unidos teve lugar em Israel, em 1979, e incluiu delegados das Bermudas, Alemanha Ocidental, México e África do Sul. Em 1978, o nome foi modificado para Congresso Mundial de Gays e Lésbicas Judeus.

Desde o início, porém, foi problemático o papel das lésbicas nesses grupos. Em 1978, a palavra “Lésbica” foi acrescentada ao título da organização internacional.[13] As lésbicas no Congresso Mundial sempre enfrentaram manifestações de sexismo. Numerosos membros de congregações *gays* pensavam que podiam recriar as sinagogas de sua infância, onde mulheres eram proibidas de entrar. Freqüentemente, ignoravam as questões de sexismo nas orações e textos tradicionais e, não raro, soluções conciliatórias em questões de liturgia eram objeto de acalorados debates.[14] Aliza Maggid, uma líder do movimento, teve oportunidade de escrever sobre esses conflitos quando homens se vestiam como *drag queens* no Purim. Em fins da década de 1970, feministas consideravam esse comportamento como zombaria e escárnio às mulheres.[15]

Nos primeiros anos, os homens superavam por larga margem as mulheres no movimento em prol de sinagogas *gays*. À medida que o movimento crescia, porém, a presença de um maior número de lésbicas ajudou a mudar, em muitos casos, o equilíbrio de poder. Grupos separados de mulheres surgiram em algumas sinagogas, foram incorporadas mudanças litúrgicas feministas e tornou-se mais comum a liderança de mulheres (leiga e rabínica). Em 1981, o Congresso Mundial teve como principal orador uma mulher rabi, Linda Holtzman, que logo depois assumiu sua condição de lésbica. Rabis lésbicas têm servido em congregações *gays* em Los Angeles, Nova York, Atlanta e Filadélfia. O Beth Chaim Chadashim, de Los Angeles, contratou uma mulher heterossexual, Janet Marder, como sua primeira rabi. Marder tornou-se uma grande defensora dos direitos de lésbicas e *gays* no Movimento de Reforma e ajudou a congregação a enfrentar também questões de sexismo.[16] O trabalho das rabis Linda Holtzman, que serve como rabi do Beth Ahava, na Filadélfia, de Denise Eger e Lisa Edwards, que sucederam Janet Marder no Beth Chaim Chadashim, e de Sharon Kleinbaum, na congregação Beth Simchat Torah, na cidade de Nova York, tem sido de grande importância para mudar o clima para as lésbicas na comunidade judaica.

A maioria das sinagogas *gays* e lésbicas aderiu ao Movimento de Reforma e a uma das seitas reconstrucionistas. O grosso das congregações resolveu filiar-se ao Movimento de Reforma por causa do forte exemplo dado pelo movimento em princípios da década de 1970, ajudando-os a se organizar e proporcionando-lhes espaço para reunião, livros de orações e pergaminhos da Torah.[17]

Sinagogas *gays* criaram um "espaço seguro" para as lésbicas judias, ainda que nem sempre confortável. Nelas, lésbicas freqüentemente comparam suas diferenças nas questões feministas com os *gays*, e questões especificamente lesbianas ficam muitas vezes em segundo lugar em relação às dos homens. A reação da comunidade judaica a essas congregações tem se concentrado nos *gays*, baseada no pressuposto de que as lésbicas são simplesmente o equivalente feminino deles e que não têm problemas especiais ou interesses próprios. Ainda assim, o movimento em prol de sinagogas *gays* tem proporcionado um lugar para que lésbicas se tornem visíveis como lésbicas na comunidade judaica e possam falar livremente sobre quem são em um contexto judaico.

Visibilidade na Corrente Principal da Vida Judaica

Andar humildemente com Deus pode ocorrer também em outros ambientes judaicos. As lésbicas judias precisam ser visíveis como grupo em contextos em que a maioria está representada. A experiência do CBST e da Parada do Dia da Independência de Israel, realizada na cidade de Nova York em 1993, é um exemplo de ocasião em que *gays* e lésbicas foram proibidos de andar humildemente com Deus.

Os organizadores, predominantemente ortodoxos, da Parada do Dia da Independência de Israel em Nova York recusaram-se a permitir a participação do CBST. Esse incidente teve grande publicidade, sobretudo à luz da luta bastante conhecida em que se empenhavam há anos grupos de *gays* para serem incluídos na Parada do Dia de São Patrício, em Nova York. Os membros do CBST dividiram-se sobre a maneira de reagir. A liderança da sinagoga tentou chegar a um meio-termo, que lhes permitiria marchar com o Movimento de Reforma, incluindo o nome da congregação na bandeira, mas omitindo as palavras *gay* e lésbica. Esse arranjo foi inicialmente aceito e, em seguida, rejeitado pelos organizadores da parada. No fim, a congregação ficou fora da parada, mas convocou para o mesmo dia uma reunião própria em uma sinagoga reformista. Outros grupos liberais boicotaram também a parada, em solidariedade à congregação *gay*.

Esse fato, no entanto, provocou conflitos de lealdade. Membros do CBST queriam fazer parte da comunidade judaica mais ampla e manifestar seu apoio a Israel. Para alguns deles, o fato de fazerem parte da comunidade judaica torná-los-ia mais aceitáveis em uma solução conciliatória. Outros permaneceram irados. Esse fato despertou também muita atenção para a existência de uma comunidade judaica de *gays* e lésbicas, porque mereceu ampla cobertura da imprensa tradicional.[18]

Mas para que judias lésbicas possam andar humildemente com

Deus é importante que a comunidade dê seu apoio a todas as oportunidades para que elas se tornem visíveis, proclamem sua identidade, pronunciando em público a palavra "lésbica". É imperativo que a comunidade assuma essa responsabilidade, desde que o Supremo Tribunal dos Estados Unidos negou a *gays* e lésbicas o direito de tomar parte em paradas organizadas por outras comunidades. A menos que a comunidade judaica se levante em defesa de nosso direito de ser parte da comunidade mais ampla, a todos os judeus é, na verdade, negada a oportunidade de cumprir sua obrigação de andar humildemente com Deus na comunidade judaica.

Andar humildemente com Deus, individual e coletivamente, é um pré-requisito para praticar as outras virtudes sugeridas por Miquéias: um compromisso com o amor e a justiça. Só as que vêm a aceitar a si mesmas, incluindo a sensação de que são amadas por Deus e pela comunidade judaica, é que podem começar a trabalhar para a criação de um mundo de amor e justiça.

Cinco

Ahavat Hesed: Relacionamentos Transformadores

A segunda parte do preceito de Miquéias é sobre amar bem. Amar é a conexão que estabelecemos com outras pessoas, seja em relacionamentos íntimos, seja em sociais. Amar no segundo caso implica respeito pelo outro; amar aqueles de quem somos íntimos envolve sentimentos de paixão e forte proximidade, além de respeito. *Ahavat hesed* forma o elo entre a auto-aceitação pelo indivíduo, *haznea lekhet im elohekha,* e a justiça geral, *asot mishpat.* Não podemos amar os outros, a não ser que nos aceitemos. E não podemos trazer justiça a um mundo onde pessoas não sabem como tratar outras com as quais mantêm relacionamentos.

Embora *ahavat hesed* seja aplicável a heterossexuais e lésbicas, o conceito cria vários problemas específicos à vida destas últimas. Há diferenças nas maneiras como lésbicas criam redes de carinho com as pessoas que as cercam. Elas têm também pontos de vista diferentes sobre os relacionamentos entre casais, concepção e criação de filhos. Observar a questão do amor através de uma lente lésbica contribuiu com uma nova perspectiva para o atual debate judaico sobre relacionamentos humanos.

Um Novo Conceito de Família

Em geral, as famílias judaicas são formadas através de laços biológicos, casamento, adoção e conversão institucionalmente sancionados. Podemos resolver pertencer a uma comunidade religiosa ou secular diferentes de nossa família de origem. Para a maioria de nós, contudo, nossas ligações primárias com o judaísmo são estabelecidas bem cedo na vida.

Ligações entre lésbicas ignoram laços biológicos. Tal como as convertidas ao judaísmo, a maioria das lésbicas não é criada por pais que compartilham nossa orientação. Ao contrário das convertidas, os filhos que criamos, na maioria dos casos, tampouco se parecem muito conosco. Embora grupos sociais e eventos lésbicos em espaços públicos possibilitem que nos encontremos com outras iguais a nós, não há maneiras oficiais de definirmo-nos como lésbicas ou ingressar em uma comunidade lésbica através de casamento ou conversão. Nossa família lésbica é uma rede frouxamente definida que incorpora nossos pais, filhos e outros membros da família que estejam dispostos a nos apoiar, juntamente com amigos, ex-amantes e membros de suas famílias.

É imperativo que a comunidade judaica compreenda e apóie o novo conceito de família, decorrente do contexto da existência de judias lésbicas. Mudar o conceito da própria família implica transformação. Mas demonstra também a necessidade de novas formas e rituais para valorizar esse conceito e lidar com os problemas que surgem em nossas famílias de origem.

As Lésbicas e Nossas Famílias de Origem

Freqüentemente, é difícil às lésbicas encontrar *ahavat hesed* em suas famílias de origem. Esses espaços são muitas vezes motivos de tensão e dor para nós. Assumir para nossa família é talvez a dimensão mais difícil na vida lésbica. Famílias judaicas alimentam, não raro, fortes expectativas de que os filhos devem ser motivo de orgulho dos pais, ao levar uma vida americana típica: formar um lar com uma companheira do sexo oposto, criar filhos e viver confortavelmente dentro dos limites da família nuclear. Claro, muitos pais acostumam-se à idéia de que a filha é lésbica, especialmente se ela tem filhos e vive no que, pelo menos, parece um arranjo de longo prazo de família nuclear, mas não outros.

Problemas diferentes para conseguir o *ahavat hesed* surgem em ambientes familiares no caso de lésbicas que possam manter relacionamentos complexos com suas famílias de origem. Pode haver tensões com outros membros da família, que nada sabem sobre a orientação sexual da lésbica. De que maneira apresentar uma nova parceira a uma prima que não vê há muitos anos, no enterro da mãe dela, que desaprovava suas opções na vida? Tensões podem também surgir sobre a aceitação pública de seu relacionamento. Sua amante poderá comparecer ao enterro de sua mãe, se ela desaprovava o seu relacionamento? Será correto que você e sua amante dancem juntas no casamento de sua irmã, quando sabe que isso deixará embaraçado o marido dela? Devem você e sua amante exigir ter um *aliyá* juntas no bat-mitzvá da filha dela, de um casamento heterossexual anterior? E se você receber convite para o casamento de uma prima e sua amante não for convidada?

Apoio Comunitário Judaico às Lésbicas e às Suas Famílias de Origem

Trata-se de questões difíceis. Uma vez que surgem em um ambiente judaico, a comunidade deve começar a experimentar novas maneiras de dar apoio ao *ahavat hesed* para as lésbicas e suas famílias de origem. Ela não pode tolerar que a homofobia seja foco de conflito e discórdia em famílias.

Mas surgem também outras situações que exigem novas formas de comportamento, quando estão envolvidas lésbicas e suas famílias. Os costumes e as cerimônias ligadas à morte e ao luto constituem um bom exemplo nesse particular. Quando morre uma lésbica, mesmo que ela tenha preparado todos os necessários documentos legais para que sua companheira entre em seu quarto no hospital, tome decisões se ela está incapacitada de assim proceder, herdar-lhe os bens e providenciar o enterro, não há mecanismo para que a companheira seja reconhecida como pessoa enlutada na lei judaica. Só por decisão do rabi que oficia a cerimônia é que poderá comparecer ao enterro, rasgar as vestes, ter seu relacionamento com a morta mencionado no elogio fúnebre, ou sentar-se em shivá com a família — seja ela constituída dos pais ou dos filhos. Embora alimentemos a esperança de que, na maioria das situações nos dias de hoje, a família de origem aceite o relacionamento preexistente e os enlutados possam chorar juntos a perda, é possível que a dor da companheira da lésbica não seja corretamente reconhecida. Embora não haja remédio para essa situação, o *ahavat hesed* sugere que elas e suas famílias discutam antecipadamente esses assuntos entre si e com um rabi ou diretor de casa funerária com quem a família mantém relações.

Por ocasião do falecimento, é da maior importância que as famílias que as lésbicas criam entre amigos assumam o papel que a família biológica da morta teria desempenhado. Se lésbicas vivem com outras que não são judias, é importante que elas informem aos amigos sobre o funeral judaico e os costumes de pranteação. O *Cancer in Two Voices*, de Barbara Rosenblum e Sandra Butler, descreve os rituais que cercam a morte da companheira no contexto de uma comunidade lésbica judaica. Este texto é muito útil para iniciar essa discussão.

Problemas Criados pela Observância de Dias Santos

Os dias santificados constituem um ponto focal de tensão entre lésbicas e suas famílias e torna-se de uma importância especial observar o *ahavat hesed* nessas ocasiões. A Páscoa é um desses momentos no calendário judaico em que esses assuntos afloram de forma mais dolorosa. Afinal de contas a Páscoa conta a história da emancipação do povo judeu da escravidão. A luta de nosso povo pela liberdade repercute no caso das lésbicas em nossa própria salvação da opressão de viver escondida e aponta para um tempo em que todos os *gays* e lésbicas terão liberdade para dizer quem são. Como símbolo de emancipação da servidão, é um dia santificado, ao qual numerosas lésbicas se sentem profundamente ligadas. Não é de surpreender que o *Nice Jewish Girls* comece fazendo a seguinte pergunta: por que este livro é diferente dos outros?[1] Não é de surpreender também que a história do pão no prato cerimonial esteja ligada à Páscoa. Esse dia santo é uma oportunidade para refletir na condição de pertencer ao povo judeu.

A cerimônia da Páscoa é uma ocasião em que a família se reúne, e assume extrema importância para judias lésbicas se sentirem suficientemente livres para trazer suas companheiras para casa e para a cerimônia, ou convidar membros da família para cerimônias idênticas em comunidades de lésbicas. A Páscoa é também uma ocasião em que elas se sentem mais dolorosamente separadas de suas famílias. Esse fato é pungentemente contado na cena da Páscoa no *Running Fiercely toward a High Thin Sound,* romance de Judith Katz, onde é descrita a oportunidade perdida de reconciliação e de um novo começo para a protagonista lésbica e sua família.[2]

Para algumas, a Páscoa é uma ocasião para celebrar em uma comunidade lésbica judaica, e um hagaddot foi escrito para esse fim. Usando leituras desse hagaddot, judeus que não têm lésbicas na família podem incluir também a experiência lésbica de libertação em suas cerimônias pascais. Essa iniciativa seria um ato de *ahavat hesed* para pessoas na comunidade que, à parte isso, não pensariam em questões do interesse de lésbicas. Um jantar cerimonial sem a presença de uma delas poderia ser realçado com a inclusão de uma das seguintes partes de rituais de Páscoa com participação de lésbicas.

O lésbico *New Hagaddah*, de Judith Stein, inclui quatro crianças que são muito diferentes dos quatro filhos do hagadá padrão. Ela descreve os "quatro filhos" como diferentes maneiras de ser lésbica e judia. A judia sábia, por exemplo, conhece os costumes e rituais mas aceita apenas os que são expressivos para ela como lésbica. A judia má exclui-se da tradição judaica por ódio a si mesma. A judia que não consegue fazer perguntas tem de ser trazida ao ritual. A interpretação de Stein é muito útil para provocar discussões sobre o papel da lésbica no judaísmo e dos diferentes métodos usados para integrá-las.

Constitui também uma prática comum na Páscoa ler trechos do Cântico dos Cânticos. Embora esse livro seja evidentemente um poema de amor heterossexual, ele pode ser lido em voz lésbica por duas mulheres. No contexto da cerimônia da Páscoa, essa maneira de ler enobrece a idéia de que o amor sexual existe entre duas mulheres e constitui um gesto muito expressivo na direção do *ahavat hesed*.

O ciclo de dias santos na época do Ano-novo presta-se muito bem à reconciliação entre lésbicas e suas famílias de origem. O Rosh Hashaná é o dia santo de novos começos para o indivíduo e inicia um período de auto-exame de nossa vida e de pedido de perdão àqueles a quem magoamos. É costume entre os judeus reconciliar-se, durante os dez dias de arrependimento, entre o Rosh Hashaná e o Yom Kipur, com aqueles de quem se separaram. Essa ocasião é perfeita para que membros da família façam as pazes entre si no tocante à questão do lesbianismo, para servir de antídoto à leitura da tarde, no Yom Kipur, do texto do Levítico que condena a homossexualidade masculina e tem sido usado para definir o lesbianismo como "as obras do Egito". A reconciliação nos casos de conflitos na família, no período dos Grandes Dias Santos, constitui um ato poderoso de *ahavat hesed*.

Claro, a reconciliação nem sempre é possível. Às vezes, nossas famílias de origem nos rejeitam e não estão dispostas a reconciliar-se conosco. Em outras ocasiões, não estão prontas para isso, até que é tarde demais e uma ou outra pessoa envolvida já faleceu. Essas situações difíceis nos lembram de que, às vezes, o *ahavat hesed* exige de nós que amemos aqueles que não nos amam ou que não podem mais retribuir nosso amor. Embora seja realmente doloroso amar alguém que não nos retribui o amor, o *ahavat hesed* sugere que nos esforcemos para perdoar.

Novas Famílias de Judias Lésbicas

Quer nossas famílias nos aceitem ou não, sentimos muitas vezes a necessidade de criar para nós mesmas famílias de judias lésbicas. O *ahavat hesed* baseia-se muitas vezes em apego familiar. Para que lésbicas experimentem esse tipo de amor, elas têm de forjar ocasionalmente esses laços entre aqueles que são geralmente definidos como amigos.

É através dos laços de amizade que famílias de lésbicas são constituídas e o *ahavat hesed* é desenvolvido. Nas duas últimas décadas, grupos de lésbicas formaram e proporcionaram o tipo de amor e apoio recíproco que se espera que as famílias biológicas tradicionalmente forneçam.[3] As redes de amizade entre as judias lésbicas constituem ligações poderosas nesse particular.

Algumas são abençoadas com famílias lésbicas e judias e podem juntá-las ou dividir seu tempo entre elas. Nesses casos, famílias e amigos tornam-se indistinguíveis. O que importa não é a definição biológica do relacionamento sobre o qual se baseia a ligação entre as pessoas envolvidas, mas a qualidade do *ahavat hesed* existente entre elas.

Tal como as famílias biológicas, pode-se esperar que as escolhidas apreciem a lealdade, mas não incondicionalmente. As famílias precisam manter a capacidade de discordar e contestar, em vez de aceitar sem questionar. Uma parte importante do *ahavat hesed* consiste em perguntar a nós mesmas, e àqueles que amamos, a que é que damos valor na vida e se estamos, de fato, vivendo de acordo com nossos valores.

O *Ahavat Hesed* Entre Lésbicas Judias

Com uma freqüência grande demais, começamos a confundir nossas expectativas em relação à família e à comunidade, porque as linhas das ligações familiares escolhidas nada têm de fixas. Elas devem esperar amor íntimo de suas famílias biológicas e das que constituíram com seus amigos, e não das comunidades judaica ou lésbica.

É preciso que exista um tipo diferente de *ahavat hesed* entre redes de judias lésbicas. O fato de duas mulheres se identificarem como judias e lésbicas não torna automaticamente possível o amor íntimo entre ambas. Freqüentemente, judias lésbicas manifestam a esperança de que devemos nos amar mutuamente. Elas podem compreender e aceitar diferenças, sem a esperança de que nossas semelhanças nos criem uma ligação automática e duradoura. Mas temos que abrir espaço também para os pontos fortes recíprocos. Lésbicas judias nem sempre concordarão entre si. Uma delas nem sempre apreciará as maneiras como a outra se expressa. Mas todas podem fazer um esforço para observar a maneira como se comportam entre si e assumir o compromisso de tratar a outra com respeito, ou seja, a dimensão do *ahavat hesed* que se pode esperar entre membros de uma comunidade. Respeito não significa apenas aceitação. Significa também questionar, com tanta suavidade quanto possível, comportamentos desagradáveis de grupos. Significa não fugir dos problemas, mas discuti-los até que sejam resolvidos. Significa aceitar diferenças, e não esperar que as pessoas se conformem à nossa opinião sobre o que é certo para as lésbicas judias. Significa lembrar que somos membros de um grupo complexo, com diferentes necessidades e preferências religiosas, espirituais e pessoais. Significa lutar quando qualquer um desses elementos parece estar em conflito com nossa concepção de conduta ética. Significa deixar, às vezes, as coisas sem solução durante algum tempo. Essas são as obrigações básicas do *ahavat hesed* na comunidade.

Relacionamentos Sexuais

O *ahavat hesed* é também importante para definir as relações sexuais entre lésbicas. A tradição judaica enfatiza a importância de relações entre casais e sacraliza a instituição do casamento como a única maneira aceitável como dois adultos, um homem e uma mulher, devem se unir. A aceitação de casais de lésbicas, porém, já acontece em alguns círculos judaicos. O amor entre duas mulheres é considerado aceitável, contanto que elas participem de um relacionamento monogâmico de longo prazo. Esses relacionamentos, porém, não são as únicas maneiras como as lésbicas se unem sexualmente.

Conquanto deva haver respeito pelos casais, bem como total aceitação deles, relacionamentos a dois não são necessariamente o ideal. O *ahavat hesed* não pode significar que as lésbicas judias aceitem simplesmente a valorização tradicional de relacionamentos a dois e, por conseguinte, rejeitem outras possibilidades de expressar amor — de ser solteira e ter relacionamentos importantes com mais de um indivíduo, de um ou de ambos os sexos. A vergonha de ser solteira ou bissexual é maior hoje em alguns contextos judaicos liberais do que a vergonha de ser parte de um casal de lésbicas. Nenhuma dessas maneiras de estar no mundo deve ser estigmatizada. Em vez disso, enfatizamos a importância de amar bem, de levar a sério relacionamentos humanos e tratar com respeito e carinho aquelas com quem estabelecemos relacionamentos amorosos. Em vez de examinar a forma que relacionamentos importantes em nossa vida podem assumir, devemos examinar a qualidade do *ahavat hesed* deles e ser por ela responsável.

Haverá inevitavelmente diferenças de intensidade na natureza dos laços de amizade. Em alguns relacionamentos, esses laços são mais fortes e profundos. Mas as pessoas com quem temos relacionamentos sexuais talvez não sejam necessariamente as mesmas de quem nos sentimos mais próximas em todos os estágios da vida. A separação entre sexualidade e procriação sugere a possibilidade da mesma separação entre sexualidade e intimidade. Embora, para muitas mulheres, elas estejam ligadas, não é necessário que assim seja. Depreciamos nossos relacionamentos não-sexuais quando definimos sexualidade como o único fator que determina a intimidade.

O Amor no Relacionamento do Casal

Uma vez que são formados de duas mulheres, casais de lésbicas podem ter expectativas diferentes sobre a amizade mútua. Ao contrário de casais heterossexuais, as lésbicas freqüentemente começam como amigas. O namoro e o romance no caso de heterossexuais é incultado pela cultura, o que não acontece nos casais de lésbicas. Parte do *ahavat hesed* para lésbicas judias consiste em pensar em maneiras de contornar o início desses relacionamentos.

Dadas as dificuldades de criar relacionamentos duradouros a dois, parece haver necessidade de concentração no desenvolvimento de um *ahavat hesed* nesses casais. De que maneira podem casais conseguir se amar recíproca e respeitosamente? Alguns desses problemas podem ser resolvidos através do veículo do ritual. O processo de organizar cerimônias de declaração de um compromisso mútuo ajuda casais a descobrir o que o *ahavat hesed* significa em sua vida. A comunidade pode ajudar, tornando as cerimônias de compromisso recíproco de lésbicas e *gays* partes do ritual de vida judaica. Os rabis sentem-se freqüentemente constrangidos com a idéia de oficiar em cerimônias lésbicas desse tipo, porque acham que o casamento é um estado que só se aplica à união entre homem e mulher. Consideram que o objetivo do casamento é permitir ao casal ter filhos reconhecidos pela sociedade. Ao adotar essa postura, eles estão fazendo uma declaração sobre a maneira como vêem a legitimidade de filhos de uniões lésbicas — e também de casamentos heterossexuais sem filhos.

Para algumas lésbicas, as cerimônias de compromisso mútuo constituem um desvio do objetivo final da aceitação de todos os tipos de relacionamentos. Elas vêem o casamento como uma instituição na qual mulheres são propriedades dos pais, que as "dão" aos maridos em troca de outros bens e serviços. Uma vez que o casamento tradicional oprime a mulher, algumas lésbicas não vêem o valor de assumir, de uma forma pública e religiosa, um compromisso por toda a vida. Acham que o método apropriado consiste em trabalhar pela abolição de todos os tipos de casamento, porque tal atitude impediria que indivíduos casados fossem tratados como membros mais valiosos para a sociedade do que os não casados.[4]

A despeito da oposição a cerimônias de compromisso mútuo de lésbicas, tanto por parte de tradicionalistas quanto de feministas, está acontecendo um número cada vez maior delas. E está ocorrendo por uma grande variedade de razões. As lésbicas acham que seus relacionamentos são tão válidos quanto os de heterossexuais e desejam expressar a opinião de que esses relacionamentos devem ser aprovados publicamente através de cerimônias. Muitas enxergam nessas cerimônias uma maneira de religar-se às tradições religiosas, de ter uma maneira espiritual de confirmar relacionamentos amorosos. Outros querem a aceitação, por uma tradição religiosa, de seus relacionamentos.[5]

Dada a falta de proteção a relacionamentos lésbicos na sociedade, a cerimônia religiosa proporciona um meio de validação pública, que contribuirá para o esforço no sentido de legalizar os casamentos de *gays* e lésbicas. Em nenhum estado dos Estados Unidos, com a exceção iminente do Havaí, e em nenhum outro país do mundo, com as exceções da Dinamarca, Noruega, Islândia e Suécia, são concedidos a casais do mesmo sexo o privilégio do casamento ou os direitos atinentes a esse privilégio, que incluem o de herdar ou transferir propriedade, cidadania automática para um cônjuge imigrante, imunidade contra depoimento prejudicial ao parceiro em uma corte de justiça, isenções fiscais e o direito de custódia ou adoção de crianças criadas pelo casal. Os benefícios da parceria doméstica, que são concedidos em mais de cinqüenta municípios por todos os Estados Unidos, são, na maior parte, maneiras simbólicas de obter reconhecimento oficial de relacionamentos com indivíduos do mesmo sexo. Alguns deles incluem vantagens em termos de benefícios relativos a empregados(as), mas até mesmo estes são difíceis de obter. A parceria doméstica não é reconhecida no caso de benefícios de saúde por grande parte dos planos de saúde da nação e é improvável que parcerias do mesmo sexo os recebam nos termos de quaisquer das políticas de seguro-saúde propostas nos Estados Unidos.

Na ausência desses benefícios, a validação pública e religiosa concedida a casais do mesmo sexo, em virtude de sua participação em uma cerimônia de compromisso mútuo, assume uma imensa importância simbólica. Uma vez que as instituições religiosas constituem a primeira linha da oposição aos direitos de *gays* e lésbicas, é fundamental que os que defendem esses direitos no contexto da comunidade religiosa ergam sua voz. Uma maneira de assim agir consiste em apoiar ativamente cerimônias de compromisso entre lésbicas e tomar parte na luta pelo casamento delas e dos *gays*.[6] Não há dúvida de que se rabis oficiarem nessas cerimônias, e as comunidades judaicas as validarem, elas produzirão um impacto para mudar opiniões da sociedade, contrárias ao casamento entre criaturas do mesmo sexo.

O Casamento Judaico: Aspectos Espirituais e Legais

O casamento judaico tradicional é uma oportunidade para que casais heterossexuais façam uma declaração pública de *ahavat hesed.* Casais lésbicos têm de decidir sobre a medida em que desejam que suas cerimônias de compromisso se assemelhem a essa cerimônia, que se baseia no halahá, ou precedente legal. São três os fatores que tornam a cerimônia do casamento uma injunção de união, da perspectiva do halahá. Em primeiro lugar, temos a entrega da aliança pelo homem à mulher, como símbolo do compromisso assumido. Este ato é acompanhado pelo voto que afirma que a mulher está sendo tornada sagrada ou reservada ao homem "de acordo com as leis de Moisés e de Israel". Em segundo lugar, ocorre a assinatura do contrato nupcial, ou ketubá, que em sua forma tradicional descreve os requisitos que o homem e a mulher devem atender para serem casados (incluindo arranjos financeiros e questões relativas à virgindade da noiva) e deve ser assinado na presença de dois homens judeus, que observem os rituais, e que não sejam parentes do noivo ou da noiva. O último requisito é que a relação sexual ocorra após a cerimônia. Em tempos antigos, esse ato era realmente parte da cerimônia do casamento e os lençóis manchados de sangue, que provavam que a mulher fora virgem, eram exibidos às testemunhas. Nas cerimônias modernas, a união sexual é simbolizada pelo hupá e pela prática do *yihud*, um momento de privacidade do casal após a cerimônia.

Para que seja realizado um casamento de membros do mesmo sexo que tenha significação em um contexto judaico, esses requisitos legais terão de ser observados de alguma maneira. Não há razão por que os elementos das relações sexuais, da troca de um símbolo e de um voto de união, e a assinatura de um contrato nupcial, não possam ser transformados de forma expressiva em uma cerimônia para casais de lésbicas. Para a maioria dos judeus não tradicionais o halahá é uma questão simbólica, mais bem compreendida como incorporando o poder do costume e da tradição, e não da lei. As cerimônias heterossexuais realizadas em um contexto não-tradicional já mudaram e contestaram a necessidade de conformidade à lei antiga. Inovações feministas, por exemplo, tornaram comum a cerimônia das duas alianças: pôr o anel no anular da noiva não simboliza mais a posse da mulher pelo homem, passando a indicar, em vez disso, a ligação mútua e o acordo de ambos de manter um relacionamento básico.

Os votos que casais lésbicos trocam entre si não precisam necessariamente ser feitos "de acordo com as leis de Moisés e de Israel", e poderão focalizar mais as ligações entre as mulheres envolvidas. As linhas do livro do profeta Oséias (2:21), "Desposar-te-ei comigo para sempre"; as palavras que Rute diz a Noemi (*ver* Capítulo 3); ou mesmo as palavras usadas pela mulher em uma cerimônia tradicional, onde lhe é permitido entregar a aliança ao marido, "O meu amado é meu, e eu sou dele", constante do Cântico dos Cânticos (2:16), são todas elas alternativas aceitáveis do compromisso tradicional. Ou, quem sabe, elas podem resolver compor seus próprios votos.

Um ketubá pode ser criado também para casais do mesmo sexo.[7] Numerosos casais de lésbicas preferem redigir seus próprios contratos, como acontece também com heterossexuais. Modelos de ketubbot alternativos são facilmente encontrados, embora eu não tenha visto nenhum que use linguagem destinada a casais do mesmo sexo. Constituiria um sinal importante de progresso se esses documentos pudessem ser obtidos em seitas judaicas, embora casais de lésbicas possam adaptar, com grande facilidade, documentos modernos, usando as formas disponíveis e mudando as designações de sexo. Usar a palavra "noiva" cria um problema de terminologia. Não encontramos ainda o termo apropriado para parceiras lésbicas que espelhem as naturezas romântica e sexual do relacionamento.

A questão da sexualidade e de sua relação com a cerimônia nupcial tem sido evitada há muitos séculos. Não exigimos mais que mulheres mostrem lençóis manchados de sangue e o tópico virgindade raramente é mencionado fora dos círculos ortodoxos. Claro, definir a virgindade assume uma conotação inteiramente diferente nos casos de relacionamentos lésbicos. Ainda assim, é importante, em uma cerimônia de compromisso desse tipo, afirmar o relacionamento sexual existente no casal e sacralizá-lo de alguma maneira. Ficar em pé sob o hupá simboliza o lar e a cama compartilhada pelos amantes. Criar um hupá — usando cores que têm sido simbólicas da vida lésbica (lavanda, cor-de-rosa, arco-íris) — poderá ser uma maneira de estabelecer a conexão. Recitar poesia romântica é outra possibilidade para os que se sentem à vontade fazendo isso.

Mas há uma dimensão espiritual, além da legal — o objetivo dessas cerimônias é juntar duas pessoas em uma união amorosa. A dimensão espiritual da cerimônia é, na maioria das vezes, o que mais interessa ao casal. Elas querem a oportunidade de contar com apoio da comunidade e desfrutar a comemoração pública do relacionamento sagrado que as une. A cerimônia nupcial judaica reconhece esse ideal através do Shevá Berahot, as sete bênçãos matrimoniais, que são manifestações de gratidão pela oportunidade de amar e rejubilar-se. As bênçãos refletem também uma focalização na procriação. Embora sexualidade e procriação talvez não estejam ligadas no caso de casais de lésbicas, algumas, de fato, desejam cerimônias de compromisso para fazer uma declaração pública do interesse de ambas de criar filhos (adotivos ou não). Variações das bênçãos podem ser usadas para incluir essas diferenças.

É costume também interromper por um momento a cerimônia para lembrar os pais falecidos. Pode acontecer que, na cerimônia lésbica, um dos genitores (ou os filhos) do casal não se sinta suficientemente à vontade para comparecer. Talvez seja útil parar e pensar neles, fazendo talvez uma oração, pedindo a cura desse relacionamento.

O elemento final na cerimônia nupcial tradicional é a quebra da taça. As explicações disso têm variado no tempo e com o costume, embora sua finalidade original declarada seja lembrar aos que comemoram que devem temperar a alegria com sentimentos de tristeza pela destruição do Templo. Outras explicações têm variado: de apanhar as peças quebradas do mundo a um defloramento simbólico da noiva. Mais do que qualquer outro elemento da cerimônia, quebrar a taça é o símbolo que lhe dá um sabor caracteristicamente judaico. Certamente não será difícil reinterpretar o simbolismo para relacionar-se com a fragmentação do mundo, a necessidade de lembrar momentos tristes, mesmo nas ocasiões mais alegres, o esmagamento do ódio e do mal, ou a quebra do silêncio na comunidade judaica sobre mulheres que amam mulheres.[8] Ainda assim, para algumas, trata-se de um ato violento e que, por isso, deve ser omitido. Outras têm dificuldade em decidir qual delas quebrará a taça, pois isso poderia ser entendido simbolicamente como o tipo de representação estereotipada de papel que desejam evitar. Outras enxergam uma paródia na experiência e deixam que a parceira mais orientada para o sexo masculino (quando podem decidir qual delas) se encarregue do ato. Ocasionalmente, concordam as duas em fazer isso, embora seja uma tarefa difícil, se ambas estão vestidas de noiva e usando sapatos de salto alto!

Para alguns casais, é insustentável a idéia de tentar ajustar seu compromisso na forma de uma cerimônia destinada a uniões heterossexuais. Consideram a cerimônia antifeminista e não se sentem à vontade introduzindo nela pequenas mudanças. O que planejam são cerimônias que excluam ou alterem radicalmente os elementos tradicionais. A despeito dessas divergências, desejam a experiência, para se sentirem judias. Para algumas, é suficiente ir a uma sinagoga para um *aufruf* (*aliyá* especial) antes do casamento.

Mas elas podem também escolher alguma forma de mikvá para celebrarem juntas o novo *status*. No judaísmo tradicional, o mikvá é uma cerimônia absolutamente privada para convertidas e mulheres casadas, que marca o fim de seu ciclo menstrual, durante o qual devem abster-se de sexo. A mulher comparece ao mikvá pela primeira vez antes do casamento. Essa tradição observada antes do casamento pode ser adaptada para uma cerimônia de compromisso nupcial entre lésbicas. Para muitas delas, comparecer a um mikvá encerra conotações eróticas. Em vez de comparecer ao mikvá em um banho ritual organizado por uma comunidade judaica tradicional, a cerimônia pode ocorrer em qualquer lençol natural de água. Elas podem praticar juntas o ritual e, se quiserem, na companhia de amigos. Nesse contexto, o banho pode transformar-se em uma experiência que reforça o *ahavat hesed*.

Outras resolvem concentrar-se em um único elemento da cerimônia tradicional, com exclusão dos demais. Podem trocar alianças e votos, acompanhados de outras formas de celebração, tais como banqueteando-se. Ou resolver redigir um contrato e sacramentá-lo com a presença de testemunhas. Ou, quem sabe, incluir alguma cerimônia na primeira experiência do ato amoroso.

É comum também que não participem de cerimônias até muitos anos depois de estarem juntas, uma vez que nenhum casamento oficial é esperado delas e suas famílias podem, inicialmente, ter dificuldade em acostumar-se à idéia delas como um casal. Os casais podem realizar as cerimônias de compromisso mútuo em aniversários de acontecimentos importantes na vida de ambas: a primeira conversa entre elas, o primeiro beijo, a primeira experiência sexual, ou a ocasião em que foram morar juntas.

O que quer que façam, essas decisões são complicadas para casais de lésbicas. Geralmente, não há uma solução simples para o problema de ser simultaneamente judia e lésbica. Elas querem reclamar para si as maneiras em que são diferentes e, ao mesmo tempo, permanecer no contexto da vida judaica. E a experimentação não é fácil. Numerosos casais, depois de terem resolvido assumir um compromisso público, acham que a organização requerida por uma cerimônia que é só deles implica um trabalho enorme e resolvem-se por uma cerimônia tradicional. O objetivo, nesse caso, é fazer uma declaração sobre as maneiras como estão ligadas às suas raízes judaicas e como são semelhantes a outros casais de judeus que desejam fazer uma declaração pública sobre seu amor e compromisso recíprocos, e mesmo sobre o desejo de criar filhos juntas.

As cerimônias de casamento de lésbicas que se baseiam inteiramente nas heterossexuais tradicionais arriscam-se a perder a oportunidade de dar uma definição excepcional sobre quem são e o que o relacionamento de ambas significa para elas como lésbicas, de modo que é importantíssimo que casais interessados em experimentar formas diferentes verifiquem se vão sentir-se à vontade ao fazer isso. Precisamos de criatividade contínua no tocante a essas novas formas e disposição de correr riscos com cerimônias alternativas.

Surgem também questões difíceis no tocante à vestimenta. Na tradição asquenazi, espera-se que a noiva use um longo vestido branco, com cauda e véu, e que o noivo use *smoking*. Numerosas feministas manifestaram-se contra esses costumes, como reforçando rígidos estereótipos de sexo. Ainda assim, algumas lésbicas os adotaram, não raro como um gesto de ironia.

A questão dos relacionamentos entre fés religiosas diferentes é difícil na comunidade lésbica, como aliás no resto da comunidade judaica. Na maior parte, a comunidade não simpatiza com cerimônias de casamento entre membros de religiões diferentes e a maioria dos rabis, incluindo os mais liberais, recusa-se a oficiá-las. Esses rabis consideram que casamentos desse tipo contribuem para o declínio demográfico da comunidade judaica. Muitas sinagogas fazem um esforço para receber bem casais de religiões diferentes logo que se casam, embora, para muitos, seja tarde demais. Judias lésbicas têm também dúvidas se devem envolver-se em relacionamentos com mulheres de religiões diferentes. As que recusariam fazer amor com homens que não sejam judeus descobrem que enfrentam conflitos que começam com um relacionamento lésbico com mulheres de outra religião. Podem questionar se estão levando o relacionamento a sério ou se estão dispostas a variar de parceira.

Nesse particular, os casais de lésbicas judias devem ser tratados de maneira diferente de seus equivalentes heterossexuais. Elas não têm, na comunidade judaica, um lugar onde possam se encontrar e por isso mesmo é mais provável que os relacionamentos surjam em ambientes lésbicos. Conquanto a abertura na comunidade judaica possa mudar essa realidade, temos também de reconhecer uma diferença crucial nos relacionamentos lésbicos, que torna importante assumir um ponto de vista mais positivo sobre relacionamentos entre mulheres de religiões e raças diferentes.

Em todos os relacionamentos, é importante que as parceiras tenham semelhanças e diferenças. Nos casos de casais heterossexuais, a diferença de sexo é marcante. Os casais lésbicos precisam compensar de outra maneira essa ausência de diferença para manter a individualidade no casal. Idade, religião e classe são diferenças importantes nos casos de alguns casais. Elas, no entanto, tornam freqüentemente difícil a comunicação entre as parceiras, como acontece com diferenças de sexo em casais heterossexuais. Casais de lésbicas precisam trabalhar arduamente para compreender as diferenças que as separam. Essa necessidade é especialmente importante em casos de diferenças que refletem desequilíbrios de poder na sociedade, tais como fé professada, raça e classe.

Ao longo dos anos, tem sido comum a lésbicas se converterem ao judaísmo devido a seus relacionamentos amorosos com judias. Em outros casos, os casais fundem suas identidades religiosas e étnicas, como no caso da cerimônia "Evangelho sob o hupá" entre uma afro-americana e uma judia, descrita no *Ceremonies of the Heart*. Yael e Luana foram casadas por um rabi sob um hupá. Vinho foi sorvido em uma taça de *kikombe*, usada na celebração kwanzaa, e as sete bênçãos foram transformadas em oito princípios, baseados também na kwanzaa.[9] Essas soluções criativas são úteis para lésbicas judias que mantêm relacionamentos com companheiras de religiões diferentes. Talvez a comunidade judaica possa aprender com os desafios enfrentados pelas lésbicas, ao procurarem maneiras de lidar com diferenças religiosas e étnicas. Os relacionamentos de lésbicas de religiões diferentes abrem oportunidades importantes para frisar as diferenças entre duas pessoas que compartilham o mesmo sexo. Devemos ter cautela em nossos esforços para torná-las iguais, deixando espaço para diferenças. O respeito por relacionamentos lésbicos não exige necessariamente que sejam aplicados a esses relacionamentos todos os padrões estabelecidos para heterossexuais.

As lésbicas precisam ter oportunidade para decidir se querem ter cerimônias que sejam semelhantes às tradicionais ou radicalmente diferentes. Ambas as opções devem ser louvadas como declarações públicas de *ahavat hesed*. E é a combinação dessas formas que envia à comunidade judaica a mensagem de que somos diferentes e, ao mesmo tempo, iguais a todo mundo. Respeito à vida implica assegurar que exista uma grande variedade de oportunidades para a expressão do desejo sexual lésbico na comunidade judaica.[10]

Lésbicas e Casamentos Heterossexuais

É importante reconhecer também como a comunidade judaica contribui para as dificuldades experimentadas por lésbicas com problemas de união entre si. Os casamentos heterossexuais constituem um grande desafio a elas. Como amigas e membros de família, comparecemos a essas cerimônias, como testemunhas desse fato importante na vida de pessoas que amamos. Queremos ser incluídas entre os que ali vão para desejar felicidade aos noivos, mas muitas vezes sentimo-nos como estranhas. Parte da obrigação do *ahavat hesed* para heterossexuais consiste em descobrir maneiras de admitir a presença e incluí-las, mesmo que numa cerimônia em que elas não possam participar.

Freqüentemente, antes do casamento, são realizadas cerimônias conhecidas como aufrufen, ocasiões em que o casal é convocado à Torah para uma aliyá, recebe bênçãos especiais e é objeto de uma chuva de bombons, como símbolo de boa sorte e fecundidade. Evidentemente, casais *gays* e lésbicos podem ter também um aufruf antes da cerimônia de compromisso mútuo. O aufruf, porém, celebra não só o homem e a mulher como indivíduos, mas também a heterossexualidade de ambos. Esse detalhe pode ser evitado, se os líderes do serviço religioso tiverem o cuidado de incluir uma leitura ou bênção sobre o privilégio do casamento, mencionando pessoas que não podem, devido à lei e ao costume, manifestar seu amor e receber de forma pública a aprovação da comunidade. Congregações poderiam também, quem sabe, eliminar inteiramente o costume do aufruf, como maneira de tornar claro que o grupo não escolhe apenas uniões heterossexuais para aprovação da comunidade.

Em cerimônias heterossexuais, é importante que o casal manifeste gratidão pelo privilégio de casar-se e inclua na liturgia uma declaração que indique estar ciente de que ser objeto da cerimônia faz parte do privilégio heterossexual. Esse desequilíbrio pode ser remediado, acrescentando-se um elemento na cerimônia que reconheça que os compromissos mútuos assumidos por lésbicas e *gays* não são sancionados pelo Estado nem admitidos por grande parte da comunidade judaica. Essa ressalva pode significar derramar um pouco de vinho da taça para indicar que a alegria do casal é diminuída porque uniões lésbicas não são reconhecidas. E pode implicar também reescrever partes das sete bênçãos do casamento.[11] Na forma tradicional, as bênçãos são manifestações da alegria da comunidade com casamentos heterossexuais que se referem à importância da procriação e compara o casal a Adão e Eva. Outra alternativa seria acrescentar algumas palavras à quebra da taça, que conclui a cerimônia. A quebra da taça é em geral explicada como maneira de lembrar que o próprio mundo está quebrado e precisa de conserto. Nesse ponto da cerimônia, o oficiante pode indicar que a ausência de direitos civis para lésbicas e *gays* constitui um aspecto importante dessa fragmentação. Casais heterossexuais e seus convidados podem doar dinheiro a organizações que lutam pelo casamento *gay* e parcerias domésticas ou participarem de outra maneira de campanhas para estender esses benefícios a *gays* e lésbicas no local de trabalho ou em suas cidades natais.

O Fim de Relacionamentos a Dois

Tal como acontece com o início, o término de relacionamentos lésbicos diferem do modelo heterossexual. Ao contrário do divórcio entre heterossexuais, há expectativas na comunidade lésbica de que casais desse tipo permaneçam como amigas quando terminam seu relacionamento como amantes. Com toda probabilidade, e em especial se ambas participam ativamente da comunidade judaica, elas permanecerão em contato e continuarão a se encontrar em eventos públicos. É preciso pensar mais nas maneiras como lésbicas que foram parceiras se comportam uma com a outra. É bem verdade que muitas ex-companheiras lésbicas mantêm *ahavat hesed* entre si durante o trabalho emocional necessário para estabelecer amizades carinhosas e se tornarem partes importantes das redes de apoio umas das outras. Temos aqui um modelo maravilhoso, com o qual poderiam aprender casais heterossexuais. Em outros casos, porém, a idéia de permanecerem amigas pode ser irrealista e este fato precisa ser aceito.

Mesmo que seja impossível que elas continuem como amigas, casais de lésbicas têm a responsabilidade de terminar, através de mediação amigável, os seus relacionamentos. O *ahavat hesed* implica também manter um relacionamento respeitoso com pessoas que não mais amamos intimamente. Embora possa ser necessário ficar com raiva para separar-se de uma parceira, não é necessário levar a raiva ao ponto em que ela se torna disruptiva para os demais ou para o *ahavat hesed* de uma comunidade local. Precisamos pensar na sabedoria de criar um novo sistema de batei din, ou cortes religiosas de justiça, treinando judias lésbicas em trabalhos de mediação, de modo que os casais possam resolver seus problemas em um foro que não requer o uso do sistema judiciário do Estado, que não reconhece legalmente os relacionamentos lésbicos.

Gerações Futuras

Como judias lésbicas, outra parte da compreensão do *ahavat hesed* para nós consiste em descobrir maneiras de dar amor às futuras gerações. Embora não possamos ser obrigadas pelo mandamento a ser fecundas e nos multiplicar, devemos levar em conta as implicações dessa injunção: criar outra geração que continue a história do povo judeu. Enquanto algumas de nós participam do processo biológico de procriar crianças judias, não podemos criar, através de procriação, outra geração de lésbicas. Esse fato torna-nos conscientes de que a obrigação do *ahavat hesed* com a geração futura seja cumprida de numerosas outras maneiras, e não apenas através da concepção e criação de filhos próprios.

Lésbicas Judias e Juventude Lésbica

A obrigação das lésbicas judias com o *ahavat hesed* deve estender-se ao apoio e à ajuda à juventude lésbica. À medida que se tornar mais aceitável ser lésbica ou *gay* em nossa cultura, mais cedo a juventude começará a assumir essa condição. Adolescentes *gays* e lésbicas correm o grande risco de se tornarem alvos de homofobia e são mais propensos ao suicídio do que outros jovens. Nossa obrigação de *ahavat hesed* com a próxima geração, portanto, consiste em prover a juventude *gay* e lésbica, e em especial se são judeus, de lugares públicos onde possam reunir-se e se encontrar, lares onde possam abrigar-se quando seu próprio lar deixar de ser seguro, irmãs mais velhas que as acompanhem a eventos comunitários lésbicos e conselheiras em seus acampamentos de férias. Essa população, acima de tudo, precisa de nossa ajuda. Não raro, ela vive em lares onde não recebe o amor e o apoio de que necessita. Freqüentemente, pais de jovens *gays* e lésbicas não sabem, mesmo que tenham as melhores intenções, comunicar-se com eles. Judias lésbicas adultas podem preencher essa lacuna. Essa juventude, seja de judeus ou não, deve poder confiar em judias lésbicas que estejam em condições de prover *ahavat hesed.*

Lésbicas Judias e Jovens Judeus

Aquelas entre nós que não querem conceber e criar filhos próprios têm uma obrigação não apenas com a juventude lésbica, mas com toda a juventude judaica. Podemos ingressar em suas vidas para fornecer modelos a seguir e a ajudá-la a crescer aceitando as lésbicas. Quando objeções são feitas à liderança *gay* e lésbica na comunidade judaica, o maior medo expresso diz respeito freqüentemente ao nosso contato com os jovens. Além de nos impedirem de assumir papéis de liderança na comunidade, tais como os de rabi e cantora, freqüentemente nos dizem que não devemos ser professoras em escolas religiosas ou líderes de grupos juvenis, como se nosso lesbianismo pudesse contaminá-los. Ainda assim, como a próxima geração de judeus nos verá como seres humanos, como compreenderá as maneiras em que somos diferentes e iguais a eles, como nos permitirá lhes transmitir nossa energia e conhecimentos, se não podemos assumir papéis de liderança e manter contatos com eles?

Evidentemente, alguns líderes comunitários judeus agem com base na suposição de que o lesbianismo pode ser ensinado, e que conhecer lésbicas que se consideram pessoas dignas encorajará estudantes a escolher esse estilo de vida. Claro, eles se sentiriam tranqüilizados se soubessem que o lesbianismo é genético e não um comportamento aprendido. Mas não podemos tranqüilizá-los dessa maneira, nem penso que seria uma boa coisa a fazer, mesmo que pudéssemos, pois tal conduta implicaria que aceitamos a idéia de que crescer como lésbica ou *gay* é um sinal de inferioridade.

Fornecer às jovens modelos sadios podem significar que algumas delas talvez decidam experimentar, como adolescentes, um relacionamento lésbico. E significará, inegavelmente, que elas se sentirão mais à vontade e apoiadas em assim agir, pouco importando em que idades surjam esses sentimentos.

O *ahavat hesed* de parte de líderes comunitários significa que eles devem aceitar sem reservas o comportamento e os relacionamentos lésbicos na comunidade judaica e serem capazes de dizer publicamente que é bom ser lésbica ou *gay*. Devem ser capazes de dizer que crianças podem ser lésbicas, bissexuais ou heterossexuais e que essas opções são abençoadas pelas famílias e pela comunidade. De forma tangível, essa aceitação exigirá que os ritos que celebram a heterossexualidade, conforme sugeri no último capítulo, elogiem também publicamente a vida lésbica. Quando essa situação vier a acontecer, lésbicas judias poderão cumprir sua obrigação para com a comunidade e se tornar parte integrante dela, ajudando a criar a próxima geração, ao servirem simplesmente como adultas interessadas e carinhosas.

Lésbicas que Têm Filhos Próprios

Passar tempo com os jovens não é necessariamente a única maneira de desempenhar um papel importante para as futuras gerações. Contribuir para que o mundo se torne um lugar melhor para eles viverem, criar obras de arte que lhes enobreça o espírito, proporcionar apoio aos seus pais, são, todas, atividades incluídas em nossos deveres para com as futuras gerações.

Ainda assim, a ânsia de procriar e criar filhos próprios é forte entre as lésbicas e, em particular, entre as que são judias.[12] Nosso desejo de criar filhos como parte da comunidade judaica, bem conscientes de que não é provável que se tornem lésbicas ou *gays*, deveria ser entendido como um compromisso profundo de *ahavat hesed* que manifestamos como judias e a comunidade deveria fazer tudo o que pudesse para receber bem nossos filhos. Essa atitude inclui uma educação que reflita a realidade de suas vidas: isto é, que reconheça o papel de lésbicas na história e na comunidade judaica, que respeite as diferentes configurações familiares e que faça um esforço positivo para incluir rituais que elogiem publicamente relacionamentos lésbicos.

Novos rituais são também necessários para novas circunstâncias. Quando uma lésbica traz filhos de um casamento heterossexual anterior para um novo relacionamento com uma mulher, por exemplo, há a necessidade de um tipo diferente de ritual. O reconhecimento pela comunidade do papel de madrasta (e não apenas para lésbicas, mas também para heterossexuais) contribuiria muito para proporcionar apoio e consolo a uma nova família. Quando minha parceira e eu fomos morar juntas, nossos amigos deixaram cair sobre ela uma "chuva" de bombons para lhe assinalar o *status* como novo(a) genitor(a). O reconhecimento público era importante para um papel repleto de dificuldades. Rituais para novos padrastos ou madrastas são importantes como reconhecimento de mudanças ocorridas em sua vida.

Lésbicas judias têm também de enfrentar questões excepcionais, sobre maneiras de conceber e criar filhos, que incluem uma dimensão ética e exigem uma compreensão especial do *ahavat hesed.* Isso é verdade não só no caso de lésbicas que resolvem criar juntas uma família, mas também de lésbicas que trazem filhos (de relacionamentos heterossexuais ou lésbicos anteriores) para um novo relacionamento.

A maioria das heterossexuais cresce supondo que querem conceber e criar filhos. As lésbicas nem sempre fazem essas suposições. Em gerações passadas, resolver viver como lésbica provavelmente significava ainda mais desistir do desejo de criar filhos. Enquanto algumas se tornam mais fortes ao reclamar seus direitos de conceber e criar crianças, outras não querem filhos próprios. Esse problema pode tornar-se muito grave em famílias lésbicas, sobretudo quando uma lésbica que nunca quis filhos envolve-se com outra que já os tem. Embora heterossexuais enfrentem também esse dilema, ele poderá ser mais difícil de resolver em relacionamentos lésbicos, por causa do relacionamento já complexo entre a madrasta lésbica e os filhos da companheira.

O *ahavat hesed* exige que essas mulheres façam um grande esforço para resolver suas diferenças, de maneira que não produzam um impacto negativo sobre as crianças. Essa atitude exigirá um esforço de todos os adultos envolvidos, de modo a habilitá-los a dar às crianças tudo de que elas necessitem.

No caso de duas lésbicas que discordam sobre a questão de criarem juntas uma família, amar bem requer muita discussão e soluções conciliatórias. Neste caso, há a possibilidade de que estejam em conflito duas dimensões do amor — a responsabilidade para com a companheira e a responsabilidade para com a futura geração. Nos casos em que opções são imperativas, elas devem ser feitas com ponderação e carinho, reconhecendo-se que escolhas desse tipo podem ser difíceis.

Lésbicas que concordam sem reservas em terem filhos juntas enfrentam também a questão de encontrar um método aceitável para ambas. Em primeiro lugar, o casal deve decidir qual delas conceberá o filho ou, se ambas o desejarem, em que ordem fazer isso. Esse fato implicará enfrentar grande variedade de sentimentos de competição em maternidade. Em um relacionamento entre iguais, é às vezes difícil resolver como desempenhar esses diferentes papéis, em especial porque a mulher que não vai conceber o filho é freqüentemente posta pela sociedade no papel de pai. Conquanto esta seja uma maneira interessante de desafiar o pressuposto de que o pai tem de ser um homem, talvez nem sempre seja agradável para uma mulher assumir esse papel.

Em segundo lugar, os filhos serão concebidos sem uma conexão com o relacionamento sexual de ambas. Isso acontece também em muitos casais heterossexuais que adotam crianças, e esta separação entre sexualidade e procriação produz um impacto sobre o relacionamento do casal. Lésbicas ainda precisam conversar realmente sobre a maneira como essa diferença as afeta.

Os casais têm também de decidir se vão trabalhar com um doador conhecido, que continuará a desempenhar algum papel na vida da família, ou procurará um doador anônimo, através de um banco de esperma ou hospital. Introduzir um terceiro genitor pode ser muito útil, mas pode também criar, para o casal, problemas relacionados com a conexão entre procriação e sexualidade. A genitora não biológica poderá enfrentar um tempo difícil para ajustar-se, se houver na situação outra genitora, esta biológica. Ela pode ter dificuldades em imaginar qual será seu papel e os problemas relativos à presença de outra figura adulta na vida da criança. Por outro lado, há também problemas ligados ao uso de doadores anônimos. Uma vez que o esperma geralmente é fornecido por hospital ou clínica de esterilidade, a experiência primária da concepção ocorre em um ambiente médico muitas vezes frio e estéril. Médicos estranhos envolvem-se em um momento íntimo, o que pode dar origem a constrangimentos. Doadores anônimos causam também os problemas difíceis de explicar a uma criança jovem as circunstâncias de seu nascimento, de enfrentar a ausência de um genitor biológico na vida da criança e informá-la sobre sua constituição genética.

A procriação em tal ambiente exige um compromisso mútuo profundo e consciência por parte do casal lésbico. Não é um caso de acidente ou decisões apressadas. Todos os filhos de um casal de lésbicas são concebidos com carinho e reflexão. Esse pensamento e planejamento são ainda mais importantes nos casos de adoções. Essas famílias estão se tornando mais comuns, à medida que agências de adoção facilitam a mulheres solteiras adotar crianças, e começam a aceitar parceiras lésbicas nesses casos. Agora que vários estados nos Estados Unidos aceitam adoção por pais secundários, este caminho talvez seja o mais útil para permitir a ambos os pais um papel igual na criação da criança, se é isso o que desejam.

A adoção, no entanto, cria freqüentemente questões de diferenças. A maioria das adoções por judias lésbicas americanas envolve crianças que não são de sua raça e que provêm de diferentes raças e partes do mundo. Nesses casos, os pais lésbicos têm um grande trabalho educacional a fazer com os filhos, iniciando-os nas culturas lésbica e judaica, além da cultura de sua própria origem. Embora muitos casais heterossexuais adotem também crianças de nacionalidades e raças diferentes, eles têm de lidar com uma "diferença" menos complicada.

Em todas essas situações, o *ahavat hesed* torna-se um elemento crucial. Não há maneiras certas de enfrentar esses desafios. Mas devem ser enfrentados e isso pode ser feito com êxito, se houver um compromisso suficientemente forte tanto com a parceira quanto com a futura geração. Lésbicas podem resolver também criar filhos com um único adulto em casa. Todas as famílias lésbicas precisam de apoio da comunidade para ajudá-las a criar os filhos de maneiras que proporcionem amor e alimentem os relacionamentos. Lésbicas judias devem assumir o compromisso de dar apoio a famílias de mães solteiras com filhos ainda pequenos. Essas crianças precisam entrar em contato com outras famílias de lésbicas e ser bem recebidas em contextos judaicos.

Os rituais por ocasião do nascimento representam um papel importante para ajudar pais e crianças a se identificarem como partes da comunidade judaica. Os casais devem ter a oportunidade de comemorar de maneiras tradicionais o nascimento ou a adoção do filho, se assim desejarem. Histórias de lésbicas que solicitaram o serviço de um mohel (indivíduo que efetua a circuncisão ritual) para um brit milah e que ouviram um não, e de lésbicas que não conseguiram reconhecimento judaico público do nascimento de seu filho, por medo de que não fossem aceitos, são muito comuns. Para que os filhos de casais de lésbicas consigam *status* igual na comunidade judaica, os que realizam a circuncisão ritual devem ser educados sobre a existência crescente desses casos. Talvez médicas judias lésbicas devam também começar a realizar esse ritual.

Tais como outras feministas judias, algumas genitoras lésbicas podem resolver que a circuncisão ritual não é uma boa alternativa e se recusarem a permitir essa operação nos filhos. As que escolhem essa opção não querem estabelecer uma diferenciação tão forte assim entre a oportunidade de crianças de sexo masculino e feminino para se identificarem como judeus. Elas, por conseguinte, escolhem para os filhos cerimônias que poderiam ser realizadas com as filhas. Muitas feministas lésbicas judias, que poderiam rejeitar a circuncisão por razões políticas, mandam realizar a operação nos filhos por medo de impor mais uma diferença entre eles e outros judeus.

No caso de filhas, os problemas são menos complexos. Cerimônias que recebem meninas na comunidade judaica só surgiram nas últimas décadas e como uma inovação feminista. Carecendo de precedentes antigos, essas cerimônias são mais receptivas à adaptação. Seria também útil se fossem também incluídas, em todas essas cerimônias, "marcações de palco", que supusessem a existência de um pai e uma mãe como pais primários. Preces especiais poderiam ser nelas incluídas, focalizando a experiência de duas mães criando um filho, tal como a que se segue:

> Criador de todas as coisas, que essas mães de Ti recebam forças, enquanto criam juntas esta criança. Concede-lhes a capacidade de dialogarem enquanto enfrentam a tarefa difícil de cultivar e cuidar desta nova vida. Que elas nunca percam de vista as maravilhas da criação que vive nesta nova pessoa. E que nunca percam de vista o amor entre elas, que tornou esta vida possível.

Como acontece nos casamentos heterossexuais, quando crianças nascem na comunidade judaica, há certos pressupostos que tornam as lésbicas invisíveis. É automaticamente suposto, por exemplo, que o comportamento da criança se conformará aos papéis estereotipados dos sexos e que a criança fará a escolha de parceiros heterossexuais durante a vida. Não há melhor ocasião do que um brit, ou dar nome ao bebê, para eliminar esses pressupostos. O desejo padrão para a criança é que ela cresça até viver de acordo com a Torah, para o hupá (casamento) e para praticar boas ações. Conquanto não devamos supor que duas mulheres não escolherão o "hupá" como opção de vida, temos de tornar a referência mais geral e aceitar uma grande variedade de opções. É preferível desejar à criança uma vida de conformidade com a Torah, reyut (amizade apaixonada) e boas obras, lembrando-nos de que enquanto a intimidade é um valor, varia a forma que ela assume.

Os filhos de lésbicas precisam também de apoio da comunidade enquanto crescem. A adolescência é um período especialmente difícil para jovens *gays* e lésbicas e também para filhos de lésbicas e *gays*. Essas crianças precisam também "assumir" o fato de que suas famílias são diferentes e enfrentar a homofobia que é tão comum em ambientes juvenis. Ambientes judaicos podem transformar-se em locais seguros para essas crianças, dando-lhes oportunidades para que falem livremente sobre suas famílias, se precisarem fazê-lo. Isso acontecerá quando problemas de *gays* e lésbicas forem publicamente aceitos em ambientes judaicos e os educadores os incluírem em seus planejamentos de currículo.

Pouquíssima atenção é dada ao bat-mitzvá que, à idade de treze anos, já sabe que é diferente e está experimentando sentimentos e fantasias com membros do mesmo sexo. (Imaginem, por exemplo, o que poderia sentir uma menina de treze anos, que talvez pensasse ser lésbica, se tivesse, em seu bat-mitzvá, de ler o trecho da Torah que condena o homossexualismo masculino.) A comunidade precisa encontrar maneiras de expressar respeito pelas opções que essa jovem mulher pode estar fazendo. Isso implica fornecer modelos de papel lésbicos em escolas religiosas e acampamentos de verão e discutir, franca e objetivamente, a homossexualidade no contexto da educação religiosa. Essa orientação será valiosa não só para a mocinha que pensa que pode ser lésbica, mas também para todos os estudantes, enquanto desenvolvem sua identidade sexual.

Questões sobre madrastas do mesmo sexo são colocadas também por ocasião do bar e bat-mitzvá. A companheira da genitora lésbica tem um papel complexo a representar. Independente do relacionamento que a criança que está celebrando seu bar ou bat-mitzvá tenha com o genitor não-biológico, nessa ocasião problemas difíceis podem subir à superfície. Se a comunidade judaica proporcionar apoio e respeito por relacionamentos entre indivíduos do mesmo sexo, os problemas de integrar genitores desse tipo podem ser resolvidos da mesma maneira como são tratados casos relativos a divórcios. Se a comunidade não reconhecer relacionamentos lésbicos, porém, até mesmo crianças com bons relacionamentos com seus padrastos/madrastas podem ser incapazes de encontrar para eles um papel público apropriado na cerimônia do bar/bat-mitzvá.

Lésbicas que criam filhos podem dar uma contribuição especial à comunidade. Elas fornecem parte da nova geração que a comunidade judaica necessita para continuar viva. Nós e nossos filhos merecemos uma acolhida calorosa e a possibilidade de desenvolver o sentimento, que é tão importante para nós, de que somos partes importantes da comunidade.

Embora sejam muitas as lutas que descrevi para criar um *ahavat hesed* específico para as judias lésbicas, o objetivo de criar fortes e carinhosas redes de amizade que envolvam pais e filhos, amigos e companheiras é daqueles que compartilhamos com todos os judeus.

Em última análise, o *ahavat hesed* exige um trabalho muito árduo. Para amar bem, temos de assumir com seriedade nossas responsabilidades com outras pessoas e dar atenção cuidadosa à contribuição que queremos fazer e que permita que prosperem as comunidades lésbica e judaica. E, finalmente, para amar bem na comunidade judaica, nós, lésbicas, temos também de receber *ahavat hesed* da mesma.

Seis

Asot Mishpat: O Compromisso com a Justiça

Tendo examinado os compromissos do *haznea lekhet im elohekha*, de andar humildemente com Deus, e as obrigações do *ahavat hesed*, de amar bem as pessoas em nossa vida, termino agora onde Miquéias começou, com o *asot mishpat*, ou deveres com a justiça. O compromisso de praticar justiça requer transcender os interesses de nossa própria vida e encarar os problemas mais graves do mundo que nos cerca. Na concepção do conceito de Miquéias que descrevo nestas páginas, esses esforços estão intrinsecamente interligados. Não podemos fazer uma opção entre aceitar a nós mesmas, amar nosso círculo de entes queridos e praticar justiça no mundo. Esses esforços devem ser transformados em um único conceito.

Qual é, então, a justiça que procuramos como seres humanos, como judias lésbicas? Nosso objetivo é viver em um mundo onde todos tenham o necessário para satisfazer as necessidades humanas básicas: alimento, vestuário e abrigo. Em que todos tenham oportunidade de obter tratamento médico, segurança, educação e trabalho. Onde todas tenham oportunidade de participar de decisões que lhes afetem a vida. Onde nações renunciem à guerra umas contra as outras. E onde o próprio planeta, e tudo o que nele vive, sejam tratados com dignidade e respeito. Essas são as metas de uma sociedade justa.

Não podemos começar a imaginar esse mundo a menos que tenhamos criado as possibilidades, em nós mesmas e em nossa comunidade, de trabalhar para a implementação desse plano. Como judias lésbicas, começamos com a idéia de que andar com decoro em companhia de Deus é medido por nossa auto-aceitação e desejo de tornarmo-nos visíveis. Este é o começo da justiça. Isso porque, só quando falamos em alto e bom som, sobre quem somos, podemos criar a oportunidade de justiça para nós.

Mas não é suficiente: o amor é também um pré-requisito da justiça. No tocante à justiça, *ahavat hesed* significa respeito não só por aqueles a quem amamos particularmente, mas por toda a humanidade. Isso significa descobrir maneiras de enfrentar o ódio manifestado em palavras e atos violentos. Muitos desses atos na sociedade são perpetrados por aqueles que odeiam outros a quem julgam inferiores a si mesmos. Embora crimes e palavras de ódio sejam freqüentemente perpetrados por indivíduos ou grupos destituídos de poder, eles são quase sempre aprovados pelos poderosos. E o ódio cria um ambiente hostil a uma sociedade justa. Temos que permanecer vigilantes para combater esse tipo de violência e falar sem medo e publicamente contra a perpetração de tais atos. Como judias, lembramo-nos bem da experiência da Alemanha nazista, que começou com um discurso de ódio de um grupo marginal e transformou-se na regra do Estado. Só se permanecermos vigilantes contra os que odeiam diferenças poderemos começar a falar em *asot mishpat*.

Algumas feministas cortaram a ligação entre amor e justiça. Em um esforço para demonstrar o valor do amor, filósofas feministas, como Carol Gilligan, postularam que a maneira feminina de ser consiste em focalizar-se mais em carinho íntimo, ao passo que o enfoque masculino consiste em exigir justiça abstrata.[1] Essa idéia dicotomizada degrada amor e justiça. Coloca-os em oposição, ignorando-os como partes ligadas de uma única obrigação, como diz Miquéias.

Por outro lado, Carter Heyward, uma teóloga cristã branca lésbica, argumenta que justiça é amor. Ao praticar justiça, criamos um mundo de amor.[2] Da perspectiva do preceito de Miquéias, contudo, esses valores não são uma única e mesma coisa. Quanto a mim, interpreto o preceito de Miquéias de modo a distinguir entre amar bem e praticar justiça — vendo-os como valores separados, embora ligados — e dou atenção ao *ahavat hesed* entre judias lésbicas, e entre elas e o resto da comunidade judaica. Esses atos relacionam-se, embora não sejam iguais, com os esforços de todas nós para criar uma sociedade justa.

Asot Mishpat em Problemas Lésbicos: Semana da Consciência Gay e Lésbica[3]

Nosso primeiro passo em busca de justiça deve ser o de exigir que a comunidade judaica trabalhe em prol de justiça para as lésbicas no mundo: buscamos o fim da discriminação contra nós; queremos iniciativas legislativas que nos concedam os direitos a habitação, custódia dos filhos e emprego, além da oportunidade de casar entre nós e prestar serviço militar. A comunidade judaica americana precisa também lutar por nossos direitos na vida dos judeus: casar, servir abertamente em posições de liderança e ser aceitas inteiramente pelo que somos.[4]

A comunidade judaica pode começar a trabalhar em sua responsabilidade para nos ajudar a conseguir justiça, iniciando uma nova obrigação: a Semana de Consciência Gay e Lésbica. Resolver que a primeira semana da primavera, quando é lida a parte Ahare Mot, da Torah (que inclui a proibição contra a homossexualidade masculina e a referência às "obras do Egito"), será dedicada a questões relacionadas a problemas de *gays* e lésbicas judias, contribuirá imensamente para criar uma oportunidade de trabalhar pelo *asot mishpat.* A Semana de Consciência Gay e Lésbica pode assumir grande variedade de formas e incluir numerosas atividades diferentes. O que se segue são apenas algumas sugestões para guardar essa semana.

A atividade mais óbvia será uma discussão textual das passagens do Levítico. Sessões de estudos podem ser realizadas sobre esse trecho ou algum outro sob discussão neste livro. As discussões poderiam abranger questões de interesse de judeus *gays* e lésbicas, tais como o tratamento de indivíduos com AIDS na comunidade judaica, a relação entre homofobia e anti-semitismo, ou as contribuições especiais de *gays* à vida judaica. Talvez um rabi resolva usar esse assunto como tema de um sermão ou discutir o processo pelo qual passou, antes de aceitar sentimentos sobre homossexualidade e judaísmo. Um centro comunitário judaico poderia pôr em pauta o assunto, através de um festival de filmes lésbicos e *gays*.[5]

Se um grupo judeu quer iniciar um diálogo com lésbicas judias sobre os problemas que enfrentamos, há várias opções. Se houver na área uma sinagoga ou grupo de *gays* e lésbicas, uma representante nossa terá prazer em falar, talvez para discutir as maneiras como esse trecho do Levítico tem sido problemático para as judias lésbicas. Uma congregação tradicional poderá realizar um serviço religioso conjunto com a congregação *gay* local, tal como a que ocorreu em Cleveland há alguns anos. Se não houver um grupo judeu especificamente *gay* e lésbico, a maioria das cidades conta também com grupos de direitos civis, com uma livraria, ou um centro comunitário. Freqüentemente, um membro judeu de uma delas terá prazer em falar sobre questões de importância para a comunidade *gay* e lésbica. Outra boa fonte de oradores é a organização conhecida como P-FLAG — Parents, Families and Friends of Lesbians and Gays (Pais, Famílias e Amigos de Lésbicas e Gays). Membros do P-FLAG arrostaram muitos dos problemas que indivíduos que não são *gays* enfrentam ao aprender a conviver com o homossexualismo de alguém que lhes é próximo.

Essas atividades constituem os primeiros passos importantes quando grupos de judeus começam a enfrentar problemas que afligem *gays* e lésbicas judeus. Se o grupo quiser ir mais adiante, há outras coisas que podem ser feitas para fomentar o trabalho em prol de justiça para eles. Se as pessoas começarem a analisar seus sentimentos a respeito da homossexualidade, por exemplo, poderão desejar participar de um seminário destinado a ajudar outras a estudar esses sentimentos.

Os grupos podem transcender a conduta convencional e procurar *gays* e lésbicas assumidas, convidando-os para participar mais ativamente de suas atividades. É provável que todos os grupos judeus contenham membros *gays* ou lésbicas. Se eles resolveram não revelar essa informação, um processo de ir além do convencional e convidar *gays* e lésbicas assumidas não deve implicar forçá-los a renunciar à sua privacidade. Não obstante, um processo que abre as questões e cria um ambiente simpático para judeus *gays* e lésbicas permitirá que eles, seus parentes e seus amigos comecem a se abrir. Alguma coisa tão simples como dizer "aqueles entre *nós* que são *gays*, lésbicas, transexuais ou bissexuais" — em vez de falar *eles* —, constitui um bom começo.[6]

Se, em uma sinagoga, houver *gays* e lésbicas assumidos, a Semana de Consciência Gay e Lésbica tornar-se-á uma ocasião apropriada para que eles comemorem com a congregação algum evento do ciclo de vida. Um indivíduo ou grupo de indivíduos podem resolver participar de uma cerimônia em que "assumem" publicamente sua condição. Um casal pode renovar o compromisso recíproco ou celebrar um aniversário no seio da congregação. Um serviço especial pode ser organizado em memória de todos os *gays* e lésbicas na história que não deixaram filhos para dizer kaddish por eles.

Uma escola judaica será também um local apropriado para iniciar a questão de assuntos relativos à condição de lésbica e judia. Algumas estudantes terão uma genitora lésbica ou conhecerão alguém nessa situação; outras farão perguntas sobre sua própria sexualidade. Existem palestradores, livros e panfletos úteis a professoras na discussão dessas questões.

Uma biblioteca judaica poderá expor com destaque livros e revistas com temas *gays* ou lésbicos durante a Semana da Consciência. Freqüentemente, a leitura é um primeiro passo importante e privado para pessoas que lutam com sentimentos homoeróticos ou com a homossexualidade de uma pessoa próxima.

Finalmente, todos os grupos podem participar da luta pelos direitos dos *gays*. E é grande a variedade de assuntos em que poderiam trabalhar, tais como:

Pensar em tomar parte na Parada de Orgulho Gay, realizada anualmente.

Participar de trabalhos ligados a AIDS. Investigar as práticas usadas em casas funerárias judaicas e como tratam indivíduos que morreram de AIDS. Descobrir se algumas das agências de serviços sociais da comunidade judaica oferecem serviços a portadores de AIDS e suas famílias.

Entrar em contato com legisladores sobre problemas legais enfrentados pela comunidade *gay*. Esses problemas incluem lutar por legislação que trate de parceria doméstica e do casamento *gay*, incluir orientação sexual em leis contra discriminação, reunir estatísticas publicadas sobre crimes contra *gays*, dar apoio a campanhas de financiamento de tratamento da AIDS e contra a censura.

Lançar projetos zedakah para organizações que trabalham pelos direitos de *gays*, lésbicas, bissexuais e transexuais. Um desses projetos poderia ser pedir a casais heterossexuais que, por ocasião de seu matrimônio, façam um donativo para financiar a campanha pela legalização da parceria doméstica ou de casamentos de *gays* e lésbicas. Esse donativo lhes aumentará a conscientização do fato de que *gays* não podem casar-se legalmente e ter os direitos, privilégios e proteção de um contrato nupcial.

Trabalhar em prol da mudança na comunidade judaica. Procurar os líderes de outras organizações locais e discutir com eles as políticas que adotam quando tomam a iniciativa de abordar e abrir-se para *gays* e lésbicas. A Jewish Family and Children's Agency, na Filadélfia, por exemplo, patrocina grupos que "assumem publicamente" sua condição, enquanto a Jewish Federation criou um grupo de trabalho sobre temas *gays* e lésbicos. Os grupos poderiam trabalhar para dar início a programas semelhantes em suas próprias comunidades.

Estimular mudança nas sinagogas. Aceita o rabi oficiar nas cerimônias de compromisso mútuo de *gays* e lésbicas? Houve algum esforço para contratar abertamente pessoal administrativo *gay* ou lésbico? As sinagogas podem ser transformadas em arenas para mudança na comunidade.

As sugestões anteriores devem indicar o enorme potencial das organizações judaicas para fazer justiça a *gays* e lésbicas, permitindo-lhes participar seriamente de nossas tradições, em vez de ignorá-las. A Semana de Consciência Gay e Lésbica proporciona oportunidade para iniciar um processo que torne a comunidade judaica um lugar onde eles se sintam à vontade.

Caso Modelo: o Grupo New Jewish Agenda

O grupo New Jewish Agenda é um exemplo de organização que aplica seu conceito de justiça ao trabalho em prol dos direitos e da inclusão de *gays* e lésbicas na comunidade. O caso da Agenda mostra bem como um grupo judaico, que não se concentra primariamente em questões *gays* ou lésbicas, pode buscar justiça para eles.

A New Jewish Agenda foi fundada em 1980. Seu objetivo principal era conscientizar a comunidade judaica a dar maior atenção a questões de justiça econômica e social. Os fundadores da Agenda incluíam *gays* e lésbicas e sua plataforma inicial declarava que *gays* e lésbicas seriam bem-vindos como membros.[7] Feministas lésbicas e heterossexuais dos quadros da Agenda criaram um grupo de trabalho, que publicou um importante panfleto: "Assumindo, Voltando para Casa: Gays e Judias Lésbicas e a Comunidade Judaica." O texto trazia sugestões para incluir interesses *gays* e lésbicos na comunidade. Patrocinou também uma cerimônia de Havdallah e um concerto, que contaram com o comparecimento de centenas de pessoas, na noite anterior à Marcha de Gays e Lésbicas sobre Washington, em 1987.[8] Apoiou seminários sobre homofobia em filiais locais e incluiu numerosas sessões sobre temas *gays* e lésbicos em suas conferências nacionais.

Gays e lésbicas tornaram-se líderes importantes na organização. Dois deles, Andy Rose e Christie Balka, sentiram-se inspirados o suficiente para organizar a coletânea *Twice Blessed: On Being Lesbian or Gay and Jewish*, que incluía ensaios escritos de pontos de vista *gays* e lésbicos sobre a história, o ritual e a comunidade judaica. O objetivo do livro era exigir plena aceitação de *gays* e lésbicas no espectro mais amplo da vida judaica. Os editores da *Bridge*, uma revista feminina judaica que focaliza temas lésbicos, encontraram-se na Agenda e a organização os ajudou na fundação da revista.[9]

A Agenda continuou a ser um local onde lésbicas e *gays* judeus se sentiam em casa na comunidade judaica. A organização focalizava temas que eram de importância crucial para as feministas lésbicas judias e para o próprio princípio que lhe inspirara a fundação: a aceitação do estrangeiro. Sob a liderança de lésbicas, *gays* e seus aliados, e até o encerramento de suas atividades em 1993, a Agenda continuou a assumir posições vigorosas sobre questões impopulares na década de 1980, tal como a solução dos dois Estados para o conflito israelense-palestino.

Apelos à Justiça Baseados em Semelhanças

As lésbicas obtiveram algum progresso em termos de reconhecimento e aceitação na comunidade judaica. Existem atualmente outras organizações como a Agenda, onde *gays* e lésbicas são incluídos e apreciados. Lésbicas conseguiram também trabalhar nas questões da inclusão de outros tipos de pessoas e seguir carreiras como profissionais judias — pelo menos, em alguns campos. Estamos começando a experimentar a justiça na comunidade judaica, mas muita coisa resta ainda a ser feita.

Na maior parte, a aceitação de lésbicas na comunidade ocorre quando enfatizamos as maneiras como somos iguais a outras judias. Tal como todos os judeus, nós somos estrangeiras. Somos alvos de anti-semitismo por causa de nossa identificação como judeus. Construímos instituições judaicas, tais como sinagogas e organizações comunitárias. Praticamos o judaísmo a partir de uma grande variedade de perspectivas, da tradicional ao absenteísmo. Algumas de nós se comprometem com valores judaicos, tais como relacionamentos monogâmicos a longo prazo, santificados através de ritual religioso e focalizados na criação de outra geração de crianças judias.

Nossa situação não difere da de judeus na Europa Ocidental em princípios do século XVIII. Em troca de liberdade individual, os judeus foram obrigados a renunciar à sua identidade coletiva. Alguns judeus esqueceram inteiramente aquilo em que eram diferentes para obter aceitação no mundo cristão. A maioria transformou a condição de judeu em assunto privado, como sugeriram líderes do Iluminismo: "Seja judeu em casa e homem (*sic*) nas ruas." Foram precisos quase duzentos anos para que os judeus, como grupo, obtivessem aceitação no mundo externo, tanto de nossas diferenças quanto de nossas semelhanças.

Nos casos de algumas lésbicas, principalmente aquelas que se encaixam nos papéis convencionais relativos a sexo e cujos estilos de vida são orientados para a família, modelar nosso apelo por justiça e inclusão com base em nossas semelhanças com outras judias tem obtido sucesso. As lésbicas fazem evidentemente parte de algumas comunidades judaicas e sua presença não pode ser ignorada. Claro, nosso trabalho pela inclusão ainda continua. Não teremos êxito até que sejamos aceitas por todos os segmentos da sociedade judaica, e não incluídas apenas simbolicamente. Mas tornar-se parte da comunidade não é suficiente. Obtivemos essa inclusão desenfatizando fatores que, para começar, nos tornam estrangeiras. Agora, temos de focalizar nossa energia na busca de justiça para lésbicas que se definem como sexualmente diferentes.

Justiça para as Judias Lésbicas como Seres Sexuais

Conforme sugeriu David Biale, as mulheres judias não são consideradas seres sexuais.[10] Não é de surpreender, portanto, que as lésbicas tenham desenfatizado sua sexualidade no contexto judaico. Nossa diferença baseia-se, em medida não pequena, na atração erótica que sentimos por outras mulheres. Esse fato não pode ser ocultado na vida que levamos na comunidade judaica. Temos de ser capazes de expressar nossa sexualidade, flertar, procurar companheiras no contexto dessa comunidade. A educação sexual em um contexto judaico deve incluir referência às maneiras como lésbicas praticam o sexo entre si. A homofobia baseada no medo à sexualidade lésbica deve ser enfrentada diretamente.

São variadas as texturas sexuais de nossos relacionamentos lésbicos. No diálogo na comunidade judaica, temos de ser francas a respeito do fato de que nem todas as lésbicas desejam relacionamentos de longo prazo, assumidos, monogâmicos, e nem todas querem filhos. A sexualidade delas tem de ser aceitável, mesmo que assuma formas menos tradicionais.

A experimentação faz parte de uma abordagem sadia da

sexualidade. Lésbicas judias podem estar envolvidas na prática do sexo com muitas companheiras, na produção de material erótico, ou na representação de papéis sexuais. Algumas participam de sadomasoquismo (S/M). A sexualidade S/M é definida de muitas formas diferentes e pode incluir a fantasia e a representação de papéis. Conquanto parte do S/M implique o domínio de uma pessoa sobre outra, ativistas dessa prática alegam que esse domínio é apenas uma forma de representação de papel. Na verdade, a mulher que está sendo dominada assume o controle do encontro sexual. Mulheres que participam de S/M argumentam que se trata de uma paródia, que funciona para atrair nossa atenção para as relações de poder desiguais na sociedade. Conquanto possamos argumentar que certos aspectos do S/M, como a violência sexual e o uso de imagens nazistas, são física e psiquicamente prejudiciais, a sexualidade S/M requer uma discussão profunda na comunidade judaica. Ela não pode ser simplesmente ignorada.

Freqüentemente, a aceitação de lésbicas na comunidade tem sido baseada no pressuposto de que não temos opção no tocante à nossa sexualidade, que sentirmo-nos atraídas por mulheres faz parte de nossa constituição genética. Mas se queremos ser realmente aceitas na comunidade judaica, a aceitação terá de se fazer acompanhar da compreensão de que muitas de nós de fato entendem o lesbianismo como uma opção que fazemos.

A maioria das lésbicas, em alguma ocasião na vida, participou de relacionamentos heterossexuais. Muitas foram casadas com homens, e felizes. Abrir-se a relacionamentos lésbicos é uma opção que fizemos, baseadas na disposição de levar uma vida sem todos os privilégios da heterossexualidade e no desejo de expressar, de forma sexual, nosso amor por mulheres. Isso significa que nos abrimos à experimentação de sentimentos eróticos em relação a outras mulheres, que a maioria das mulheres experimenta em alguma ocasião na vida.

Isso porque nossa aceitação na comunidade judaica, baseada no pressuposto de que lésbicas são incapazes de participar de relacionamentos heterossexuais satisfatórios e que, portanto, não têm outra opção do que manter relacionamentos com outras mulheres, não é fundamentada na justiça. Não podemos aceitar o pressuposto de que a heterossexualidade é superior e que o lesbianismo serve apenas para as que não conseguem êxito em relações heterossexuais. Sem aceitação autêntica das opções que nos tornam diferentes, nunca seremos parceiras no mundo judaico.

O Trabalho de Judias Lésbicas em Prol de Justiça para Outras Mulheres

Mas não é suficiente tentar atingir nossos objetivos de justiça para as lésbicas judias. Embora seja importante para nós podermos dizer o que outras pessoas precisam fazer por nós, essa não pode ser nossa única preocupação. Temos de falar também de questões de justiça que afetam outros judeus em nossa comunidade e todas as pessoas no mundo. Não há projeto mais importante para as judias lésbicas do que trabalhar em questões que tornem a justiça possível não só para elas mas também para outras pessoas diferentes de nós.

É preciso reconhecer que as judias lésbicas não ficaram à altura dessa responsabilidade. Nossa incapacidade de nos concentrarmos em esforços sobre uma ética de praticar justiça relaciona-se com a compreensão da opressão da qual se origina nossa existência como lésbicas. Muitas delas concentram-se nas maneiras como foram oprimidas na sociedade, como judias e lésbicas. Embora a teoria da opressão argumente que temos de nos fortalecer no mundo, acontece freqüentemente que retemos e perpetuamos nosso *status* de vítimas.

Fazer justiça precisa basear-se em uma nova compreensão do papel de vítimas e de opressores. O preceito de Miquéias é fazer justiça. Isso significa que temos de assumir um papel ativo na criação de oportunidades para a justiça neste mundo. O *asot mishpat* significa que não podemos continuar a nos ver como vítimas ou ver o mundo como dividido entre oprimidos e opressores. Esse tipo de pensamento dualista nos mantém para sempre focalizadas nas maneiras em que a justiça não é feita a nós, limita-nos às possibilidades de tomar o poder em nossas próprias mãos e torna impossível para nós participar do trabalho de fazer justiça.

Da posição de vítimas, subestimamos nosso poder de fazer justiça. Quando nos identificamos como vítimas, não pensamos em como mudar as relações de poder para criar um mundo mais justo. Tudo o que vemos são as maneiras em que não estamos sendo tratadas com justiça.

Reclamar o *status* de vítima é sedutor. Dá-nos credibilidade em um mundo em que a vítima é a heroína. Mas vítimas são amadas apenas se estiverem dispostas a continuar assim. Se deixam de ser pisoteadas, não há mais um papel para elas em nosso atual sistema, salvo o de opressoras. Ser a vítima atrai simpatia, mas não lhe dá a oportunidade de mudar a dinâmica do poder.

Alegar o papel de vítima cria uma situação que leva grupos como judeus e lésbicas a sentirem autocomiseração, e não respeito próprio. E estimula também comparações de opressão. A despeito de nossos melhores esforços para assim proceder, focalizamo-nos na maneira como nosso sofrimento se compara com o de outras pessoas. Esse problema é exemplificado, de maneira bem clara, por judeus que vivem hoje em relativo conforto nos Estados Unidos, livres de opressão. Nós ainda nos agarramos às imagens do Holocausto e alegamos o *status* de vítimas. Sentimo-nos profundamente feridas por qualquer manifestação de anti-semitismo. Não há a menor dúvida de que o ódio aos judeus é muito forte nos Estados Unidos. Mas, freqüentemente, concentramos nossas energias alegando vitimação e ignoramos nossa responsabilidade no mundo para praticar justiça.

As lésbicas judias asquenazim esquecem as maneiras pelas quais a maioria de nós é privilegiada neste país por causa da cor de nossa pele. Podemos viver tão ocupadas em enxergar nossa própria vitimação que esquecemos como contribuímos para a vitimação de outras pessoas. Não podemos formar alianças se não reconhecemos os difíceis relacionamentos de que participamos. Tampouco podemos construí-las baseadas apenas em opressão. Elas devem ser formadas sobre uma visão comum de sociedade justa, de *asot mishpat.*

Precisamos de novas categorias para pensar nas possibilidades de justiça. Ao repensar essas questões, poderemos, quem sabe, pôr um fim à profecia auto-realizadora do *status* de vítima e criar uma nova compreensão das maneiras como interagem os grupos em uma sociedade multicultural. Poderemos manter nossa integridade como grupos diversificados e, ao mesmo tempo, começar a trabalhar juntas para pôr cobro à injustiça, para todos. Já é tempo de deixar de ver este mundo através das lentes de opressor e vítima, o que não aumenta nossa capacidade de praticar justiça no mundo.[11]

Em vez disso, temos de procurar oportunidades de formar alianças com outras pessoas, cujo objetivo seja criar uma sociedade justa e combater a injustiça com outras pessoas na comunidade judaica. Quando trabalhamos pela justiça, o fazemos como judias lésbicas. É importante manter nossa herança e identidade cultural e trazer a sabedoria proporcionada por essa herança para nosso trabalho no mundo. Mas não podemos negligenciar nossos próprios direitos enquanto trabalhamos pelos direitos dos demais. Claro, é mais fácil focalizarmo-nos exclusivamente em nossos problemas e é tentador argumentar que ninguém cuidará de nossos interesses se não batalharmos pela nossa própria causa. O objetivo de fazer justiça, no entanto, deve estar presente no que interessa aos demais e, através do exemplo, apoiar o princípio de trabalharmos juntas para atingir o objetivo de criar uma sociedade justa. Evidentemente não poderá haver uma sociedade justa, a menos que todos os grupos sejam tratados com justiça. Nesse modelo, portanto, as judias lésbicas precisam de que suas necessidades sejam atendidas, bem como defender as necessidades das demais pessoas.

Apoiar as necessidades dos outros significa dar atenção àqueles na comunidade judaica que são tratados também de modo negativo por causa de sua sexualidade. Como judias lésbicas, temos de defender ardorosamente os direitos de pessoas que se definem como *gays*, de encontrar um lugar na comunidade judaica.

Uma vez que a aceitação de *gays* e lésbicas na comunidade judaica tem sido baseada na ênfase nas maneiras em que somos semelhantes a outros judeus, as lésbicas pouco interesse demonstraram em pensar nos pontos de vista dos que se definem como *gays*, bissexuais e transexuais. Mas, se exigimos inclusão baseadas em nossas diferenças, temos também de pensar em como incluir outros cujas diferenças se relacionam com suas identidades sexuais.

Tal como outras identidades, a bissexualidade não pode ser descrita como um fenômeno isolado. A mulher pode, por grande número de razões, definir-se como bissexual. Ela pode estar em uma fase de transição entre identificar-se como heterossexual e assumir sua condição de lésbica. Pode ter vivido relacionamentos lésbicos e, nesse momento, estar envolvida com homens, mas não quer cortar a ligação com seu passado lésbico. Pode participar simultaneamente de relações sexuais com homens e mulheres. Ou pode ter estado envolvida em relacionamentos com homens e mulheres em ocasiões diferentes da vida. Tal como as lésbicas que alegam que sua sexualidade baseia-se em opção, as bissexuais põem em destaque a realidade de uma identificação sexual baseada na escolha. E a identificação bissexual pode implicar também a não-monogamia. Por todas essas razões, a comunidade judaica resiste à bissexualidade.

As judias lésbicas têm divergências próprias com as bissexuais.[12] Ainda assim, temos de reconhecer o fato de que a bissexualidade tem sido parte importante da vida de numerosas judias lésbicas e que precisamos entrar em aliança com outras pessoas na comunidade judaica cujas diferenças sejam semelhantes às nossas.

"Transexual" é uma palavra que inclui uma grande variedade de fenômenos. As pessoas nessas condições incluem travestis, transexuais pré e pós-cirurgias e outros que possuem identidades fluidas de sexo. O fenômeno da identificação transexual complica as idéias sobre identidade sexual. Alguns desses indivíduos identificam-se como mulheres ou homens e exibem uma identidade sexual baseada nesse sexo. Outros omitem fazer isso, deixando, portanto, em aberto toda a questão da identidade sexual. (Será lésbica a mulher que toma hormônio masculino, veste-se como homem, e mantém relacionamento com outra mulher?)

Os transexuais levantam questões importantes, que não comportam respostas simples. A mistura de sexos é problemática para a comunidade judaica, porque o judaísmo perpetua papéis rígidos de sexo, até mesmo entre judeus liberais. A comunidade deve questionar todo e qualquer conceito de justiça que limite a expressão humana e careça de base racional. Judias lésbicas podem começar a fazer perguntas sobre a aceitação de judeus transexuais em nossa comunidade. E precisam ser também francas sobre as maneiras como nós mesmas confundimos e complicamos os papéis sexuais, mesmo que a realidade nos torne "esquisitas" aos olhos da comunidade e ameace nossa aceitabilidade. As lésbicas não podem dar-se o luxo de ignorar as necessidades de outros indivíduos estranhos na comunidade, porque as questões que os interessam ameaçam nosso *status*. Se estamos exigindo que a comunidade judaica aceite aquelas que são sexualmente diferentes, temos, nós mesmas, de fazer todos os esforços nesse sentido, a despeito do constrangimento que isso nos cause.

Todos esses problemas levam à conclusão de que o a*sot mishpat* requer que a comunidade judaica questione seus pressupostos de que a heterossexualidade é a norma e desejável a todos. Em vez disso, ela deve ser entendida como uma entre muitas opções, e não o padrão contra o qual tudo o mais é julgado. A aceitação de lésbicas e *gays* não pode ser baseada na ignorância de nossa sexualidade, supondo que não escolhemos nossa identidade sexual, e negando reconhecimento a diferenças como bissexualidade e vida transexual. O passo seguinte no diálogo é um rigoroso e sério exame da heterossexualidade e de seu significado na comunidade judaica.

As questões de justiça na comunidade judaica, porém, não são as únicas que nos interessam. Judias lésbicas têm modelos, em sua própria comunidade, de mulheres que iniciaram o processo de formação de alianças e contestação de estruturas injustas situadas fora da comunidade. O trabalho de feministas judias lésbicas seculares proporciona um excelente exemplo nesse particular. Sua concentração na identidade judaica começou quando notaram que sua condição de judias era invisível no contexto feminista lésbico. O principal objetivo no estudo da identidade judaica foi desafiar o movimento feminista lésbico mais amplo a prestar atenção às diferenças que havia em seu meio.[13] Mas queriam também iniciar um diálogo com o resto da comunidade judaica.[14]

Nesse meio tempo, essas judias voltaram a religar-se ao judaísmo e, como resultado, deram contribuições importantes à vida judaica. Em vez de focalizarem exclusivamente na opressão que sofriam, têm trabalhado em outros problemas enfrentados pela comunidade, incluindo a formação de alianças entre israelenses e palestinos e entre afro-americanas e americanas judias. Feministas lésbicas judias seculares evoluíram, de mencionar a opressão que sofriam para outras dimensões da opressão e para a formação de alianças.

Uma de suas mais fortes contribuições tem sido a ênfase na formação de alianças com outros grupos marginalizados. Conforme sugeriu Adrienne Rich, temos de acrescentar outra dimensão às famosas palavras do rabi Hillel: "Se eu não for por mim, quem será? Mas se eu for apenas por mim, o que sou eu? E se não agora, quando?" A essas palavras, Rich acrescentou: "E se não com outros, como?"[15]

Judias lésbicas formaram alianças entre si mesmas e com lésbicas afro-americanas. O *Yours In Struggle*, um livro com três ensaios de autoria da feminista lésbica judia Elly Bulkin, da feminista lésbica afro-americana Barbara Smith e da feminista lésbica branca e cristã Minnie Bruce Pratt, estuda essas ligações. Bulkin enfatiza as maneiras como o anti-semitismo e o racismo são freqüentemente usados para dividir as comunidades judaica e afro-americana. Sugere que embora tenhamos de começar com políticas de identidade, é fundamental transcender esses limites, derrubando as divisões entre "nós" e "eles". Em vez de escolher entre opressões, devemos trabalhar sobre ambas.[16] O que permite que Bulkin, Smith e Pratt comecem a falar juntas é a identidade, comum a elas, de lésbicas. Esse aspecto comum serve de alicerce também a um extraordinário diálogo sobre identidade entre feministas judias e afro-americanas na revista lésbica feminina *Conditions.* Para essas mulheres, a sobrevivência como lésbicas em suas respectivas comunidades é o fio comum que permite o início do diálogo.[17]

Em uma veia semelhante, judias lésbicas focalizaram sua energia no diálogo palestino/israelense. O Oriente Médio sobe freqüentemente à tona em um diálogo afro-americano/judaico, porque numerosos afro-americanos identificam-se com os palestinos e por causa do laço íntimo entre os judeus americanos e Israel. Ironicamente, a publicação do *Nice Jewish Girls* coincidiu com a invasão do Líbano, pelos israelenses, em 1982. Klepfisz conta como foi doloroso para ela alegar seu orgulho em ser judia na mesma ocasião em que judeus no Oriente Médio oprimiam outras pessoas.[18] Muitas feministas lésbicas investiram grande energia trabalhando pelo fim da ocupação israelense. Seus esforços incluíram a formação de grupos de debate, preparação de filmes, produção de programas de rádio e organização de protestos.

Esses esforços são apenas alguns exemplos da possibilidade de formação de alianças. Buscar justiça como parte da transformação do judaísmo por iniciativa de lésbicas implica aproveitar as oportunidades para lembrar à nossa comunidade de que deve olhar além de suas fronteiras e ligar-se a outras que precisam de nossa ajuda e apoio.

Orientadas pelo preceito de Miquéias, temos um conjunto de metas a atingir: começar com auto-aceitação, continuar com o amor dentro de nossas comunidades fechadas e transcender a nós mesmas para exigir e criar um mundo em que haja justiça para todos. Essas metas não são apenas de judias lésbicas. É um modelo para a transformação do judaísmo, a partir de uma perspectiva lésbica, que tem origem em nossa interpretação do texto bíblico.

Sete

Textos Modernos: A Sexualidade da Judia Lésbica

Novas interpretações de textos antigos tornam possível imaginar o judaísmo transformado através de uma perspectiva lésbica. Outra dimensão desse projeto chama a atenção para textos posteriores, que passaram despercebidos e que constituem partes importantes da construção de um passado lésbico judaico. O trabalho para descobrir textos sobre judias lésbicas no passado exige que sejam incluídas fontes que não foram antes consideradas parte da tradição textual judaica. Ao contrário dos textos antigos que discuti nos capítulos anteriores, os modernos estudam a vida real e as judias lésbicas como personagens de obras literárias nos cem anos anteriores a Stonewall e à segunda onda de feminismo, que assinalaram o início do período atual de liberação feminista e *gay*. Nossas tradições textuais precisam ser ampliadas de modo a incorporarem textos que proporcionem *insights* da vida de judias lésbicas nesta última parte da era moderna. A descoberta de traços textuais da existência dessas mulheres corrige a idéia, inexata, de que não houve judias lésbicas até o presente e expande nossa idéia sobre os textos sagrados, com vistas a incorporar crônicas e histórias que foram deixadas fora das coletâneas.

Embora eu tivesse preferido incluir material mais antigo, todas as fontes aqui discutidas são deste século. Esse fato não deve surpreender, dado que o homoerotismo feminino em eras anteriores é muito mais obscuro, e também porque o amor entre mulheres só se tornou assunto público neste século, ao desenvolver-se uma nova compreensão do lesbianismo.

Ao surgir uma cultura lésbica, as mulheres vieram a entender a importância de ter uma história, de possuir textos sagrados próprios que contem nossa vida.[1] Mas o próprio conceito de que há textos lésbicos foi contestado. A sexualidade nunca foi, até tempos modernos, assunto de pesquisa histórica. Como as lésbicas não eram identificadas como grupo ou classe, nenhum trabalho foi realizado para incluí-las nos relatos históricos. Em vez disso, o lesbianismo era discutido como uma patologia relacionada com a não-conformidade ao sexo.[2] Nas últimas décadas, no entanto, a sexualidade tornou-se tema importante do discurso histórico.[3] Conquanto seja relativamente fácil reconstruir, pelos textos, uma história da homossexualidade masculina,[4] a história de relações sexuais entre mulheres tem permanecida mais encoberta.[5] A pesquisa do homoerotismo feminino no passado é complicada pelas limitadas referências textuais às mulheres em geral[6] e pelo que a historiadora Blanche Wiesen Cook descreve como

> uma negação histórica do lesbianismo, que acompanha a recusa persistente em reconhecer a variedade e a intensidade das experiências emocionais e eróticas de mulheres. Essa negação implica a idéia... de que o amor físico entre mulheres era uma masturbação experimental, uma preparação conscienciosa para o casamento [e] ... que o prazer erótico e sexual, sem penetração pelo homem, não é prazer erótico e sexual.[7]

Estudos recentes, por outro lado, omitiram as precursoras da existência lésbica judia contemporânea. Por várias razões, é imperativo que as lésbicas judias comecem a descobrir textos próprios e reconstruir sua história. Elas deram contribuições excepcionais à cultura judaica, e essas histórias precisam ser contadas. As informações relacionadas a seu passado devem ser transmitidas como parte de uma educação judaica padrão. Judias lésbicas não têm que crescer pensando que são as únicas "diferentes", mas saber que temos modelos e histórias de companheiras que viveram no passado. Muitas das fontes com que construí uma moderna tradição textual lésbica judaica são textos escritos por homens. Outras se baseiam nas vidas de lésbicas deste século que mantiveram ligações com a comunidade judaica.[8] Tomadas juntas, formam um retrato da existência lésbica no passado recente. O quadro, porém, de maneira alguma é totalmente abrangente. Estamos apenas começando a descobrir textos que fazem parte da história oculta das judias lésbicas.

Neste capítulo, concentro-me em textos que lhes estudam a sexualidade, com vistas a descobrir como gerações passadas interpretaram seu *status* sexual, na ausência de uma proibição categórica do comportamento sexual lésbico. É possível reconhecer nesses textos as mesmas forças identificáveis hoje entre judeus que estão começando a aceitar o lesbianismo. Os textos apresentam como exótico o sexo lésbico, estudam-no psicologicamente como comportamento sexual imaturo e contribuem para a invisibilidade dessas mulheres. Ainda assim, lidos a contrapelo formam a base da reconstrução de uma tradição textual lésbica judaica.

A Obra de Sigmund Freud

A obra de Sigmund Freud produziu um impacto importante para levar a sexualidade lésbica à consciência pública na sociedade ocidental. Além disso, Freud exerceu uma influência muito forte sobre o pensamento dos judeus.[9] Uma vez que foi muito ampla essa influência, suas idéias sobre as mulheres em geral, e as lésbicas em particular, produziram um impacto de grande importância sobre a maneira como o amor lésbico tem sido entendido durante a maior parte deste século.

Pensava Freud que todos os seres humanos nascem com capacidade para a bissexualidade. Considerava o lesbianismo um fenômeno natural. Não acreditava que a orientação das lésbicas pudesse ser mudada e sugeriu que elas deviam ser ajudadas a levar uma vida produtiva e feliz, a despeito de suas atrações homoeróticas. Embora não considerasse o lesbianismo uma doença, pensava que a repressão de sentimentos e atrações sentidos pelas lésbicas poderia resultar em trauma psicológico. E definiu também o lesbianismo em relação a um desejo pré-edipiano da criança pela mãe.[10]

A despeito de sua abertura para a sexualidade lésbica, Freud não conseguiu perceber-lhe o papel crucial em um de seus casos mais famosos, o de Ida Bauer, a quem deu o pseudônimo de Dora em seu relato, "Fragmento da Análise de um Caso de Histeria". Ida era irmã de Otto Bauer, conhecido político socialista, e pertencia a uma família de judeus importantes em Viena. Ida Bauer nunca identificou seus sentimentos homoeróticos enquanto viveu e Freud tampouco a incitou a falar desses sentimentos durante a curta análise a que ela se submeteu (onze semanas). Ida casou, embora fosse infeliz. Outro psiquiatra que a tratou posteriormente informou que ela se queixava amargamente da vida de casada e dos homens em geral, e que manifestava "repugnância pela heterossexualidade".[11]

Ao discutir o caso, Freud criticou acremente a si mesmo por não ter lhe levado mais a sério o lesbianismo. Ainda assim, jamais levou adiante essa questão na análise do caso, mesmo depois de tê-la reconhecido.[12] Isso a despeito do fato de que, no curso da análise, Dora mencionou sua atração erótica por uma amiga da família, Frau K., que estava tendo um caso amoroso com seu pai. Contou que elas dormiam na mesma cama quando iam visitar os K. e que liam juntas literatura erótica popular. Fez referências ao "adorável corpo alvo" de Frau K. e em nenhum momento manifestou raiva ou ressentimento dela, a despeito do caso de Frau K. com seu pai e de ela tê-la traído mais tarde.

O fato de Freud jamais ter considerado a possibilidade de que os sonhos e recordações de Dora pudessem ter sido eróticos para ela (ou para a própria Frau K.) deixa claro seu limitado interesse em estudar dimensões da sexualidade lésbica que não tinham relação com homens e suas vidas. Tal como os rabis, Freud pouco interesse sentia pelo que as mulheres faziam privadamente.

Segundo ele, todas as crianças experimentam atração erótica pela mãe. Durante a adolescência, é perfeitamente natural que mocinhas transfiram essa atração para outras do mesmo sexo. A mulher psicologicamente madura, porém, sublima esse desejo e torna-se adulta ao desenvolver uma atração heterossexual. As lésbicas jamais completam o processo de amadurecimento e, assim, na opinião de Freud, conservam uma sexualidade imatura.

Em anos recentes, tal conceituação foi contestada por feministas lésbicas. Adrienne Rich questionou a idéia de que a heterossexualidade é a meta final e perguntou por que, se a psicologia de Freud supõe que homens e mulheres começam a vida com uma atração erótica pela mãe, só as mulheres têm de renunciar ao seu desejo por ela, escolhendo um homem como objeto de desejo sexual a fim de alcançar a maturidade.[13] Essa pergunta sugere também que embora Freud tenha alegado considerar como normal a bissexualidade, suas teorias sugerem que ele ainda considerava a heterossexualidade a norma. Ao definir a atração lésbica como imatura, e fundamentando-a em uma atração infantil pela mãe ou, em sua terminologia, na fase pré-edipiana, sua obra patologizou também o lesbianismo.

Essa maneira de entender a questão prejudicou a capacidade de Freud de compreender o lesbianismo, como demonstrado pela maneira como tratou do caso de Dora. Numerosas feministas criticaram-no por não ter levado a sério a atração entre Dora e Frau K. Mary Jacobus sugere que ele fracassou nesse caso porque se concentrou no desejo edipiano (supondo que Dora amasse Herr K. como um substituto de seu pai) e deixou de perceber a força do desejo pré-edipiano (Dora realmente amava Frau K., que era uma substituta de sua mãe).[14] Neste caso, Jacobus segue o próprio raciocínio de Freud, considerando a atração lésbica baseada no amor pela mãe.

A crítica feminista Maria Ramas argumenta que o caso reveste-se de implicações profundas para o amor sexual entre mulheres.[15] Declara que o caso de Dora "abrange questões além da tese de que Ida Bauer era lésbica... e, nos níveis mais profundos do significado, a histeria de Ida Bauer era exatamente o que parecia ser — o repúdio do significado da heterossexualidade".[16] Ramas continua, argumentando que Freud, na verdade, supôs a naturalidade da heterossexualidade, e não da bissexualidade. De outra maneira, não teria chegado à conclusão de que Dora sentia-se atraída por Herr K., e não por Frau K. Propõe ainda Ramas a idéia de que a visão de Freud era falocêntrica e que os sonhos e recordações de Dora poderiam ter sido interpretados de maneira diferente. Freud jamais considerou a possibilidade de que a intimidade entre Frau K. e Dora fosse erótica para as duas. Da maneira como interpreta a história, os papéis concretos do pai de Dora e de Herr K. destinavam-se a esconder o desejo homossexual entre as duas mulheres. Nessa interpretação, tanto Dora quanto Frau K. estavam reprimindo um desejo lésbico. Essa interpretação torna plausível tanto a traição de Dora por Frau K., quando confrontadas com seus desejos sexuais, quanto a incapacidade de Dora de repudiar ou condenar Frau K.

Segundo a interpretação de Ramas, o lesbianismo de Dora era uma rebelião contra o sistema patriarcal em que vivia. Fora a repressão dessas tendências lésbicas e a traição posterior da mulher que amava que resultaram em seus sintomas histéricos.

Estudando o texto do caso de Dora, é possível começar a compreender alguns dos problemas enfrentados pelas lésbicas no início deste século. A incapacidade de Freud de reconhecer o desejo lésbico como uma forma madura de amor deprecia a avaliação positiva que fez do mesmo. A compreensão do amor lésbico como baseado na atração pré-edipiana pela mãe influenciou a maneira judaica de ver o lesbianismo e impediu a aceitação da sexualidade lésbica por nosso povo. A imagem da lésbica como mulher imatura precisa ser enfatizada como parte da descrição problemática do papel do lesbianismo no judaísmo.

Estudar o lesbianismo através da lente das atrações de mulheres por suas mães e, portanto, definir a sexualidade lésbica como comportamento imaturo foram fatores importantes e que contribuíram para a banalização das lésbicas no período que estamos examinando. Uma vez que o lesbianismo era considerado um comportamento imaturo, feministas que queriam apoiar a causa da igualdade de mulheres evitaram rotular como lésbicas aquelas que estudavam, por receio de fazer com que parecessem imaturas, incapazes de enfrentar problemas adultos. Esse desejo de não descrevê-las como imaturas contribuiu para que escritores posteriores ignorassem o lesbianismo nesse período ou desenfatizassem o homoerotismo feminino quando diante de suas manifestações.

A Vida de Lillian Wald

Essa atitude torna-se bem clara no estudo que a feminista Doris Daniels realizou da reformista social Lillian Wald, que cresceu em Rochester, Nova York, no seio de uma família de judeus alemães ricos. Ela nenhum interesse demonstrou em levar uma vida tradicional, o que teria significado permanecer em Rochester e casar. Tentou matricular-se no Vassar College, à idade de 16 anos, mas foi recusada por causa da idade. Depois de levar uma vida de *socialite* durante vários anos, Wald resolveu tornar-se enfermeira e mudar-se para a cidade de Nova York. Aí conheceu e foi morar com Mary Brewster, uma colega no curso de enfermagem. Resolveram ambas que o trabalho a que se dedicariam seria melhorar a vida dos imigrantes novos e predominantemente judeus que chegavam à cidade de Nova York, ajudando-os a obter tratamento médico e serviços sociais. Com esse fim em vista, Wald criou a Associação de Enfermeiras Visitadoras, de modo que os moradores de cortiços pudessem receber cuidados de enfermagem em suas próprias casas.

Com ajuda do famoso filantropo judeu Jacob Schiff, Wald e Brewster fundaram o Henry Street Settlement, que Wald e muitas outras mulheres que trabalhavam entre os pobres do Lower East Side transformaram em lar dessas pessoas nos cinqüenta anos seguintes. Essa instituição de beneficência fazia parte de um movimento nacional de classe média, de mulheres formadas em universidades — a mais conhecida das quais era Jane Addams, sua contrapartida em Chicago, e que fundara nessa cidade a famosa Hull House — que viviam e trabalhavam entre imigrantes e pobres. Durante toda a vida, Wald participou de muitas outras causas. Teve papel ativo no movimento sufragista e ajudou a fundar a Women's International League for Peace and Freedom, bem como a American Union Against Militarism, a precursora da American Civil Liberties Union.

O trabalho de Wald estava intimamente ligado à comunidade judaica. Embora criada como judia reformista, não era filiada a qualquer atividade religiosa organizada. O objetivo do trabalho de sua vida na instituição de beneficência que fundou eram os imigrantes judeus, e o conhecimento que tinha da língua alemã tornou-se sobremodo útil para comunicar-se com eles em seu iídish nativo. Suas principais fontes de apoio eram filantropos judeus. Esses homens eram profundamente dedicados à vida judaica e consideravam o movimento das instituições de beneficência um fator crucial à assimilação de imigrantes judeus procedentes da Europa Oriental ao estilo de vida judaico-americano.

Ainda assim, Wald não se considerava principalmente uma judia e ficava surpresa quando outros a viam dessa maneira. O meio formativo judeu-alemão de Wald pode explicar esse fato. Embora existisse nos Estados Unidos uma vibrante cultura germânico-judaica, os próprios judeus alemães de fins do século XIX não se sentiam à vontade com a palavra "judeu" e com suas ligações com o mundo dos novos imigrantes da Europa Oriental. Além disso, muitos se confessavam constrangidos em conviver com seus correligionários da Europa Oriental. Os judeus alemães consideravam-se um grupo à parte e preferiam referir-se a si mesmo como hebreus, israelitas ou "da religião mosaica", modelo este refletido nos nomes de suas instituições: a União das Congregações Hebraicas Americanas, por exemplo.

O trabalho e as ligações de Wald, porém, tornaram-na parte do mundo judaico. Mais tarde na vida, foi solicitada a tomar parte em um projeto sobre biografias de mulheres judias e a comunidade judaica reivindicou-a como um modelo a ser seguido.[17] Embora ninguém julgue problema identificá-la como parte da comunidade judaica, a despeito de sua falta de forte identificação com a mesma, apresentá-la como parte da história das lésbicas tem sido fortemente contestado por historiadores, incluindo feministas.

Não há prova de que Wald tenha tido uma única companheira por toda a vida. Mas ela, de fato, contava com um forte grupo de apoio, composto de mulheres que viviam na instituição de beneficência. E foi com elas (Mary Brewster, com a qual viveu antes de descobrir a 165 Henry Street, Lavinia Dock, Yssabella Waters) que Wald fez sua vida, viajou e trabalhou. Manteve ainda estreita relação de caráter profissional com Florence Kelley, com quem trabalhou em questões de bem-estar infantil, e com a líder de instituições de caridade, Jane Addams, e as mulheres da Hull House.

Além de suas colegas da instituição de beneficência, Wald teve ligações íntimas com outras mulheres. Entre estas havia um grupo de mulheres mais jovens, ricas, que sentiam por ela grande admiração. Ela também passava seu tempo com um grupo de mulheres de sociedade, que estavam mais interessadas em Wald como pessoa do que no trabalho de beneficência.

Tomando por base o estilo de vida homossocial de Wald, Blanche Wiesen Cook alega que ela era lésbica. E focalizou a análise no relacionamento de Wald com duas mulheres, Mabel Kittredge e Helen Arthur. Durante certo número de anos, Kittredge residiu na instituição de beneficência e se mostrava simultaneamente exigente e ciumenta do tempo de Wald. Em uma carta a ela, Kittredge escreveu: "Não é de espantar que eu seja chamada de 'uma de suas paixonites'... É beijar e correr ou correr sem beijar... Não há realmente tempo para nada mais."[18] Kittredge escreveu também sobre suas dúvidas a respeito da afeição de Wald por ela, mas, em seguida, corrigiu-se: "E, ainda assim, você me ama... a planta em minha mesa me diz isso... e uma expressão que vejo em seus olhos me dá certeza."[19] Após algum tempo, Kittredge cansou-se de procurar o afeto da amiga, e logo depois Wald iniciou um relacionamento semelhante com Helen Arthur.

Conclui Wiesen Cook que Wald vivia em

> um mundo homossocial que era também erótico. Suas necessidades e desejos emocionais primários eram preenchidos por mulheres... A insistência em prova genital para a identidade lésbica deriva de um modelo masculino que pouco tem a ver com o amor, o apoio e a sensualidade existentes entre mulheres.[20]

A biógrafa de Wald, Doris Daniels, discorda da interpretação de Cook de que Wald era lésbica. Ainda assim, Daniels compilou prova em sua curta biografia que dá respaldo à conclusão de Cook. Dedicou um capítulo aos relacionamentos de Wald com outras mulheres e forneceu prova sobre o mundo primariamente homossocial de Wald. Os trechos das cartas de Wald citados por Daniels evocam poderosamente a natureza romântica dos relacionamentos que ocorriam na Henry Street. Wald, por exemplo, escreveu a Yssabella Waters, uma das mulheres que lá viveram com ela:

> Parece estranho demais imaginá-la como uma mulher de sociedade. Em um hotel, não posso visualizá-la no salão de jantar, embora não seja muito difícil vê-la em um quarto de dormir.
>
> Pode ter certeza de que sei como está cansada e tensa e como eu gostaria de poder lhe proporcionar consolo de alma e corpo.[21]

Daniels faz referência também a cartas de mulheres, como Mabel Kittredge e Helen Arthur. Mas argumenta calorosamente contra concluir, à vista dessa evidência, que Wald era lésbica:

> Não será possível que mulheres heterossexuais amem outras mulheres e com elas procurem apoio emocional? Será que todos os relacionamentos íntimos entre mulheres têm um componente sexual e devem esses relacionamentos ser chamados de lésbicos, se essa dimensão erótica está ausente ou não pode ser provada?[22]

Daniels resolveu fixar a fronteira entre lésbicas e mulheres heterossexuais no ponto da sexualidade genital. Começa, como sugere Wiesen Cook, com um modelo masculino de sexualidade. Dessa perspectiva, o amor erótico entre mulheres deve envolver também contato genital para que possa ser considerado sexual. A visão de Wiesen Cook incorpora as dimensões sensuais, eróticas e românticas dos relacionamentos femininos em um contexto que ela define como lésbico.[23] O que está em jogo aqui não é o que Lillian Wald fazia ou deixava de fazer, mas como o lesbianismo é definido.

Daniels argumenta ainda que nem mesmo a linguagem usada nas cartas de Wald é indicativa de sentimentos românticos, porque essas cartas sentimentais eram comuns na época e nada significavam. Alega que mulheres como Wald sublimavam a sexualidade, tendo em vista um "propósito superior". Wiesen Cook argumenta que Wald não precisava sublimar a sexualidade, que estava presente no mundo erótico, homossocial, em que ela vivia.

Os argumentos de Daniels baseiam-se na visão do lesbianismo como identidade estigmatizada. Não quer chamar Wald de lésbica, porque assim fazer implica cobri-la de lama. Para algumas de nós, que consideram chamar alguém de lésbica motivo de orgulho, uma trégua da vida escondida e uma oportunidade de desafiar a maneira como a história tem sido escrita, o lesbianismo de Lillian Wald é um acréscimo positivo à compreensão de sua vida. Considero-a não uma solteirona solitária, mas uma mulher que viveu seu amor por outras mulheres.

Para Daniels, as "preferências sexuais de Wald não são essenciais para compreender-lhe a carreira pública na reforma social e no feminismo".[24] Discordo. Considero as opções em sua vida pessoal como partes de seu feminismo e essenciais ao seu trabalho como reformadora social — isto é, viver uma vida feliz, criativa e satisfatória com outras mulheres.

De uma perspectiva histórica, desejo apresentar a vida de Lillian Wald como um texto da história lésbica judaica. Como observa Daniels, Wald não se via como um modelo de papel judaico, nem levava muito a sério sua identidade como judia. Ainda assim, a apresentação de Wald como um modelo pela comunidade judaica não é contestada e ela é citada em numerosos livros-textos de Escola Dominical como uma figura judaica exemplar. Acredito que os mesmos livros poderiam apresentá-la também como lésbica.

A Sexualidade Lésbica na Literatura de Sholom Asch

A apresentação mais explícita da sexualidade lésbica, do ponto de vista judaico, é encontrada em uma peça teatral de 1907, escrita pelo teatrólogo e romancista iídish Sholom Asch, *The God of Vengeance.*[25] Embora mais ousada na descrição franca de amor erótico entre mulheres do que fontes antigas, o ponto de vista da peça é semelhante a textos rabínicos mais antigos: o relacionamento lésbico não é motivo sério para preocupação.

A peça de Asch conta a história de Yekel, um dono de prostíbulo na Polônia, em fins do século XIX. Uma vez que sua jovem filha, Rivkele, reside em um apartamento nos altos do prostíbulo, ele toma precauções especiais, de modo que nenhum dos freqüentadores do local possa alcançar o andar superior a fim de seduzi-la. Com esse fim em vista, ele compra um manuscrito da Torah e o mantém em casa Encomendar a preparação de um manuscrito com a Torah constitui um ato de profunda religiosidade. Manter o pergaminho em casa torna o lar "kosher" (aceitável), em contraste com o prostíbulo "treif" (proibido) localizado no andar embaixo.

Embora nenhum homem entre na casa de Yekel, Rivkele de fato entra em contato com o pessoal do prostíbulo. Sem que Yekel saiba, Manke, uma das prostitutas, torna-se uma visitante regular do andar superior. Foi lá convidada por Sara, mãe de Rivkele, que a traz para casa a fim de ensinar bordado à filha. Manke ajuda Rivkele a confeccionar uma capa de Torah para o novo pergaminho e, nesse processo, o relacionamento entre ambas transforma-se em algo mais do que amizade. Na cena inicial, Rivkele elogia para a mãe as boas qualidades de Manke. Sugere que ela suba para lhe pentear os cabelos: "Ela faz isso tão bem. Torna meus cabelos tão macios... E as mãos dela são tão frias."[26] Sara avisa-a de que o pai a repreenderá, se souber que Manke esteve na casa. Manke faz parte do mundo "treif" que Yekel quer manter longe da filha.

Ainda assim, Manke e Rivkele voltam a encontrar-se, em duas poderosas cenas que mostram amor lésbico e que incluem beijos ardentes, carícia de seios, penteado e diálogo romântico, reproduzindo o diálogo romântico dos amantes no Cântico dos Cânticos. As marcações de palco dadas por Asch para o primeiro encontro de ambas indicam a natureza do relacionamento das duas. Enquanto Rivkele conversa com a mãe, Manke "aparece na porta dos fundos. Inicialmente, enfia a cabeça pela fresta, sacudindo brincalhona o dedo na direção de Rivkele; Rivkele vai ao seu encontro, andando cautelosamente para trás, fazendo-lhe sinais enquanto assim procede. A sala escurece rapidamente". Nesse ponto, Rivkele "cai nos braços de Manke... Manke beija-a apaixonadamente".[27]

Mais tarde, Manke volta ao apartamento e as duas saem furtivamente sob a chuva. Manke diz:

> Encoste-se a mim, cada vez mais perto. Aqueça-se, colada a mim... Agora, descanse o rosto nos meus seios... E deixe que seu corpo toque o meu. Ele está tão frio, como se água estivesse escorrendo entre nós. Tiro para fora os seus seios e lavo-os com a chuva que goteja por meus braços. Seus seios são tão alvos e macios. E o sangue neles esfria sob meu toque. Como neve congelada — como vapor congelado. E a fragrância deles é igual a da relva no prado.[28]

As duas fazem planos para irem embora juntas:

> *Manke.* Então nós nos tornaremos mais íntimas uma da outra, pois nós somos noiva e noivo, você e eu. Abracemonos. (*Envolve-a com os braços.*) Bem apertado. E nos beijemos, bem ternamente, assim. (*Beijam-se.*) E ficamos tão coradas, tão envergonhadas. É bom, não é, Rivkele?
>
> *Rivkele.* É, Manke, é...
>
> *Manke.* (*Baixa a voz, sussurrando-lhe ao ouvido.*) E, em seguida, iremos dormir juntas. Ninguém vai ver, ninguém vai ouvir. Só você e eu. Assim. (*Aperta Rivkele contra o corpo.*) Você quer dormir comigo hoje à noite, assim? Ahn?
>
> *Rivkele.* Quero, quero.
>
> *Manke.* Vamos, vamos.[29]

As duas voltam à casa que Manke divide com outra prostituta e um gigolô. O gigolô leva Rivkele de volta à casa do pai, que fica arrasado. Quando lhe pergunta se ela ainda é uma casta moça judia, ela responde: "Não sei." O pai manda-a descer para o prostíbulo, que supõe que, nesse momento, seja o lugar próprio para ela.

Os paralelos com o tratamento dado à sexualidade lésbica nos textos judaicos clássicos nada têm de coincidência. Tal como o autor do *Sifra*, Manke considera esse relacionamento semelhante a um casamento. Fala em dormir na mesma cama, que era a questão controversa na passagem do Talmud que menciona as filhas de Samuel. O pai de Rivkele interroga-a sobre sua castidade, pondo em pauta a mesma questão discutida no Talmud: será considerada virgem a mulher que praticou um ato de sexo lésbico e, portanto, qualificada para o casamento? Yekel parece concordar com a opinião da minoria, expressada no Talmud, que diz que ela não é mais virgem. A filha/esposa (a mulher em relacionamento direto com o protagonista masculino) é punida com a mudança em seu *status*, mas não a prostituta que iniciou o encontro amoroso. O amor entre Rivkele e Manke encerra o potencial de pôr em risco o povo judeu e a integridade da família.

Embora, na peça, o comportamento lésbico não seja compatível com as normas da vida judaica, tampouco é tratado com negatividade, medo ou raiva extremos.

Asch, note-se, não retrata a tradição religiosa em contraste com o relacionamento lésbico. Na verdade, o próprio relacionamento é o instrumento que ensina a Yekel que ele não pode usar a Torah como proteção mágica contra suas próprias ligações com o submundo sexual que lhe proporciona o sustento. Ao privá-lo da filha, o "Deus da Vingança" castiga-o mais severamente do que faz com Rivkele e Manke, que têm permissão de continuar a manter o relacionamento. Rivkele vive ainda sob o teto do pai, mesmo que agora no andar de baixo, com outras judias "treif" que são infratoras sexuais.

O amor entre as duas mulheres é descrito com simpatia, simultaneamente como terno e erótico. Asch ficou desolado com as reações negativas à estréia da peça em 1923, em tradução inglesa. Nessa época, teve oportunidade de discutir a maneira como interpretava o relacionamento entre Rivkele e Manke:

> Quanto às cenas entre Manke e Rivkele, em todos os palcos europeus, e especialmente na Rússia, elas foram as mais poéticas de todas... Esse amor entre duas moças não era apenas erótico. Era o amor maternal inconsciente do qual haviam sido privadas.[30]

Embora reconhecesse a natureza sexual do amor entre as duas, Asch forneceu também essa motivação psicológica para explicar a paixão recíproca das duas. A idéia de lesbianismo como "amor maternal inconsciente" tornava-o seguro. Ao acrescentar essa explicação, Asch demonstrou que considerava as atrações entre Manke e Rivkele algo tanto erótico quanto insignificante.

Lendo hoje esse texto através de uma lente lésbica, sentimo-nos deliciadas com a paixão, mostrada no palco, entre as duas mulheres. E poderíamos, sem dúvida, escrever um midrash próprio sobre a vida que passaram a levar juntas, talvez depois de terem fugido do prostíbulo. A peça é um texto poderoso, que serve de modelo ao amor sexual entre judias lésbicas.

A Sexualidade Lésbica e Isaac Bashevis Singer

Essa abertura para a sexualidade lésbica é também manifesta nos trabalhos de Isaac Bashevis Singer. O conto de Singer, "Zeitl and Rickel", serve também de exemplo da idéia de que nada há na tradição judaica que seja contrário ao amor lésbico. Só o preconceito dos judeus na história é que proíbe que as personagens lésbicas vivam em paz. Asch e Singer parecem estar zombando das atitudes da sociedade, manifestadas na comunidade judaica, que vitupera o comportamento lésbico.

No conto de amor lésbico escrito por Singer, a tradição, exemplificada pelo rabi local, é de simpatia ao casal. Zeitl e Rickel têm esperança também de que seus falecidos pais as recebam bem no pós-vida. E o relacionamento entre elas é descrito como mútuo e igual.

Zeitl e Rickel ignoram os moradores da pequena cidade, que se sentem repugnados com seu comportamento. Elas saem abraçadas para passear, são vistas por um vigia beijando-se na boca, conversam romanticamente entre si e vivem juntas sozinhas. Quando as pessoas se queixam delas ao rabi, ele sugere: "Nada há na Torah que proíba isso. A proibição aplica-se apenas aos homens. Além disso, desde que não há testemunhas, é proibido espalhar boatos."[31] O rabi nenhuma razão vê para dar ouvido às queixas. Na verdade, ele acusa os próprios queixosos de uma violação mais séria da Torah: o lashon hara, ou espalhar boatos.

A história termina com os preparativos de Zeitl e Rickel para acabar com o constrangimento que o mundo lhes causa. Elas jejuam, fazem penitência, raspam a cabeça, como se em preparação para o casamento. Tornam-se intensamente religiosas, têm um encontro especial com um rabi visitante e até mesmo fazem adoração na parte reservada aos homens na sinagoga. Essas atividades são os preparativos para um pacto de suicídio, que acabam por concretizar. Quando Zeitl explica a Rickel que todos as esperam no céu, diz: "Casaremos lá em cima, também. No céu, não há diferença entre homens e mulheres."[32] O ato praticado por elas choca e assusta o povo da pequena cidade, que se recusa a sepultá-las no cemitério. Diz-se que a casa onde elas viveram é assombrada pelos fantasmas das duas.

O destino de Zeitl e Rickel não difere do sofrido por lésbicas de épocas mais antigas, que não foram aceitas pela sociedade e muitas vezes se suicidaram. Ainda assim, há nessa história elementos que podem constituir um recurso valioso para a transformação textual do judaísmo do ponto de vista lésbico. Podemos, por exemplo, lhes interpretar o suicídio não como conseqüência de desespero, mas de esperança. Na visão de Singer, é a comunidade que as vê como perigosas. A tradição judaica, porém (sob o disfarce do rabi, do próprio comportamento religioso de ambas e dos planos que fizeram para o pós-vida), aceita-as. Elas viveram à margem das expectativas da comunidade, mas na compreensão que tinham de sua fé. O incomum nessa história é sua fé e a ligação com a tradição judaica. A disposição delas de morrer baseava-se na crença em que, aos olhos de Deus e de seus ancestrais, o amor de ambas era bom e puro.

Esse caso constituiu também um retrato incomum de relacionamento lésbico, na medida em que ambas adotavam comportamento e trajes masculinos. O fato de ambas serem mostradas como "masculinas" indica que Singer não fazia a suposição, comum no período, de que o amor lésbico era apenas uma imitação da atração heterossexual entre parceiros ativo e passivo.

Mas como quer que interpretemos esses textos, eles consideram

ram a sexualidade lésbica sob a ótica e de acordo com os valores de judeus, homens — trivializada, exótica e patológica. Uma vez que o comportamento lésbico era considerado dessas maneiras, o registro histórico não inclui muita informação — se é que há alguma — sobre mulheres que levavam vidas lésbicas e judaicas na primeira parte deste século. A escassez de exemplos de lésbicas judias nesse período pode ser também atribuída às atitudes que predominavam nas culturas européia e americana, que julgavam patológico o comportamento lésbico e obrigavam as mulheres que queriam construir sua vida com outra a fazê-lo de modos que não tornassem pública essa situação.

A Vida de Pauline Newman

Estudiosos da história lésbica estão agora descobrindo um grande volume de informações sobre mulheres que viveram como lésbicas na primeira parte deste século. Pauline Newman (1889-1986) foi uma delas. A história da vida de Newman desvenda um mundo antes escondido da vista do público, mas que merece um lugar na história judaica, e que se torna um dos textos lésbicos judaicos que faltavam.

Newman viveu ostensivamente como judia e em um relacionamento assumido com Frieda Miller, com a qual criou uma criança. Dividia sua vida profissional entre compromissos com o mundo do socialismo judaico e o movimento para conquistar direitos e proteção para as mulheres.[33]

Nascida em Kovno, Rússia, Newman ali viveu em companhia dos pais, que adotaram a tradição judaica e tornaram-na consciente do anti-semitismo na Rússia e no exterior. Conforme diz a historiadora Annelise Orleck, Newman sempre se lembrava da tensão em sua casa quando o pai lia notícias sobre o julgamento de Dreyfus. O pai ensinou-lhe o Talmud e educou-a para ler o hebraico. O contato com o mundo religioso ensinou-a, desde tenra idade, a tornar-se cética. Ela lembrava-se da segregação de homens e mulheres nos locais de culto, que lhe alimentou, mais tarde na vida, a luta contra a discriminação sexual.

A visão socialista de Newman teve origem também em suas raízes judaicas. Passou sua vida profissional trabalhando para conquistar direitos para os operários. Iniciou a carreira à idade de 16 anos, organizando os operários que falavam iídish no Lower East Side, de Nova York. Começou a publicar contos e comentários no *Jewish Daily Forward* sobre as más condições de trabalho nas fábricas e, em 1907, organizou uma greve de aluguéis. Embora tenha fracassado em seus objetivos imediatos, a greve teve profundas repercussões. Galvanizou as energias de um sem-número de homens no Lower East Side, deu início à discussão sobre o controle de aluguéis e chamou a atenção dos líderes do movimento de criação de instituições de beneficência, incluindo Lillian Wald. Como resultado da greve, Newman começou a ser conhecida como jovem ativista.

Tomou a estrada como organizadora do Sindicato Internacional de Mulheres na Indústria de Vestuário (ILGWU — International Ladies Garment Workers Union). Viajando por todo o país, instruiu as operárias em nome do sindicato. Enquanto se encontrava em uma dessas viagens, o trágico Triangle Shirtwaist Fire tirou a vida de muitas de suas velhas amigas e concentrou-lhe ainda mais drasticamente as energias.

Durante essa época, ela lutou com sua "profunda confusão a respeito de amizades calorosas com mulheres e romances malsucedidos com homens".[34] Embora trabalhasse bem com judeus da classe operária no sindicato e sempre se sentisse bem na companhia deles, precisava também da companhia de mulheres em sua vida. Resolveu realizar seu trabalho em prol de melhores padrões de vida para os operários no contexto do movimento feminista. Ainda assim, sempre conseguiu viver nos dois mundos. Jamais abandonou seus laços com o socialismo judaico ou com as mulheres operárias.

Trabalhou com a Women's Trade Union League (WTUL), uma organização de mulheres de classe alta e de operárias que apoiava o movimento dos trabalhadores. Em 1916, concordou em organizar uma filial da WTUL na Filadélfia e residiu nesse estado durante anos. Em 1917, no curso do trabalho que então realizava, conheceu Frieda Miller, pesquisadora-assistente do Departamento de

Economia do Bryn Mawr College, que fora educada em Wisconsin e era filha de uma rica família de industriais. Newman e Frieda se apaixonaram, foram morar juntas e, a partir desse ponto, dirigiram juntas a WTUL da Filadélfia, na qual Miller trabalhava como secretária.

Em 1923, Miller e Newman deixaram a WTUL da Filadélfia e viajaram para Viena, a fim de tomar parte no Terceiro Congresso Internacional de Mulheres Operárias. Mas a viagem à Europa tinha também outro objetivo. Pararam na Alemanha e declararam ao mundo que haviam adotado uma órfã de guerra, Elisabeth. Na verdade, Miller engravidara como resultado de um relacionamento com um homem casado e a viagem foi feita, em parte, para que ela pudesse dar à luz longe de casa. Elisabeth não soube que Miller era sua mãe biológica até a adolescência. Ao voltarem aos Estados Unidos, mudaram-se para Nova York e foram morar no West Village, onde podiam viver juntas pública e confortavelmente.[35]

Após a mudança para Nova York, Newman voltou a trabalhar para o ILGWU como Diretora de Educação do recém-inaugurado Health Center. Ocupou esse cargo durante sessenta anos. Miller, devido em parte a suas ligações com outras ativistas de classe alta, iniciou uma carreira como abalizada especialista em assuntos trabalhistas, trabalhando em Albany e, finalmente, em Washington, como chefe do Women's Bureau, no governo de Franklin Roosevelt. Ela freqüentemente recorria a Newman como consultora e ambas trabalharam com grande eficiência no mundo da política. Através de suas ligações com mulheres da classe alta, Newman foi muito útil para a criação de legislação que atendesse a suas metas originais de condições de trabalho seguras para os operários americanos, homens e mulheres.

Newman conseguiu viver em dois mundos — no mundo judaico de organizadores socialistas de sindicatos, durante o dia, e no mundo de classe alta de Miller, em sua casa. Embora a filha de ambas, Elisabeth, chamasse Miller de "mãe", a Newman coube grande parte da criação da criança. Newman, porém, não conservava esses mundos inteiramente separados. Seus colegas homens e todas as suas amigas conheciam-lhe a vida familiar. E mantinha na mesa de trabalho uma fotografia da filha. Em toda a correspondência que lhe era enviada, havia recados carinhosos para Frieda e Elisabeth. Sugere Orleck que grande parte do sucesso de Newman baseou-se em sua capacidade de viver em dois mundos. Os homens do sindicato ficavam felizes com o fato de ela ter uma vida doméstica, porque esse fato evitava que ela se tornasse uma ameaça sexual, e vivesse um papel feminino tradicional, ainda que incomum. Suas ligações com o socialismo judaico abriam-lhe uma arena, onde podia se desligar do mundo de classe alta da política, que compartilhava com Miller.

Em 1949, Miller deixou o cargo no governo e as duas viajaram juntas para estudar as condições de trabalho de mulheres na Alemanha. Miller continuou a desejar viajar e participar de política. Os caminhos diferentes levaram a uma separação durante seis anos, de 1958 a 1964. Reconciliaram-se em 1965 e continuaram a viver juntas na casa que possuíam na Twelfth Street, até que a doença de Miller exigiu que ela passasse a residir em uma clínica, onde faleceu em 1973.

Newman viveu até 1986, inicialmente na casa que havia dividido com Miller e, mais tarde, na casa da filha, Elisabeth Burger Owen. Newman era freqüentemente convidada a falar em nome do ILGWU e recebia constantes pedidos de entrevistas por parte de feministas na década de 1970. Segundo se dizia, ela se sentia constrangida com o interesse das feministas por sua vida pessoal e temia que sua vida viesse, nas versões delas, a adquirir conotações sensacionalistas. Ameaçou recorrer à justiça quando uma feminista publicou um artigo sugerindo que ela e Miller eram lésbicas.[36] O constrangimento que sentia com a nova geração de feministas não era incomum: muitas mulheres que haviam vivido em uma situação de companheirismo durante longo tempo, ou sido partes da cultura clandestina de lésbicas na década de 1950, sentiam-se descrentes dos motivos do movimento feminista lésbico da década de 1970. Essas mulheres consideravam o mundo privado como uma esfera separada e não viam quaisquer implicações políticas na maneira como levavam suas vidas.

Conforme observa Orleck, Newman jamais ocultou sua vida pessoal. Suas contemporâneas conheciam-lhe e respeitavam-lhe o relacionamento com Miller. Na década de 1990, ela doou seus documentos pessoais, incluindo a correspondência apaixonada com Miller, à Schlesinger Library do Radcliffe College. Embora relutasse em falar sobre si mesma, Newman não se escondia. Viveu com sucesso em dois mundos: o mundo judaico do movimento trabalhista socialista e o mundo do envolvimento romântico e da política. Mas nunca juntou os dois.

Ela seria uma contribuição importante a livros-texto judaicos, onde raramente é mencionada, se é que isso acontece. O movimento trabalhista judaico constituiu uma parte importante da história dos judeus americanos e o papel longo e decisivo de Newman no mesmo deve ser estudado e relembrado.

Os trabalhos de Asch, Singer, Freud e as histórias de Lillian Wald e Pauline Newman são, sem exceção, recursos textuais para uma transformação do judaísmo por iniciativa das lésbicas. Todas as lésbicas nesses textos foram, pelo menos, descritas como mulheres, ainda que como imaturas e mal-orientadas. Mais complicada para a existência das judias lésbicas nos dias de hoje é a visão correlata das lésbicas não como mulheres, mas como um terceiro sexo. Esse aspecto da existência lésbica cria problemas de inconformismo com o sexo que são profundamente ameaçadores na vida judaica e constituem o principal motivo da dificuldade da aceitação posterior do lesbianismo no judaísmo. Não obstante, algumas das histórias que encontramos de inconformistas constituem textos poderosos para as lésbicas de hoje, que querem contestar os pressupostos sobre sexo no judaísmo.

Oito

Textos Modernos: Lésbicas e Inconformismo em Matéria de Sexo

Conforme discutimos no último capítulo, algumas fontes judaicas, em princípios deste século, julgavam que as lésbicas não constituíam ameaça porque a opção de amar outras mulheres era entendida como sinal de imaturidade psicológica, e não como um perigo à primazia da heterossexualidade. Não obstante, a opinião mais comum sobre elas considerava-as como "invertidas" — membros de um terceiro sexo, não realmente mulheres, mas alguma coisa inteiramente diferente.

Por duas razões, essas inconformistas do sexo criavam sérios problemas para a sensibilidade judaica. Os valores judaicos tradicionais prescrevem uma rígida divisão dos papéis dos sexos e qualquer confusão ou mistura deles são consideradas ameaçadoras. Em segundo lugar, grande parte da retórica anti-semitista questionava a masculinidade dos homens judeus. Por esse motivo, qualquer insinuação de que as judias não eram "mulheres de verdade" ameaçava a integridade da masculinidade judaica. As histórias de lésbicas como inconformistas do sexo, no entanto, podem ser interpretadas como histórias de mulheres que desafiaram as normas judaicas e provocaram o aparecimento de questões importantes sobre sexo na vida dessas comunidades.

Definição de Inconformistas do Sexo

Em fins do século XIX e princípios deste século, os trabalhos de sexólogos (principalmente de Richard von Krafft-Ebing e de Havelock Ellis) trouxeram ao conhecimento do público a existência de amor entre mulheres na cultura ocidental.[1] Ellis e Krafft-Ebing estudaram grupos de mulheres operárias na Grã-Bretanha e na Alemanha e concluíram que elas eram "invertidas sexuais": mulheres nascidas com alma de homem em corpo de mulher. E os sexólogos definiam a inversão sexual como uma doença mental. Pouco interesse sentiam por mulheres que experimentavam atração erótica por outras, mas cujo desejo sexual não incluía também tipos de comportamento que se situavam fora dos papéis tradicionais dos sexos. Focalizavam a atenção em mulheres que pareciam ser diferentes, que eles julgavam possuir características "antinaturais", que as tornavam insatisfeitas com a condição de mulheres e as obrigava a querer ser iguais ao homem: adotar-lhe as prerrogativas em vestuário, trabalho e escolha de parceiros sexuais. As preocupações deles com essas "mulheres antinaturais" formavam um contraste com textos judaicos tradicionais, que se interessavam mais por esposas que participavam de *mesolelot* do que por suas parceiras sexuais (presumivelmente "antinaturais"). Os textos judaicos modernos, contudo, têm muito a dizer sobre mulheres que "nasceram com alma de homem".

A Donzela de Ludmir

Na literatura judaica do início deste século, são muitos os exemplos de mulheres inconformistas em matéria de sexo, todas as quais foram descritas como "alma de homem em corpo de mulher". Samuel Horodetzky escreveu sobre uma delas, Hannah Rachel Webermacher, a Donzela de Ludmir.[2] Em criança, Hannah Rachel interessou-se por Direito Judaico e foi o que estudou, embora o estudo fosse proibido às mulheres. Dizia-se dela que rezava como um homem. Planos foram feitos para seu casamento, ela foi prometida a um homem, mas não teve permissão para conhecê-lo. Durante a época do noivado, sua mãe veio a falecer. Nesse ponto, Hannah Rachel adoeceu, saía de casa apenas para visitar a sepultura da mãe e, de acordo com a versão de Horodetzky, "chorava como um bezerro desmamado".[3]

Certo dia, em visita à sepultura da mãe, pegou no sono. Ao acordar, voltou para casa e anunciou: "Estive recentemente no céu, em uma sessão da mais alta corte... e lá me deram uma alma nova e sublime."[4] Desse momento em diante, comportou-se como se fosse homem. Vestia-se como homem, incluindo a vestimenta masculina tradicional da oração, o tallit e o tefillin. No início, foi uma estudiosa itinerante e conseguiu formar um grande cortejo de admiradores. Ao falecer o pai, construiu para si mesma uma bet midrash (uma casa de orações), usando o dinheiro da herança, e ensinava de dentro de uma sala fechada. Seus seguidores masculinos escutavam-na de uma área contígua, porque a lei judaica proibia aos homens olhar para uma mulher.

Os rabis na região sentiram-se ameaçados por Hannah Rachel e fizeram o que podiam para obrigá-la a casar e voltar a comportar-se como mulher. Por fim ela cedeu e casou com um conhecido líder hassidi, Mordechai, de Chernobyl. Eles, contudo, não tiveram relações sexuais. Mordechai acreditava que poderia "despertar-lhe os sentimentos femininos", mas, no fim, desistiu e concedeu-lhe divórcio. E analisou a situação da seguinte forma:

> Não sabemos que alma, que alma de que grande Zaddik, habita nessa mulher, mas deve ser muito difícil para a alma de um Zaddik encontrar paz no corpo de uma mulher.[5]

Concluiu Mordechai que a falta de interesse sexual de Hannah Rachel por ele ligava-se à usurpação por ela de papéis masculinos, tais como os de professores e líderes. Via-a não como uma mulher tradicional, mas como membro de um "terceiro sexo", uma alma de homem em corpo de mulher.

O fiasco do casamento deu aos líderes hassidim uma oportunidade para desmoralizar Hannah Rachel como professora e ela perdeu seus alunos entre os hassidim. Conforme observa a historiadora Ada Rapoport-Albert, essa história não era certamente feminina — mostrando apenas que os hassidim estavam dispostos a aceitar as palavras de uma mulher, mesmo que ela não estivesse vivendo o papel tradicional da mulher, e que a liderança hassídica fez tudo o que podia para desencorajar seus seguidores.[6]

É obscura a razão de Hannah Rachel para adotar roupas e papéis masculinos. Não podemos supor coisa alguma com base no texto de Horodetzky, pois seu motivo para incluir-lhe a história era provar que havia líderes femininas entre os hassidim. Mesmo que tivesse conhecido outros detalhes sobre a vida de Hannah, ele pode ter resolvido omiti-los ou, quem sabe, não tinha condições para interpretá-los. O comentário de Mordechai, de Chernobyl, porém, coloca Hannah Rachel Webermacher na tradição das inconformistas do sexo e de uma dessas mulheres que sexólogos definiam como lésbicas.

Inconformistas do Sexo nas Histórias de I. B. Singer

A identificação da Donzela de Ludmir como um ser masculino serviu de modelo para Yentl, personagem de ficção de Isaac Bashevis Singer, que aliás discute essa relação em seu romance autobiográfico, *Shosha*. No *Shosha*, o personagem, Aaron Greidinger, é um teatrólogo polonês. Ele conhece uma atriz americana, Betty Slonim, cuja "voz era a de um rapaz". Ela quer um papel na peça que ele escreveu e da qual ele lhe fala:

> A Donzela de Ludmir. Uma moça que queria viver como homem. Ela estudou a Torah, usava vestes rituais, um xale de oração, e paramentava-se até com filactérios. Tornou-se rabi e dava audiência aos hassidim. Cobria o rosto com um véu e pregava a Torah.[7]

Yentl, também, queria uma vida de homem. Muito moça, vestia às escondidas as roupas do pai. Singer descreve-a como

> diferente de qualquer moça de Yanev — alta, magra, ossuda, seios pequenos e quadris estreitos. Nas tardes do Shabat,

> quando o pai dormia, vestia-lhe as calças... e estudava sua imagem no espelho. Parecia-se com um rapaz moreno, bonitão. Havia até um ligeiro buço em seu lábio superior... Às escondidas, fumava mesmo o cachimbo de haste longa do pai.[8]

O pai diz que ela (da mesma forma que Hannah Rachel) "tem alma de homem em corpo de mulher". Quando Yentl lhe pergunta por quê, ele sugere que até mesmo Deus comete erros. Além disso, da mesma forma que aconteceu com Hannah Rachel, a morte de um dos pais assinala um momento decisivo para ela. Após a morte do pai, assume a identidade de um homem (Anshel — talvez uma mistura das letras hebraicas que designam mulher [*nashim*] e homem [*enosh*], e muda-se para outra cidade. Durante a época em que Yentl passa por Anshel, Singer em nenhum momento deixa o leitor esquecer que ela/ele tem dupla identidade como homem e mulher.

Yentl disfarça-se como Anshel para poder estudar a Torah. Enquando passa por Anshel, apaixona-se por Avigdor, seu colega de estudo. Singer quer que o leitor acompanhe Yentl/Anshel mantendo suas identidades masculina e feminina durante esse processo. E é como homem e mulher que Yentl/Anshel demonstra também interesse por Hadass, uma mulher com quem ela/ele quer se casar. Quando se conhecem, Yentl/Anshel contempla a beleza de Hadass:

> Anshel fitou-a, ali à sua frente — alta, loura, pescoço longo, rosto encovado, olhos azuis, usando vestido de algodão e avental de chita. Os cabelos, arrumados em duas tranças, eram jogados para trás por cima dos ombros. Que pena que eu não sou homem, pensou Anshel.[9]

E, mais uma vez, quando Anshel/Yentl declara seu amor:

> "Eu, também, quero você."
> Anshel ficou atônita com o que tinha dito...
>
> Hadass virou-se e afastou-se, os saltos altos batendo. Anshel começou a procurar feijões na sopa, pegou um e, em

> seguida, deixou-o cair. Perdera o apetite, a garganta se fechara. Sabia muito bem que estava se emaranhando no mal, mas alguma força continuava a impeli-la.[10]

E, finalmente, na cena da noite nupcial de ambas:

> Anshel descobrira uma maneira de deflorar a noiva. Hadass, em sua inocência, não sabia que as coisas não eram exatamente o que deviam ter sido. Já estava profundamente apaixonada por Anshel.[11]
>
> Parte do que Yentl descobre é que pode sentir atração por mulheres, como indica Singer ao descrever-lhe o desejo por Hadass: desejar realmente ser homem, de modo que pudesse possuí-la e, em seguida, indo ousadamente em frente com o casamento e o encontro sexual.

Muitas vezes, Isaac Bashevis Singer escreveu sobre as intrincadas relações entre a tradição judaica e a sexualidade. No *Yentl,* ele fazia uma pergunta sobre o relacionamento entre sexo e sexualidade, da maneira como se expressam no contexto da tradição judaica. Estudou o que pode acontecer quando indivíduos tornam indistintas as rígidas fronteiras de sexo estabelecidas pela tradição. Conhecendo o trabalho dos sexólogos, trouxe para um contexto judaico as idéias que eles estavam formulando sobre a relação entre diferenças sexuais e sexo.

Ironicamente, quando lêem essa obra, as feministas modernas eliminam a inconformidade com o sexo e o homoerotismo feminino, explícitos no original. Quando Barbra Streisand fez um filme sobre a vida de Yentl, era claro que Yentl amava Avigdor como mulher, não como homem. Uma vez que o espectador podia ver com tanta clareza através do disfarce de Yentl, não havia possibilidade de ter a idéia de que, quando se apresentava como Anshel, Yentl sentiria qualquer atração por Hadass. A adaptação cinematográfica feita por Barbra Streisand da história de Singer interpretava o *Yentl* como uma narrativa de progresso, a história de uma mulher que tudo faria para estudar a tradição sagrada, incluindo vestir-se como homem.[12] Para a Yentl de Streisand, vestir-se como homem era apenas um disfarce a serviço de outro objetivo. Ela nunca se confundiu absolutamente sobre o objetivo de sua atração nem sobre quem ela *realmente* era.[13] Essa interpretação, no entanto, deixa de fora muito da história de Singer. O *Yentl* é a história de uma mulher que não só assume as prerrogativas do homem, mas, no processo, descobre novas dimensões do *self*, incluindo as sexuais. Na história de Singer, a consciência de Yentl de que é diferente data de sua infância, e parte do que descobre depois, quando tem liberdade de assim agir, é que pode sentir atração por mulheres. O *Yentl* de Singer é um texto importante para a transformação da tradição judaica do ponto vista da lésbica.

A Inconformidade de Sexo de Deborah Brown

Um romance com temas lésbicos judaicos publicado em 1946 utilizou a perspectiva psicológica para pôr em destaque a aceitabilidade do sexo lésbico. Primeiro romance da judia Ruth Seid,[14] publicado sob o pseudônimo de Jo Sinclair, o *Wasteland* conta a história de Deborah Brown, uma judia lésbica que veio a aceitar sua identidade e sexualidade através de psicoterapia. A história é contada pelos olhos do irmão de Deborah, Jack, que, também em terapia, está lutando com seus próprios sentimentos sobre a sexualidade da irmã. O livro conta o lento processo de aceitar tanto a sexualidade da irmã quanto sua própria identidade judaica.

Grande parte da luta de Jack com a identidade da irmã consiste em aceitar o fato de que ele a vê como um tanto masculina e, portanto, não como mulher. Deborah é a mais moça de cinco irmãos. Ao descrevê-la pela primeira vez, Jack enfatiza-lhe não só a diferença do resto da família, mas também as semelhanças:

> E agora olhem para Deborah. Como se ela não fosse igual a nenhum deles... Ainda assim, ela se parecia um bocado com eles, exceto que era mais loura, e seus olhos muito mais azuis... Mas que semelhança havia entre o cérebro dela e o deles? Sua... muito bem, sua alma! ... Ela era amante de livros, amante de música... Sim, ele sempre se sentira esquisito a res-

peito dela. Achava que nisso havia também um sentimento de vergonha. A maneira como Deborah se parecia com um menino, os cabelos cortados curtos dessa maneira... Ela falava iídish com mamãe e papai, certo, e gostava daquelas músicas hebraicas que o velho cantava nos feriados. Mas ela era igualzinha a um menino gentio.[15]

O sentimento de vergonha do irmão com o lesbianismo de Deborah é expressado em termos da semelhança dela com um rapaz. Embora se sinta constrangido com a diferença da irmã, é claro que Jack também admira-lhe e respeita-lhe o intelecto e a "alma". Em uma variação interessante do padrão que define Yentl, essa judia lésbica tem a alma de judeu em corpo de rapaz gentio.

O problema mais difícil que Jack tem de enfrentar é o constrangimento que lhe causa a masculinidade de Deborah. Na terapia, Jack lembra-se de que Deborah era uma menina levada e masculinizada e quanto constrangimento sua aparência e seu comportamento lhe causavam. Os pais, por outro lado, aceitam-na com satisfação, como uma pessoa que seria responsável em casa, que cuidaria das coisas. O médico ajuda Jack a descobrir que tem ciúmes de Deborah porque ela lhe tomou o lugar na família. E pergunta, bem a propósito, a Jack: "Você acha, às vezes, que ela está invadindo seu território? Você acha, às vezes, que ela, como mulher, está roubando o que pertence aos homens?"[16] E pressionando-o ainda mais: "Você acha, às vezes, que ela, como mulher, não tem um direito decoroso a outra mulher?"[17]

Enquanto o médico sondava a questão sexual, o roubo simbólico do lugar do filho na família era efetivamente focalizado para Jack em um contexto judaico. Jack não podia zangar-se com Deborah por comportar-se "como homem", que ele definia como incluindo ser limpa, confiável, vestir-se e cortar os cabelos em estilo masculino, ser uma intelectual, cuidar da mãe e fazer frente ao pai. Mas ele, de fato, enfureceu-se quando ela lhe usurpou o lugar no ritual da Páscoa, ao fazer as Quatro Perguntas em sua ausência. Nessa ocasião, realmente, Jack sentiu que Deborah lhe estava roubando o lugar.[18]

A identidade judaica torna-se o ponto focal da luta sobre o lesbianismo de Deborah. O necessário para a cura de Jack é que ele compreenda que o lesbianismo de Deborah é aceitável e que ela não tem culpa se acaba no papel de protetora da família. Na verdade, Jack tem de aceitar a responsabilidade, por não ter sido dada a Deborah a oportunidade de ser a irmãzinha. Jack, finalmente, depois de muita luta durante a terapia, conclui:

> Olhem só a maneira como Debby é agora. A maneira que eu odiava tanto e tanto temia... Quero dizer, eu pensava que era como se fosse aleijado, ou doente! Mas não é... E ela mesma costumava sentir-se assim a respeito de si mesma! Mas é Debby, é ela, a sua maneira de ser.[19]

A solução do problema de Jack decorre também de sua capacidade de ver Deborah como mulher. Ao fim do livro, quando os dois estão sentados juntos, Jack pensou: "Ela estava usando calças compridas e um pulôver azul que lhe realçava os pequenos seios e parecia-se muito com um rapaz alto e magro, mas eu sabia que ela era mulher, mesmo, e minha irmã."[20]

No trabalho de Ruth Seid, o homem judeu consegue, com o uso de psicoterapia, solucionar seu problema com a irmã masculinizada que usurpou prerrogativas masculinas. A solução desse problema, porém, nem sempre foi conseguida tão facilmente. Continua ainda a haver um grande constrangimento com lésbicas que se recusam a conformar-se a papéis estereotipados de sexo.

Problemas Judaicos com o Inconformismo do Sexo: a Dora de Freud

O importante trabalho da historiadora Hannah Decker sobre o papel da condição de judeu no encontro entre Freud e Dora sugere uma possível razão para esse mal-estar. Segundo Decker, a incapacidade de Freud de compreender Dora teve origem na dificuldade dos dois de aceitar a condição de judeu/judia de ambos. Decker focaliza-se principalmente no anti-semitismo da Viena do início do século e na ansiedade que médico e paciente devem ter experimentado em seus papéis como judeus nessa sociedade. Sugere Decker uma correlação entre o ódio a mulheres e o ódio a judeus nessa cultura, uma conexão que, argumenta ela, não pode ser ignorada como um fator na maneira como Dora manifesta sua doença. Segundo Decker, "a condição de judeus intensificou sentimentos de impotência e raiva reprimida, que põem seres humanos em risco de histeria".[21]

Ida Bauer sofria de histeria, uma doença comumente atribuída a mulheres jovens. Derivada da palavra grega que significa útero, a "histeria" era basicamente um distúrbio feminino. Decker e Sander Gilman observam que se pensava também que a histeria era a doença do homem judeu, freqüentemente descrito na literatura anti-semita como efeminado e andrógino.[22] Dora torna-se vítima desse distúrbio de mulheres e de judeus homens, cujas identidades se fundem na lésbica judia, que tem "corpo de mulher e alma de homem". A histeria é uma reação de má adaptação à repressão forçada da condição de judeu e do lesbianismo, fomentada na sociedade em que vivia Ida Bauer.

A Dora de Freud representa a maneira como o problema do lesbianismo era compreendido em círculos judaicos, a começar do início deste século. O comportamento homoerótico não era em si considerado um problema. Mas logo que, na imaginação científica e popular, foi ligado à idéia de que lésbicas tinham corpo de mulher e alma de homem, o lesbianismo tornou-se um problema. Eu argumentaria que não era apenas a alma masculina aprisionada em um corpo feminino que dava motivo para preocupação. O corolário de que o judeu tinha alma de mulher em corpo de homem era realmente o problema para judeus que tratavam o lesbianismo como inversão sexual. Para evitar tratar desse enigma do sexo, as lésbicas tinham de desaparecer, de tornar-se invisíveis. A recuperação das informações sobre algumas lésbicas cuja vida haviam sido ocultadas por causa desse preconceito apenas começou.

A História de Charlotte Wolff

Charlotte Wolff (1897-1986), uma lésbica autodeclarada de princípios deste século, reemergiu em seus últimos anos de vida para tornar-se parte do movimento lésbico-feminista. Suas memórias constituem uma parte importante da história textual do lesbianismo judaico. A autobiografia de Wolff conta a história de uma mulher que se identificava fortemente como masculinizada e que se sentia bem, em um contexto judaico, com essa identidade. O trabalho de Wolff sobre o assunto do lesbianismo na década de 1970 desempenhou um papel importante no *status* das lésbicas na sociedade.

Charlotte Wolff foi uma médica judia importante na Alemanha de Weimar. Fugindo dos nazistas, ganhou fama após a Segunda Guerra Mundial em seu país de adoção, a Grã-Bretanha, como quiromante (leitora de mãos), psicóloga e, após 1970, como pesquisadora importante e autora de livros sobre lesbianismo, bissexualidade e história dos *gays*.

Em sua autobiografia, *Hindsight*, ela discorre sobre o que significou em sua infância ser judia e ter uma aparência tipicamente masculina.[23] Nascida em uma pequena cidade da Alemanha Oriental, Westpreussen, perto de Danzig, guardava a impressão de que, na época de seu nascimento, os judeus nesse pequeno burgo desconheciam inteiramente o anti-semitismo. Ela e a família eram judeus liberais, que se consideravam "cidadãos alemães de religião judaica",[24] e viviam bem com os vizinhos.

Os pais não tinham qualquer problema com o sexo anticonvencional e a identidade sexual de Charlotte. Desde que nasceu, a família aceitou-lhe tolerantemente a preferência por roupas de menino, fazendo comentários como "Você sempre foi um menino camuflado".[25] Ela alegava nunca ter preferido ser homem, exceto em certas ocasiões na adolescência e no começo da casa dos vinte, quando "as moças e mulheres que eu amava se sentiam atraídas por homens".[26]

Wolff atribui a aceitação de diferenças sexuais por sua família ao fato de que os judeus liberais na Alemanha da época toleravam bem todas as formas de sexualidade, embora ela não forneça prova da tolerância de outros judeus, fora de sua família e de seu círculo de amigos.[27] Nutria alguns sentimentos positivos a respeito dos rituais judaicos da família, especialmente a celebração do Shabat em casa nas noites de sexta-feira.[28] Mas antipatizava profundamente com a sinagoga e seus rituais. Sentia-se sufocada nos serviços religiosos realizados nos Grandes Dias Santos. A despeito das inclinações liberais da família, a sinagoga a que compareciam tinha locais separados para o culto e Charlotte ressentia-se profundamente do fato de ser enfurnada no balcão. "Eu nem aceitava a discriminação entre os sexos nem a santidade oca do serviço religioso."[29] Aos dezesseis anos, recusou-se a voltar à sinagoga.

Ela deixa claro também que, na juventude, sempre se "sentiu atraída por moças judias",[30] e a maioria dos relacionamentos amorosos e paixonites que descreve aconteceram com moças e mulheres dessa raça. Seu primeiro caso foi com uma jovem colega de classe:

> Nem Ida nem eu havíamos jamais ouvido a palavra homossexualidade, nem sabíamos de coisa alguma sobre amor entre pessoas do mesmo sexo. Experimentamos nossa atração sem medo ou rótulo e não tínhamos um modelo para o ato amoroso. Nós simplesmente nos amávamos. Beijar era o que produzia a maior excitação, e nós nos beijávamos a todo momento. Quando dormíamos juntas, nossas pernas se enlaçavam, enquanto nossas bocas se fundiam em uma só. Essas foram provavelmente as noites mais felizes de toda a minha vida... Mais tarde, compreendi que meus pais sabiam de meu amor por mulheres. Nunca me perguntaram nada a esse respeito, aceitando-me como sou. A atitude deles era contrária a tudo que o Velho Testamento e o Talmud ensinavam sobre sexo anormal... Mas os judeus liberais adotavam, já naquela ocasião, uma atitude muito diferente.[31]

Em 1917, Wolff começou seus estudos de medicina e, nesse período, não teve tempo para relacionamentos sérios. Ainda assim, vivendo em Berlim na década de 1920, teve a oportunidade de tomar parte na vida lésbica clandestina da cidade.

Freqüentava as boates lésbicas na Zona Oeste da cidade.[32]

Descreveu o clima como "erótico... excitante... dava-me a sensação de estar viva".[33] Ainda assim, não considerava as boates oportunidades para sexo casual. Embora declarasse abertamente seus sentimentos de aprovação em relação a sexo entre mulheres, era de opinião de que o componente emocional do relacionamento tinha muito mais importância do que o que denominava de "acrobacias técnicas".[34]

De 1924 a 1933, praticou medicina (planejamento familiar e fisioterapia) e levou uma vida acomodada em Berlim com sua companheira cristã, Katherine. Nunca teve a menor idéia, até princípios da década de 1930, de que poderia ter que deixar a Alemanha devido à ascensão do Partido Nacional Socialista. Só mais tarde descobriu que um de seus colegas médicos, de idéias progressistas, era na verdade um espião nazista.[35] Em 1932, Katherine abandonou-a, por insistência do pai, que pensava que seria perigoso para ela ter ligações com judeus.

Nesse momento crucial, coincidiram na vida de Wolff os fatos de ser perseguida como judia e como "invertida". Vários meses depois, em fevereiro de 1933, ela, como todos os judeus, foi demitida do emprego. No dia seguinte, ao voltar à clínica pela última vez para despedir-se dos colegas, foi presa por um membro da Gestapo. Ao perguntar-lhe o motivo da prisão, ele respondeu: "Você é uma mulher vestida de homem e uma espiã."[36] O guarda no distrito policial era marido de uma paciente, que a reconheceu e, embaraçado, recusou-se a registrar as acusações. Alguns dias depois, seu apartamento foi revistado. Nessa ocasião, resolveu finalmente ir embora e, no mesmo dia, obteve um passaporte para Paris.

Em fins da década de 1940, instalou-se em Londres. Impossibilitada de praticar a medicina, trabalhou como psicóloga e quiromante (leitora de mãos). Publicou três livros sobre o significado de gestos e interpretações psicológicas da anatomia da mão humana. Nesse ponto de sua carreira, sua pesquisa sobre a mão caracterizava-se por teorias e estereótipos raciais. Embora o trabalho não incluísse referência a gestos judaicos típicos, julgava as mãos de homossexuais em termos raciais. Atribuía a preponderância do canhotismo entre os homossexuais à idéia de que "todo o lado esquerdo do corpo... expressava características do sexo oposto".[37] Neste particular, ela seguia a teoria de que a homossexualidade é uma inversão congênita, idéia esta que repudiou mais tarde. E concluiu:

> A teoria significaria que, em homens "masculinos" e em mulheres "femininas", o lado irracional e suas manifestações visíveis tinham origem em suas tendências sexuais opostas. Poderíamos ainda concluir que, em um indivíduo mal-equilibrado, essas tendências seriam acentuadas e que as tendências homossexuais de ambos aprofundariam e ampliariam suas emoções, mas resultariam também em reações e desintegração neuróticas.[38]

Durante esses anos, ela não manteve os tipos de relacionamentos lésbicos a que se entregara na Alemanha. Talvez o clima político não fosse conducente a isso ou, quem sabe, ela estivesse nessa ocasião sentindo-se embaraçada com a cultura lésbica clandestina com a qual poderia envolver-se, dada sua presença pública como psicoterapeuta e pesquisadora respeitada. Não obstante, a maior parte de suas amizades era com mulheres que faziam parte de casais do mesmo sexo que, a despeito de viverem juntas em um companheirismo de longa duração, não se consideravam lésbicas.

Durante muitos anos, levou a mesma vida que suas amigas, as lésbicas escondidas. No *Hindsight*, diz que "rótulos como 'lésbica'... não cabiam em meu mundo. Mesmo depois de ter estudado as obras de Krafft-Ebing... eu nunca os apliquei a mim mesma".[39] Wolff não se identificava como lésbica, mesmo para si mesma, antes da drástica mudança de consciência que teve início em princípios da década de 1960. Seus comentários esclarecem bem a situação de mulheres que não se sentiam bem com o rótulo de lésbica.

Ela já contava 74 anos de idade quando seu primeiro livro sobre o lesbianismo, *Love Between Women*, foi publicado em 1971. Ela continuou a crescer e a mudar. Foi positivamente influenciada pelo movimento feminista na Inglaterra e dedicou todos os seus esforços a lidar com o lesbianismo, que fora uma parte importante de sua vida desde o nascimento, mas que, antes desse ano, jamais discutira pública ou profissionalmente.

Iniciou suas pesquisas em 1967, em seguida à publicação do *On the Way to Myself*, seu primeiro livro de memórias. Ela reconhecia ter lido pouco sobre a homossexualidade feminina antes de ter escrito as memórias. Tinha, de fato, uma amiga que ingressara no primeiro grupo de lésbicas na Grã-Bretanha, o Minorities Research Group, fundado em 1963 e, portanto, conhecia-lhe as atividades. Seus primeiros pensamentos sobre a comunidade lésbica refletiam os pensamentos de muitas outras pessoas de sua geração:

> Eu era, com toda probabilidade, preconceituosa no tocante a grupos de lésbicas que, em minha opinião, provavelmente acabariam por levá-las a um gueto. E nada era mais estranho para mim do que uma "lésbica profissional" — o resultado provável de formar um grupo desse tipo. Eu achava que era um comportamento insensível e incivilizado transformar em foco de interesse uma maneira inteiramente natural de amar e viver. Por causa dessas reflexões e sensibilidades, não acreditava que o movimento lésbico então existente pudesse ter muita coisa a ver com minha própria inclinação para saber, em vez de sentir, alguma coisa sobre o amor entre mulheres.[40]

Wolff não concede crédito adequado a esses grupos pelo papel que desempenharam em criar um clima social no qual ela poderia, sem estigma, realizar suas pesquisas. Não lhes dá o crédito por ajudá-la a formar um banco de dados sobre lésbicas que estavam dispostas a participar de seu estudo.[41]

Sua conclusão, à vista desse estudo, foi de que as lésbicas são iguais a todas as outras mulheres, com uma única diferença: são mais independentes.[42] Afirmava também que fatores sociais e biológicos contribuem para formar a identidade lésbica, ao mesmo tempo que assumia uma posição neutra no debate sobre as origens da homossexualidade feminina.[43]

Formulou a teoria de que o amor lésbico ideal tem seu núcleo em "emoção e romantismo" e que a expressão sexual, embora importante para muitas lésbicas, não era "uma meta ou um escoadouro necessário". Sugeriu que "numerosas lésbicas, principalmente nos grupos mais idosos... viveram felizes... sem qualquer contato sexual".[44] Wolff não se sentia ainda bem com o rótulo de lésbica e sugeriu outro nome para mulheres que amavam mulheres: homoemocional. Essa palavra ressona com o conceito de amizade romântica. Não obstante, por causa da convenção, usou os termos "lésbica" e "homossexual" neste e em todos os seus trabalhos subseqüentes.

Sua conclusão mais importante foi aquela a que aludiu no *Hindsight*, onde declarou:

> As lésbicas possuem, por sua própria natureza, uma identidade de instável de sexo, que poderia ser interpretada como sinal de imaturidade ou desenvolvimento interrompido. Não compartilho essa opinião — muito ao contrário. *A retenção da capacidade de transformar sentimentos e atitudes femininos em masculinos, e vice-versa, é um dos pontos altos da homossexualidade feminina, porque contribui para a variedade e a opulência em relacionamentos pessoais.* (Grifo do original.)[45]

Em 1971, essas palavras eram um ousado desafio ao sistema psiquiátrico que, até 1973, definira a homossexualidade como doença. A pesquisa de Wolff foi uma arma poderosa na luta para mudar esse diagnóstico e pôr fim à idéia de uma ligação causal entre inversão sexual e amor entre mulheres.

A publicação do *Love Between Women* mudou a vida de Wolff. Mulheres em conflito por causa de seu lesbianismo começaram a procurá-la em busca de aconselhamento psicológico e tratamento. Ela começou também a compreender o preconceito e o ódio da época contra as lésbicas. E tornou-se consciente do importante papel que o feminismo estava desempenhando para trazer esses assuntos à luz.[46]

Mais importante para a pesquisa de Wolff, no entanto, foi a idéia que lhe ocorreu sobre a bissexualidade básica das lésbicas, e que a levou a estudar também esse tema. Tomando como modelo para sua teoria as idéias de Freud, Wolff postulou a bissexualidade inicial de todos os seres humanos e argumentou que só as circunstâncias da vida é que determinam se o indivíduo se tornará homo ou heterossexual. O estudo de bissexuais levou-a a concluir que esse grupo é, de todos, o mais acuado, sendo rejeitado simultaneamente por homo e heterossexuais.

Já tarde na vida, Wolff abandonou as idéias biológicas sobre homossexualidade, argumentando que todos temos de aceitar a bissexualidade essencial da raça humana como passo necessário em uma revolução cultural. Enfatizou em todos os seus trabalhos subseqüentes que temos de trabalhar para criar uma sociedade na qual todas as orientações sexuais sejam aceitáveis e que esse trabalho resultaria em um mundo livre do mal.[47] Essa visão utópica levou-a a argumentar ainda que deveria haver apenas "uma única sexualidade humana, com numerosas expressões", e a pedir o fim da categorização de pessoas por orientação sexual.[48]

Através do processo de sua pesquisa do lesbianismo, Wolff radicalizou-se. Compreendeu que era o feminismo que a levava a realizar pesquisas sobre a homossexualidade feminina. Começou a descrever o lesbianismo como o fundamento do feminismo e apelou às feministas heterossexuais para que se aliassem à causa lésbica.[49] Veio também a compreender que até que um futuro utópico se materializasse, ocasião em que a orientação sexual não seria um problema, as lésbicas precisavam de uma comunidade na qual estivessem livres de perseguição.[50] A pesquisa estimulou-a a ingressar em organizações de lésbicas e tornar-se uma defensora pública dos direitos dessas mulheres.

À medida que desenvolvia uma identidade e consciência lésbica na década de 1970, Wolff tornou-se figura pública importante no movimento pelos direitos dos *gays* na Grã-Bretanha. Inevitavelmente, as lésbicas alemãs ouviram falar nela, seus livros foram traduzidos para o alemão e ela foi convidada a falar em Berlim. Essas circunstâncias obrigaram-na a conciliar-se com sua identidade como judia alemã. Seu novo entendimento sobre a importância de subculturas na luta contra a opressão levou-a a enfrentar abertamente o anti-semitismo alemão.

Wolff sentia forte necessidade de aceitar sua identidade como judia alemã. Atingiu de duas maneiras esse objetivo. A primeira, através de seus escritos, desta vez uma biografia de Magnus Hirschfeld, seu último trabalho antes de falecer em 1986. A outra, ao voltar a Alemanha como hóspede do movimento feminino lésbico alemão e ao enfrentar o anti-semitismo de seus membros.

A biografia de Hirschfeld examinava-lhe o compromisso assumido com suas identidades de *gay* e judeu. Mas criticou-o, e a seus colaboradores, por ignorarem a existência do movimento feminista judaico e manifestou seu desalento por nunca ter encontrado o *Frauenbund* judaico nos anos anteriores à guerra, só sabendo da existência do mesmo ao ler a obra de 1979 de Marion Kaplan, *The Jewish Feminist Movement in Germany.* E argumentou que o movimento continuava ainda desconhecido por causa da "vergonha da Alemanha com o período de Hitler e o medo ainda predominante do feminismo".[51]

Hirschfeld foi, no fim, exilado da Alemanha como judeu, e não como homossexual. Tal como a própria Wolff, "o exílio fixou o perfil de seu próprio judaísmo".[52] A reação de Hirschfeld à expulsão foi escrever um livro intitulado *Racism*, que refuta os conceitos nazistas de eugenia.

Enquanto Hirschfeld resolvia redigir um desafio direto à ideologia nazista, Wolff esperaria até sua volta à Alemanha para levantar questões sobre o anti-semitismo germânico. Tornando-se seu trabalho sobre o lesbianismo conhecido nesse país na década de 1970, surgiu um grande interesse em convidá-la para palestras. As visitas proporcionaram-lhe uma oportunidade de reconciliação. Conheceu mulheres que haviam arriscado a vida para salvar judeus.[53] E descobriu oportunidades em suas palestras públicas para desafiar o anti-semitismo alemão, embora freqüentemente tivesse como resposta reações hostis ou silenciosas. Quando uma mulher lhe perguntou por que e como ela deixara a Alemanha, Wolff respondeu:

> Esse foi o momento em que fiquei à altura da ocasião, como desejara. Disse a elas o que pensava de Hitler e dos nazistas e falei de minha alienação da Alemanha. E disse (apaixonadamente, na ocasião) que eu tinha sido uma das felizardas que haviam não apenas sobrevivido, mas que fundara uma nova vida de possibilidades tais como nunca poderia ter encontrado

na Alemanha. E continuei: "Sofri muito porque o grande país de vocês foi lançado no abismo do sadismo e da desumanidade por aquele louco, Hitler. Vocês perderam metade de suas terras e, os judeus, seis milhões de pessoas — tudo isso por causa da loucura de um único homem."[54]

Em outra palestra, advertiu as lésbicas alemãs de que elas precisavam estar dispostas a "lutar coletivamente contra a opressão política, pois, de outra forma, poderiam descobrir que estavam na mesma situação dos judeus sob Hitler".[55] A platéia respondeu com hostilidade à sua observação provocante, alegando que a situação delas nada tinha a ver com a dos judeus. Wolff, porém, obstinada, continuou a fazer esforços para passar sua mensagem — tanto sobre o sofrimento dos judeus na Alemanha quanto sobre a relação desse fato com o sofrimento dos *gays*.

Em muitos casos, tanto em palestras quanto por escrito, Wolff fazia comparações entre o destino dos judeus e o destino dos homossexuais sob Hitler, tirando a lição de que isso poderia acontecer a qualquer um dos grupos, ou a ambos. Em meados da década de 1970, discutiu publicamente com o bispo de Gloucester, que presidia um debate sobre o relatório da Igreja Anglicana sobre a homossexualidade. O bispo recomendava tolerância, ao que Wolff replicou: "Não fale em tolerância, bispo. Tolerância é condescendência... Os homossexuais... poderiam lhe responder: 'Vá para o inferno.' Os judeus se sentiriam igualmente ofendidos se fossem tratados de modo depreciativo."[56]

No *Love Between Women*, ela sugeriu que, tal como o "judeu errante", a "mulher homossexual... em parte nenhuma está realmente em casa". Wolff experimentava esse sentimento de falta de raízes como judia e lésbica, jamais encontrando uma comunidade de apoio. Continuando em busca de analogias entre judeus e lésbicas, sugeriu que os grupos são semelhantes no sentido em que "são encontrados em todas as partes do mundo e ambos são levados a sentir... que são estranhos no ninho".[57] Ainda assim, concluía que o destino das lésbicas é pior, porque são rejeitadas pela sociedade em um nível mais profundo.

A contribuição final de Wolff ao desenvolvimento de uma sensibilidade lésbica judaica foi lembrar a *gays* e a lésbicas que eles têm uma história[58]. A biografia de Hirschfeld foi uma contribuição à história de *gays* e lésbicas judeus. E sua própria história é um capítulo importante na história lésbica judaica. Charlotte Wolff é uma ponte entre a época na qual cresceu, quando sentimentos não tinham nomes ou as lésbicas eram consideradas invertidas sexuais, e a época em que envelheceu, quando as lésbicas podiam proclamar sua identidade e formar uma comunidade.

A vida de Wolff, as histórias da Donzela de Ludmir e os personagens ficcionais de Yentl e Deborah Brown são recursos fundamentais no desenvolvimento de um *corpus* textual lésbico judaico. Como mulheres que não se conformaram a expectativas de sexo, elas são modelos para todas as judias modernas que se opõem a rígidos papéis de sexo. Como mulheres que fundiram suas diferenças com o ato de amar outras mulheres, elas são modelos para as lésbicas judias contemporâneas.

Nove

Ficção Lésbica Judaica Moderna

Reinterpretar textos antigos e incorporar textos modernos são passos cruciais para reclamar para as lésbicas um lugar na tradição judaica. Mas há ainda um outro método que precisamos estudar. Como judias lésbicas, devemos, nós mesmas, aproveitar a oportunidade de tornar nossa própria vida parte dessa história. Nossa necessidade consiste não só em transformar os textos tradicionais, mas modificar nosso entendimento do sagrado. Tal como as feministas judias, insistimos em que nossas vidas em si são textos. As histórias do passado não são as únicas que constituem o cânone sagrado do povo judeu. As histórias que estamos escrevendo hoje com nossa vida são partes do drama contínuo dos judeus. Em livros como *Nice Jewish Girls, Twice Blessed* e *Lesbiōt*, lésbicas modernas contaram por escrito e oralmente como assumiram sua condição. Incorporar, ler e interpretar essas histórias da vida real na tradição textual judaica é uma parte fundamental do processo de transformá-la. Além disso, autores de obras de ficção sobre judias lésbicas estão criando textos que podem ser acrescentados a esse processo. Neste capítulo vamos concentrar-nos em personagens de ficção lésbicas judias que merecem estar ao lado de Rute e Lilith e se tornar parte da tradição textual do povo judeu.

A ficção desempenha um papel importante na transformação

do judaísmo por ação das lésbicas. Essas histórias são justamente isso: histórias. Não descrevem nossas vidas como são, mas como as vemos e como queremos que sejam. Ajudam-nos a imaginar um judaísmo no qual nos ajustamos — nos dias atuais e também no passado e no futuro. Tal como o midrashim que criamos, elas representam nossos sonhos sobre como poderiam ser, se o judaísmo fosse visto através de uma lente lésbica.

A ficção lésbica apresenta uma grande variedade de opções para reconceituar a história de nosso povo. Autores desse gênero literário criaram modelos para as lésbicas judias: intérpretes de tradições, céticas, profetas. Inventaram também novas maneiras de focalizar o espaço e o tempo sagrados dos judeus.

Redefinição de Espaço e Tempo Sagrados

O Mikveh

Espaços sagrados judaicos parecem diferentes se vistos através de uma lente lésbica. Elisheva Rogin, personagem do romance *The Law of Return*, de Alice Bloch, transforma o espaço sagrado do mikveh. Na comunidade ortodoxa, o mikveh é um local privado; nele, mulheres não falam de suas experiências e o ritual em si está estreitamente ligado ao ciclo menstrual das casadas, que pauta os padrões do sexo heterossexual. Para Elisheva, porém, o mikveh transforma-se em um local para investigar suas imagens e desejos lésbicos.

Ao assumir sua condição de lésbica, Elisheva teve de aceitar o fato de que, para evitar o que sentia por mulheres, teria de se casar com Daniel — que lhe confessara ser *gay*. Ela se prepara, imergindo na água, para ler a carta na qual ele se confessa a ela. Em seu "mikveh" pessoal, ela manifesta o desejo de ter uma "revelação privada... mas não as mesmas palavras que foram repetidas durante milhares de anos". E quer que essa experiência judaica "surja das pontas de seus dedos".[1] Seu *insight* sagrado deve vir através de seu corpo de mulher.

A reação de Elisheva à carta de Daniel é de pânico e enxerga para si mesma possibilidades ameaçadoras no fato de ele assumir sua condição. Seu terapeuta a apóia em sua vontade de conviver com seu desejo lésbico, vendo nisso um passo necessário para uma heterossexualidade madura.[2] Para Elisheva, porém, é mais do que isso. Vai com a amiga Miriam para o mikveh e, enquanto lá está, imagina os relacionamentos sensuais e carinhosos de judias tradicionais na comunidade ortodoxa e no passado judaico.[3] Como acontece com numerosas lésbicas judaicas, o mikveh é transformado em um local potencialmente erótico de mulheres que se banham e se ligam conversando sobre uma experiência compartilhada de prazer em seus corpos.

A Sinagoga

A sinagoga é outro espaço transformado na ficção lésbica. De modo geral, a sinagoga é considerada um local destinado predominantemente a homens e suas orações. Os autores de ficção lésbica judaica, no entanto, recuperaram a sinagoga, transformando-a em um lugar de alguns acontecimentos fantásticos, adicionando possibilidades ao que poderíamos imaginar ao lá entrarmos.

No *Sophie Horowitz Story,* de Sarah Schulman, Sophie é uma mulher que escreve para um jornal clandestino, *The Feminist News*, para o qual está investigando um roubo de banco perpetrado por feministas radicais. A história é simultaneamente misteriosa e muito divertida. As identidades judia e lésbica de Sophie são declaradas logo no início (Nova York e um amor particular pelo Lower East Side), sua paixão pela comida judaica,[4] o emprego de frases em iídish e hebraico e seu humor irônico.

Em um curto e divertido desvio do enredo, Sophie conta como fez as pazes com a tradição judaica e, ao fazer isso, transformou sua relação com o judaísmo: enquanto escrevia um artigo sobre mulheres, ortodoxia e aborto, descobriu-se fazendo "trabalho de campo" em um shul ortodoxo. Levou consigo Muffin, sua fotógrafa, "outra lez judia". Os zeladores arranjaram-lhe assentos atrás de uma cortina, "um lona pesada, de cor marrom e suja", como era de esperar. Sozinha na seção das mulheres, Sophie teve uma idéia, uma idéia que supôs que não fora a primeira a ter: "como mulheres antes de nós devem ter compreendido... velhos, rezando para si mesmos, não sabiam nem se interessavam em saber o que nós estávamos fazendo." O que se segue é uma cena sexual engraçada e erótica, interrompida quando ela e Muffin se dão conta de que o serviço religioso está chegando ao fim e correm para se vestir.[5]

Ao fazer os personagens praticarem sexo por trás do mehizah, Schulman introduz uma presença lésbica no espaço sagrado judaico, transformando-o. Enquanto ela e Muffin mexem o corpo seguindo "a música das orações dos velhos", o ato amoroso de ambas é ligado como ato sagrado à santidade da oração. A paródia de Schulman contém o argumento sério de que dar um novo uso ao espaço sagrado é uma dimensão importante da transformação da tradição.

A sinagoga é também o local de uma transformação lésbica do espaço judaico na cena de casamento no *Running Fiercely Toward a High Thin Sound*, de Judith Katz. A personagem, Nadine Pagan, vive alienada da família e não a convidam para o casamento da irmã. Mas vai ao casamento sem ser convidada e, numa seqüência fantástica, durante a cerimônia, esconde-se na arca, entre os pergaminhos da Torah. Descreve esse ato como "o pior medo de nossa mãe e a melhor fantasia de minha companheira".[6] Ela era a "Convidada Lésbica Extraterrestre ao Casamento". Escondida na arca, Nadine imagina que é a Torah. Tece a fantasia de que

> o rabi abre a arca, tira-me de dentro, aninha-me em seus braços rabínicos, leva-me neles através da congregação para ser abençoada, abençoada, e beijada, como eu gostaria que alguém me levantasse nos braços na *bimah*, desata-me, revela-me, lê minha sabedoria e histórias em voz alta, tira bênçãos de dentro de mim e as distribui por todos os presentes, os ensinamentos sagrados de Nadine.[7]

Nadine, porém, não consegue permanecer escondida dentro da arca. Quando Mickey, o zelador, quebra a taça ao fim da cerimônia, "uma mágoa antiqüíssima implode", e Nadine explode de repente. Nadine reclama o espaço judaico mais sagrado. Através de seu ato heterodoxo, ela pergunta: e se a "torah" lésbica judaica não ficasse oculta em casamentos judaicos, mas explodisse à vista de todos? Katz manifesta nessa passagem o desejo de lésbicas de que suas vidas sejam vistas como profundamente ligadas à Torah.

Esse relato satírico descreve pungentemente a alienação das lésbicas em casamentos. Mas não se trata apenas de rejeição da tradição. Nadine reivindica também uma nova relação com o espaço judaico e seus símbolos. Em vez de, em sua alienação, colocar-se fora do espaço judaico, ela entra no mais sagrado dos locais e ela mesma torna-se a Torah. Para Katz, há aí um ato simbólico ambivalente: a fantasia alegre da lésbica ë o pesadelo da mãe judia. Mas como sugere a narrativa de Katz, os locais sagrados do judaísmo só podem ser recuperados para as lésbicas judias se ousarmos nos tornar visíveis neles.

Ao fim da história, Nadine sonha com outro evento em uma sinagoga: um imenso casamento lésbico. Centenas de mulheres se reúnem no salão principal de um santuário elegante, com balcão, mas que as mulheres não terão que ocupar. Elas dançam, fazem um hupá e se revezam bancando o rabi. Muitas delas, usando todos os tipos de roupas, com todos os tipos de corpos e faces, são noivas. Nadine está no centro, sendo carregada pelas noivas, como a Torah no Simhat Torah. Em seguida, dirige-se ao centro do hupá e toca magnificamente seu violino. Em seguida, quebra a taça com os dois pés e todos comem e dançam.[8]

Durante o casamento, Nadine volta a ligar-se ao judaísmo e o transforma. Ela é o centro de um casamento que comemora a comunidade, e não uma união. Nadine pode ser e ensinar sua própria Torah; sua vida é um texto judaico. Era por essa celebração da vida lésbica judaica que ela estava ansiando quando apareceu no casamento da irmã. Na fantasia, símbolos nupciais judaicos não eram mais motivos de dor e alienação. Em vez disso, haviam se tornado veículos para a transformação do espaço sagrado.

O Lar

A sinagoga e o mikveh representam espaços públicos transformados, através do poder da ficção lésbica judaica, em lugares onde nos sentimos bem. Já um espaço mais difícil de transformar é o espaço privado do lar judaico. Este lar contém não só símbolos judaicos, mas também a família, com a qual as lésbicas nem sempre podem reconciliar-se.[9] Sophie Horowitz estabelece uma diferença entre a rejeição dos pais e seus próprios sentimentos de judia: "Não é o judaísmo que me incomoda, é, na realidade, a família."[10] É a nossa incapacidade de conviver com nossas famílias judaicas que torna ainda mais importante a transformação da tradição textual.

Freqüentemente, na ficção lésbica judaica, o espaço sagrado é representado no contexto de um momento sagrado: o jantar cerimonial da Páscoa. O jantar é o local do conflito com a família. Ainda assim, a Páscoa é também um símbolo importante de libertação para as lésbicas judias, uma ocasião em que muitas de nós reconhecemos a coragem com que conquistamos a própria liberdade, abandonando a escravidão da vida lésbica oculta.

Esse conflito é vivido no *Running Fiercely*, quando Nadine Pagan volta à família durante a cerimônia da Páscoa. Chega à porta exatamente no momento em que ela está sendo aberta para receber o profeta Elias. Para ela, sua religação com o judaísmo é o arauto do futuro messiânico geralmente anunciado por Elias. A família, porém, não entende a situação dessa maneira, e ela não é uma hóspede bem-vinda. A cerimônia degenera em caos e pandemônio. Todos gritam, a irmã, Jane, quebra o prato cerimonial da Páscoa, uma relíquia de família. A reconciliação de Nadine com o judaísmo não se transforma exatamente na desejada reconciliação com sua família judia.[11]

A história de Rainbow Rosenbloom em *The Dyke and the Dybbuk*, de Ellen Galford, difere em sua interpretação da possibilidade de reconciliação à mesa judaica. Órfã, no início da história, Rainbow entra em contato com sua família, as cinco irmãs do pai, uma vez por ano, na Páscoa. Após o jantar cerimonial, Rainbow invariavelmente sai para uma refeição de comida chinesa. Sua oposição ao judaísmo é sua única ligação com a religião. Ao fim da história, Rainbow reconcilia-se com as tias que vêm jantar em sua casa. A história termina com a pergunta feita na cerimônia pascal: "Por que esta noite é diferente de todas as outras noites?" É diferente porque, nessa noite, "colidem os mundos separados de Rainbow".[12]

Imagens da festividade da Páscoa criam uma oportunidade para que se pense no tempo e no espaço judaico e os transformem do ponto de vista da vida da lésbica judia. Embora os relacionamentos na família possam ser cheios de tensão, a experiência de Rainbow sugere que podemos criar nossos próprios lares judaicos e trazer para ele nossas famílias, dessa maneira transformando o espaço sagrado do lar judaico em um lugar onde podemos nos tornar bem-vindas.[13] As histórias que contamos de nossas experiências com cerimônias de Páscoa são os textos de que precisamos para transformar o judaísmo em um mundo que nos acolha com amizade, em que não somos mais pão levedado no prato pascal.

Novos Modelos a Seguir

Os personagens criados na ficção lésbica judaica constituem fortes modelos para nós. Elisheva Rogin é uma intérprete de textos judaicos e, como tal, funciona no papel de rabi. Rainbow Rosenbloom representa o papel da cética, que questiona a antipatia judaica ao lesbianismo. Nadine Pagan atua como profeta, dizendo o que precisa ser mudado para que as lésbicas se sintam à vontade no judaísmo. Nesses papéis, os personagens da ficção lésbica judaica transformam as imagens das lésbicas, de estranhas à tradição, em participantes que dão uma contribuição valiosa à vida de nosso povo.

A Intérprete da Tradição: Elisheva Rogin

A personagen do *The Law of Return*, de Alice Bloch, reinterpreta os textos judaicos tradicionais de um modo que lhes confere sentido, no processo de assumir publicamente sua condição de lésbica. Elisheva Rogin aproveita um grande número de oportunidades para redefinir e interpretar o texto judaico do ponto de vista lésbico. Suas fantasias lésbicas são inextricavelmente entrelaçadas com a tradição. Na época em que vive em Israel, faz uma viagem a Eilat e passa uma noite sozinha com seus sonhos e fantasias sexuais com mulheres judias. A figura de midrash de Lilith lhe aparece, seduzindo-a. Lilith canta-lhe as palavras do Cântico dos Cânticos: "Arrebataste-me o coração, minha irmã, noiva minha." Através da lente lésbica de Elisheva, as diabas e a poesia amorosa da tradição judaica adquirem uma nova ressonância, atraindo-a para uma nova vida.

Mais adiante na história, Elisheva volta aos Estados Unidos com esperança de casar-se com Daniel — um converso ao judaísmo que assume sua condição de *gay* — e acabar com seus desejos lésbicos. Daniel, porém, rejeita a idéia de casamento. Elisheva reconcilia-se com essa perda no Simhat Torah. Embora não vá à sinagoga, lembra-se das palavras que são recitadas ao fim do ciclo da Torah: "da força, passando pela força, somos fortalecidos." Apoiando-se no poder que encontra nessas palavras, está disposta a deixar que Daniel viva sua vida e a concretizar seus próprios desejos. E as palavras assumem um novo significado no contexto de assumir sua própria condição.[14]

Elisheva e Daniel tornam-se mais amigos do que amantes e ele a apresenta à comunidade *gay*. Juntos, os dois iniciam a organização de uma central de telefone *gay*. Através de seu trabalho político, ela se reúne com Deborah, uma mulher que conheceu em Israel, e as duas iniciam um longo relacionamento. Nesse momento em que assumiu a condição de lésbica, Elisheva compara-se à "pedra que os construtores rejeitaram" (Salmos, 118), mas que, nesse momento, adquiriu vida.[15] Fazer amor com Deborah evoca-lhe imagens do mikveh e pensamentos sobre a poesia amorosa do Cântico dos Cânticos.[16] Imagina seu relacionamento lésbico, fazendo uma nova interpretação do mandamento "sede fecundos e multiplicai-vos":

> "Há muitas maneiras de ser fecunda, muitas maneiras de aumentar, muitas maneiras de encher a terra." Estamos aprendendo, Deborah e eu, o significado dessa lei, que é também uma promessa: Sereis fecundas, aumentareis em número, enchereis a terra.[17]

Encontrar a Kol Isha, a comunidade feminista em Jerusalém que inclui também lésbicas, é o passo final para Elisheva na reconciliação de suas identidades judaica e lésbica. A história termina com mais uma alusão ao texto judaico, a história dos israelitas diante do mar Vermelho: "Eles respiraram profundamente e, em seguida, em um poderoso gesto de confiança, na fé em que alguém que os amava não os abandonaria, deram um passo à frente, na direção da água."[18]

No outro lado, os israelitas cantaram. Para Elisheva, ecoando o Cântico dos Cânticos, "o tempo de cantar chegou", mais uma vez. Reinterpretando textos judaicos, ela encontra uma maneira de unificar suas identidades judaica e lésbica.

A Cética: Rainbow Rosenbloom

Rainbow Rosenbloom vive um papel mais comumente atribuído à judia lésbica — o de cética, ou *apikoros*. Galford, porém, considera o ceticismo de Rainbow fundamental para a evolução do judaísmo. A história de Rainbow sugere que, sem o cético, o judaísmo teria estagnado. A lésbica, como estranha e questionadora, desafia e estimula a evolução da tradição.

Em *The Dyke and the Dybbuk*, ela é na verdade possuída por um dibuk chamado Kokos, que lhe conta a história da transformação. Kokos descreve-a como uma judia marginal. Como lésbica, ela é "devota de frutos proibidos", não foi à sinagoga nos últimos vinte anos e escarnece da obrigação fundamental do "sede fecundas e multiplicai-vos". Ela é crítica de cinema de *The Outsider*, um jornal *gay* e lésbico. Essa opção vocacional é atribuída à sua "paixão por imagens de escultura" (Êxodo, 20:4). Além disso, é motorista de táxi, o que "não é trabalho para uma moça judia decente".[19] Mudou o nome, de Rosalind para Rainbow, em mais uma prova de alienação de sua família judaica.[20] A vida de Rainbow, porém, muda para sempre quando é possuída por Kokos, que lhe assume o corpo por causa de um contrato de duzentos anos, resultado de um amor lésbico escondido, que se desencaminhou na comunidade judaica da Europa Oriental.[21]

Em um ponto da história, o dibuk discute com Riva, uma mulher tradicionalista, que a chama de abominação. Kokos responde, dizendo que enquanto as seitas judaicas carismáticas, a uma das quais Riva pertence, só surgiram na vida judaica no século XVIII, Rainbow e outras "heréticas, transviadas e dissidentes" existem há muito mais tempo.[22] Quando Riva sugere que é precisamente por esse motivo que seu grupo desempenha um papel fundamental, mantendo viva a lei, Kokos responde: "E é por esse motivo que tem de haver hereges... Para continuar a fazer perguntas que anulam suas respostas fáceis."[23]

A história nos traz o *insight* de que a presença de céticos é tão crucial para manter vivo o judaísmo quanto a religiosidade dos ortodoxos. Na verdade, a relação entre crença e ceticismo é o ingrediente necessário para o crescimento e a evolução do judaísmo e é a tensão entre ambos que lhe torna possível a transformação.

A história de Rainbow acrescenta mais uma dimensão à transformação textual do judaísmo. As lésbicas podem ter vivido escondidas no passado judaico, mas nem por isso deixaram de nele representar um papel crucial. Juntamente com outros hereges, elas mantiveram a tradição judaica de ceticismo e desprezo pelas respostas fáceis. Agora que se tornaram visíveis, podem trazer o ceticismo para o diálogo com a tradição e com seus adeptos, fazendo ao texto perguntas jamais formuladas antes.

É importante continuar a apreciar a necessidade de ceticismo e mesmo de heresia. A transformação do judaísmo por iniciativa das lésbicas faz mais do que lhe incorporar a sensibilidade dessas mulheres: exige a aceitação da diferença. Conquanto possamos sonhar com um tempo em que identificar-se como lésbica seja um ato aceito com simplicidade como parte da vida judaica, temos também de permanecer conscientes de que outras diferenças surgirão para desafiar a comunidade. Parte da transformação do judaísmo pelas lésbicas inclui a disposição de acolher essas diferenças e questionar o medo que nos provocam. É preciso haver sempre espaço para o herético e o cético, pois são as pessoas que não se sentem à vontade, as que fazem perguntas importantes para nossa compreensão como povo. A lésbica como cética lembra-nos a permanecermos abertas a esse desafio.

A Profeta: Nadine Pagan

A contribuição de Nadine Pagan a esse desafio é dada como uma profeta que sonha com um mundo judeu transformado e aberto à visão lésbica, um mundo ainda inexistente. No ***Running Fiercely Toward a High Thin Sound***, Nadine luta com demônios interiores e uma família que não a apóia. Em suas visões, imagina um mundo melhor para as judias lésbicas.

Tal como muitos profetas antigos, Nadine sofre crises de doença mental. A história começa com Nadine tocando fogo em sua cabeça, usando os castiçais (relíquias de família) no Shabat, depois do que é internada durante algum tempo em um hospital psiquiátrico e, em seguida, despachada para morar na casa da avó. A loucura de Nadine está ligada à sua paixão. Ela fala pouco, mas toca refinadas melodias que evocam gerações passadas de música judaica que lembram o "violinista no telhado". Esse violino é a alma judaica de Nadine que, freqüentemente, fala por ela.

Quando chega à conclusão de que precisa de perdão por seus pecados, por ter desorganizado a família, Nadine planeja um ritual tashlih. Jogando-se no rio juntamente com seus pecados, ela se descobre nos subterrâneos de um outro mundo. Nesse local, torna-se alternadamente um menino judeu, com payis e zizit, e uma versão curada de si mesma, sem a cicatriz do incidente da vela. Viaja pelo passado judaico em companhia de quatro mulheres que se parecem com sua mãe, as irmãs e sua amante — Ester, Magda, Shula e Etta. Com elas, faz amor e experimenta o passado judaico. Seu papel profético consiste em recuperar o passado como lésbica e introduzir a sensibilidade das lésbicas nas histórias da vida judaica da Europa Oriental, que vivencia em um estado onírico.

Após o casamento lésbico na sinagoga, no qual reclama para si mesma um papel central no drama judaico, termina a jornada ao outro mundo. É transportada de volta para a água e, tal como Moisés, é deixada na margem do rio. Ela se vê como "nova agora, e pronta para perdoar"[24] a família pela dor que lhe causou e ser perdoada por ela.

A despeito das dificuldades de comunicação que encontra na cerimônia pascal, Nadine representa um novo advento do profeta

Elias, buscando a reconciliação e um novo começo para as judias lésbicas. A cena final, "Tikun", é o sonho da irmã, Jane, lutando com ela. Tal como Jacó e o anjo, Nadine e Jane se reconciliam como "verdadeiras irmãs" ao lutarem e chorarem juntas.[25] Nessa reinterpretação da história bíblica, Nadine é, mais uma vez, a figura profética, que traz a mensagem de novas possibilidades, ao ver o judaísmo através de uma lente lésbica: transformado.

Como intérprete, cética e profeta, Elisheva, Rainbow e Nadine trazem a sensibilidade lésbica para uma relação com a tradição judaica. A presença delas e a maneira como seus criadores lhes conceituaram os papéis abrem novas possibilidades para os pontos de vista lésbicos na vida religiosa judaica. Como intérpretes do texto, as judias lésbicas dão uma contribuição ao lançar nova luz sobre antigas tradições. Como céticas, nós nos colocamos à margem dessa vida e, com bom humor e *insight*, fazemos uma crítica dos textos, estudando-os de uma perspectiva que, até agora, foi silenciada. E, como profetas, podemos imaginar as possibilidades de mudança inerentes às tradições e aos textos de nosso povo e às nossas relações com eles.

Essas histórias são não só modelos de maneiras como podemos entender o texto, mas têm também o poder de mudar nossa vida. As histórias que nos são contadas pelos autores de ficção lésbica apontam-nos novas direções para a transformação do judaísmo. Ensinam-nos a lição de que nossa vida é o texto. Não basta estudar o passado e dele fazer novas interpretações. Não basta usar os textos do passado para repensar práticas contemporâneas. Temos de nos ocupar em criar novos textos, que possam ser transmitidos às novas gerações. Dessa maneira, pela palavra escrita, entramos na história judaica.

Dez

Visões para o Futuro

A transformação do judaísmo por judias lésbicas não é ainda uma realidade. Ao escrever este livro, procurei identificar os elementos na vida de nosso povo que começam a abrir-se para os pontos de vista lésbicos, bem como aqueles que precisam ser mudados para tornar o judaísmo mais hospitaleiro à nossa sensibilidade. Sugeri que, para as judias lésbicas se sentirem à vontade na comunidade, nossas visões e histórias devem tornar-se parte da tradição textual judaica. Localizei numerosos textos na tradição que precisam ser questionados e reinterpretados e sugeri que fossem adicionados outros que não receberam atenção suficiente. Meu objetivo é contribuir com uma nova compreensão dos textos sagrados, uma compreensão que abra espaço aos nossos pontos de vista.

Tenho esperança de que essa nova perspectiva atraia judeus para o processo de transformação. O processo inicia-se com os textos, mas as mudanças necessárias não poderão acontecer a menos que as façamos acontecer. Não há judaísmo sem judeus e cabe ao povo judeu realizar essa transformação.

Tenho também a esperança de que os leitores deste livro interessem-se em levar mais adiante as idéias aqui sugeridas e que as discutam. Desejo muito que os leitores vejam agora, a uma nova luz, a história da criação e a passagem do Levítico que considera o homossexualismo abominação; que releiam o Livro de Rute e pensem nele do ponto de vista lésbico; que pensem em implementar algumas das sugestões feitas como parte de um novo entendimento de Miquéias, 6:8; que leiam Asch, Singer, Freud e Jo Sinclair, ou descubram mais alguma coisa sobre a vida e os tempos de Lillian Wald e Charlotte Wolff; que sugiram a suas bibliotecas que adquiram livros de ficção de autoras judias lésbicas contemporâneas e que entendam todas essas atividades como parte do estudo da Torah — a busca santa do conhecimento judaico.

O estudo desses textos, note-se, não é exclusivamente um processo intelectual. O estudo autêntico implica o crescimento do indíviduo como pessoa completa, uma experiência de companheirismo e comunidade de interesses e a oportunidade de uma experiência espiritual. Quando aprendemos, precisamos envolver todo o nosso ser. Temos que usar a experiência como uma oportunidade de crescimento e mudança. A informação que colhemos no estudo é apenas o início da aprendizagem. A verdadeira oportunidade ocorre quando podemos usar em nossa vida o que sabemos. O que aprendemos, especialmente em um contexto judaico, deverá ajudar-nos a tomar decisões sobre o tipo de pessoas que queremos ser no mundo e sobre os valores que sustentam a maneira como levamos a vida. Um método padrão do estudo judaico é a hevruta, de parceiros de aprendizagem. Estudar os textos que lemos em parceria com outras pessoas inevitavelmente levará a novas interpretações e a estudos adicionais.

O objetivo final deste livro é estimular o diálogo entre judias lésbicas e outros segmentos da comunidade judaica que, trabalhando juntos, incorporarão um novo tipo de aprendizagem sobre as judias lésbicas ao tecido da vida comunitária judaica. A transformação depende da boa vontade de judias lésbicas e do resto da comunidade, para dar prosseguimento ao processo do diálogo, mesmo que seja difícil assim proceder. E supõe que a vida judaica será receptiva a essa transformação: que, algum dia, lésbicas de todas as variedades se sentirão inteiramente à vontade em afirmar e orgulhar-se de sua vida como judias na comunidade judaica.

Algumas pessoas argumentariam que uma aceitação tão completa será um objetivo perigoso para a mudança cultural. Se as lésbicas se tornassem "de dentro", perderíamos nossa perspectiva; seu desafio ao judaísmo não seria, nesse caso, tão sério porque elas teriam se tornado interessadas na manutenção do próprio sistema que querem mudar. Esse argumento, porém, nega a possibilidade de mudança cultural. Se o mundo judaico reage às críticas delas, então é um sistema capaz de mudar e de incluir diferenças em seu seio.

E, observe-se, elas não estão sozinhas ao exigir mudanças na comunidade judaica. Compartilhamos muitos dos nossos interesses com outros grupos de judeus:

Com feministas heterossexuais, que estão empenhadas no processo de mudar os papéis e o lugar das mulheres na vida judaica, questionando todos os limites impostos ao que elas podem fazer;

Com *gays* judeus criamos estruturas alternativas de comunidade e adoração, que estão desempenhando um papel importante na reconfiguração da vida comunitária de nosso povo;

Com casais heterossexuais de raças diferentes estamos postulando questões sobre a importância das diferenças em relacionamentos amorosos e sobre maneiras de tornar sagrados relacionamentos através dessas diferenças;

Com judeus bissexuais questionamos suposições sobre a maneira como nossa tradição encara opções sexuais;

Com judeus transexuais desafiamos os rígidos papéis de sexo no judaísmo;

Com os que não podem ou desejam criar filhos estamos descobrindo novas maneiras de pensar nas novas gerações de judeus e apoiá-las;

Com judeus heterossexuais solteiros estamos questionando a estrutura da família nuclear como o ideal ao qual todos os judeus devem aspirar;

Com outros judeus que têm se sentido constrangidos com as orações e observância religiosa tradicionais tomamos parte no processo de criar novos rituais e cerimônias em nossa vida;

Com os judeus que julgam a Torah simultaneamente fascinante e alienante, estamos usando nosso coração e nossa mente para refazer nosso entendimento das palavras de nossos ancestrais, que alegamos ser sagradas;

Com outros judeus liberais estamos descobrindo maneiras de criar uma vida judaica que não se baseie em precedente halahio (legal), mas seja condicionada por uma ética judaica que se fundamente em valores colhidos nas histórias de nosso povo — tanto a antiga quanto as que estamos agora criando;

Com educadores judeus progressistas, estamos buscando novas maneiras e modelos para ensinar às crianças o nosso passado, um passado que inclua a história de judias lésbicas;

Com estudiosos da história da mulher, do misticismo e com as comunidades Mizrachi estamos pesquisando aquelas partes de nosso passado que escaparam do interesse e da atenção dos especialistas;

Com judeus que se sentem desencorajados com os valores de alguns na comunidade, que se importam apenas se alguma coisa "for boa para os judeus", procuramos formar alianças com outros grupos que querem trazer justiça e paz a um mundo conturbado.

As lésbicas judias descobrem que são parte de uma ampla aliança interessada em transformar a vida judaica. Mas embora compartilhem interesses comuns com outros judeus, as lésbicas dão também uma contribuição incomum a essa aliança. As vidas que criamos para nós superam as idéias estereotipadas de interdependência das mulheres e dependência dos homens. Nossa presença na comunidade judaica aguça a percepção sobre a interação de sexo e sexualidade. Estudamos os textos judaicos de uma perspectiva inteiramente nova e o mundo judaico é transformado pelas perguntas que fazemos.

Para que a transformação seja autêntica, as judias lésbicas devem conservar suas diferenças — as perspectivas e práticas que, para começar, tornaram-nos inaceitáveis. Tornando-nos parte da comunidade, em vez de nos tornarmos autocomplacentes, podemos influenciar atitudes que beneficiem outros grupos ora antipatizados. Podemos também contribuir para uma nova perspectiva sobre outras questões controvertidas na vida judaica. E também dar à comunidade meios para tornar-se um modelo de mudança na sociedade mais ampla ou em outros contextos culturais em que nós, como judeus ou lésbicas, somos marginalizados.

Todos esses esforços e idéias encerram a possibilidade de revigorar a vida judaica, torná-la acessível para aqueles que, no passado, nela não encontraram lugar. Esses esforços tornam possível um novo entendimento da vida de judias lésbicas e criam a oportunidade de experienciar ser judia e lésbica como identidades ligadas uma à outra. O mundo judaico parece diferente quando abordado da perspectiva lésbica. Aceitar essas diferenças enriquecerá a vida judaica. Essa perspectiva lésbica judaica está começando a instilar novos significados em nossa compreensão do que é ser judia, sinalizando uma transformação no judaísmo.

A autoconsciência da judia lésbica nasceu da raiva por nossa invisibilidade e pela opressão que sofríamos e evoluiu para a exigência de aceitação. Fomos além de querer simplesmente abrir um lugar para nós, além do pão no prato cerimonial da Páscoa: queremos agora transformar o judaísmo que encontramos quando chegamos a esse lugar. Este livro sugere que continuemos a discussão entre judias lésbicas e outros membros da comunidade judaica, através do estudo de textos. Tenho esperança de que as judias lésbicas em particular considerem útil esse ponto de vista e um convite para uma ligação mais estreita com a vida e a herança judaicas. Na medida em que todas as lésbicas e nossos aliados *gays*, bissexuais, transexuais e feministas se interessarem por assuntos pertinentes às lésbicas, tenho a esperança de que essas leitoras encontrem, refletida nestas páginas, sua própria voz.

Por último, tenho esperança de que este trabalho seja um modelo de diálogo para outros (por exemplo, cristãos *gays*[1] e lésbicas latinas) que almejam transformar suas comunidades em locais onde possam sentir-se bem.

Notas

1. LÉSBICA E JUDIA: QUAL É O PROBLEMA?

1. Essa história me foi contada pela pessoa que fez a pergunta, Riki Friedman, em uma entrevista telefônica realizada no dia 16 de abril de 1996. Manifesto aqui minha gratidão a Jane Litman, uma das organizadoras do grupo de Berkeley, por me apresentar à pessoa que foi a origem dessa história e por seus percucientes comentários sobre seu significado.

2. Extraído do *A Woman's Haggadah* (25-26). Esta versão da lenda foi escrita por Shifrah Lillith (Susan Fielding). Shifrah lembra-se de ter lido em 1982 um artigo em um jornal feminista de Nova York que contava a história de uma mulher que foi procurar um rabi em Nova York e que lhe perguntou o lugar das lésbicas no judaísmo. Segundo o artigo, ele respondeu que as lésbicas têm tanto lugar no judaísmo como o pão no prato do jantar cerimonial da Páscoa. Shifrah embelezou a história e a incluiu no Hagadá. (Comunicação pessoal, 8 de maio de 1996.)

3. *A Woman's Haggadah*, 27.

4. Susannah Heschel, editora de *On Being a Jewish Feminist*, uma antiga e influente antologia sobre mulheres judias, merece o crédito por essa inovação. (Comunicação pessoal, 14 de março de 1996.)

5. Esta história foi também atribuída a Herschel, que nega ter mudado o simbolismo ou ter sido a feminista a quem ocorreu essa experiência na Flórida. Ainda assim, a história sobre mulheres e laranjas foi publicada em *Lilith* (primavera de 1992): 2, numa referência a pratos cerimoniais na Páscoa e em um hagadá alternativo, publicado em Berman e Waskow, *Tikkun*, 74.

6. Elsie Goldstein desenhou um prato cerimonial com lugar para uma laranja, conforme o descreve em sua carta a *Lilith*. Eu soube do trabalho de bordado por intermédio de Ellen Garvey. (Comunicação pessoal, 5 de outubro de 1994.)

7. A história do desenvolvimento da presença lésbica no judaísmo é contada por Faith Rogow em um ensaio intitulado "Why Is This Decade Different From All Other Decades?".

8. Ver Merkin, "A Closet of One's Own".

9. Em princípios da década de 1970, as primeiras publicações feministas judaicas nenhuma referência faziam às lésbicas. Em princípios da década de 1980, Jacob Rader Marcus incluiu duas referências a elas em seu *Documentary History of Jewish Women in America*. A revista *Lilith* publicou alguns artigos sobre judias lésbicas, tais como Evelyn Torton Beck e Batya Bauman, e sobre o processo de assumir a condição de lésbica na comunidade judaica. A editora da *Lilith*, Susan Weidman Schneider, levantou a questão das judias lésbicas em seu livro, *Jewish and Female: Choices and Changes in Our Lives Today*. Schneider, porém, concluía que a maioria das lésbicas na comunidade judaica sentia-se mais acuada pelo sexismo do que por quaisquer problemas enfrentados como lésbicas. E terminou sua peça escrevendo que "elas se sentem indignadas não tanto por causa de sua invisibilidade como lésbicas, mas por causa da opressão que sofrem como mulheres" (315). Essa perspectiva marginaliza os interesses das judias lésbicas.

A antologia de Julia Wolf Mazow sobre trabalhos de judias, *The Woman Who Lost Her Names*, publicada em 1980, inclui duas histórias sobre lésbicas, quebrando, dessa maneira, o silêncio na comunidade feminista judaica, predominantemente heterossexual. A antologia de Susannah Heschel, *On Being a Jewish Feminist*, publicada três anos depois, inclui também artigos de autoria das judias lésbicas Alice Bloch e Batya Bauman. Enquanto o trabalho de Bauman estuda os problemas com o patriarcado, o ensaio de Bloch é uma história de uma mulher que assume sua condição de lésbica e que fala da dificuldade de encontrar um lugar confortável como lésbica na comunidade judaica. Essa foi a primeira dessas queixas de que uma platéia judaica numerosa tomou conhecimento.

Na década de 1980, a inclusão de um ou dois artigos de autoria de lésbicas constituía um enorme progresso. Trabalhos feministas judaicos recém-publicados, porém, continuam a utilizar o modelo anterior de uma representação simbólica, em vez de inclusão pura e simples, o que constitui um problema. Dado o número de judias lésbicas ora visíveis na comunidade, é difícil acreditar que nossas idéias não tenham sido incluídas em coletâneas de trabalhos feministas religiosos de mulheres judias. Trabalhos históricos tampouco incluíram mais do que escassas referências às judias lésbicas. As antologias continuam a incluir um ou dois artigos simbólicos sobre o tema do lesbianismo.

10. Quando, em 1791, Napoleão emancipou os judeus na França, a Assembléia Nacional francesa concedeu os direitos e responsabilidades da cidadania a todos os judeus do sexo masculino, enquanto, simultaneamente, revogava todos os privilégios especiais concedidos ao povo judaico como nação. Os divórcios e casamentos judaicos, por exemplo, não eram mais legalmente válidos sem uma cerimônia civil concomitante. Como acontecia em outras nações-estados na Europa, os judeus renunciaram ao direito de autogoverno em troca da cidadania.

11. Dafna Hirsch, mensagem na Internet, 10 de janeiro de 1996.

12. Ver Beck, *Nice Jewish Girls*, xl.

13. *New York Times*, 31 de março de 1993, B2.

14. "Anti-Gay Group Targets Museum", *Jewish Week*, 12 de abril de 1996. Um Committee for Holocaust Truth *ad hoc* protestou contra a inclusão de homossexuais em uma exposição sobre vítimas dos nazistas. Outros protestos aconteceram no Yad VaShem, em Israel, e no Holocaust Museum, em Washington, D.C.

15. Maggid, "Joining Together: Building a Worldwide Movement", 161.

16. Ver Kaufman, *The Woman in Jewish Law and Tradition*, 127-128.

17. O Movimento Reconstrucionista tem sido uma entidade onde *gays* e lésbicas judias vêm encontrando um lar. Os reconstrucionistas orgulham-se de sua disposição de adotar causas impopulares, legado este que receberam de seu fundador, Mordecai Kaplan. Mas acolher *gays* e lésbicas foi um processo lento para o Movimento Reconstrucionista. Em 1978, um *gay* declarado solicitou matrícula no Reconstructionist Rabbinical College (RRC), tendo a congregação da faculdade, por unanimidade, votado contra a aceitação de *gays* declarados. Em 1984, ao ser o problema provocado por outro candidato, a faculdade contava com uma nova diretoria e uma nova congregação. Sob a liderança do presidente Ira Silverman, e graças ao trabalho dos rabis Hershel Matt e Linda Holtzman, que faziam parte da congregação, esta votou pela admissão de candidatos *gays* e lésbicas ao rabinato.

A própria Holtzman era uma lésbica assumida, que atuava como diretora em tempo parcial da Practical Rabbinics. Anteriormente, ela fora rabi de uma congregação conservadora em Coatesville, Pensilvânia, que estava disposta a aceitá-la, enquanto ela escondesse seu lesbianismo. Matt era um rabi conservador conhecido por suas opiniões progressistas sobre homossexualidade e outros problemas, opiniões estas baseadas na convicção de que identidades *gay* e lésbica eram congênitas e que não estava em jogo a questão de opção. Esses fundamentos lógicos constituíram um fator importante para o sucesso desse trabalho.

Em 1992, os rabis e as congregações reconstrucionistas seguiram a liderança da faculdade rabínica e publicaram um longo documento apoiando os *gays* e as lésbicas na vida judaica. O panfleto enfatizava as maneiras como *gays* e lésbicas são iguais a todas as pessoas na comunidade judaica que participam de relacionamentos amorosos a longo prazo.

O Movimento Reconstrucionista tornou-se muito conhecido como a primeira seita judaica — e uma das primeiras de quaisquer grupos religiosos nos Estados Unidos — a abrir-se para lésbicas e *gays*. Por causa de suas posições, o movimento foi alvo de numerosos ataques. (Ver Carol Towarnicky: "Accepting or Embracing.")

O Judaísmo Reformista tem sido também muito acolhedor. Foi a primeira seita a dar apoio a sinagogas para *gays*, e a vasta maioria das sinagogas *gays* nos Estados Unidos é filiada à organização, a Union of American Hebrew Congregations (UAHC). Em 1973, líderes reformistas no sul da Califórnia patrocinaram a primeira congregação de *gays*, a Beth Chaim Chadashim (BCC).

Em 1975, a Union of American Hebrew Congregations aprovou uma resolução em favor de direitos civis para *gays* e lésbicas. Em 1987, a UAHC começou ativamente a cultivar congregações de *gays* e lésbicas para que se tornassem seus membros. Em 1990, o programa de treinamento rabínico reformista, do Hebreu Union College, aprovou diretrizes declarando que a orientação sexual não impediria que um candidato ingressasse no HUC. A ala rabínica do Movimento Reformista, a Central Conference of American Rabbis, apoiou essa política, embora sua declaração nesse sentido afirmasse que a monogamia heterossexual continuava ainda a ser o relacionamento judaico ideal. (Ver "Report of the Ad-Hoc Committee on Homosexuality and the Rabbinate".)

Numerosas rabis lésbicas no Movimento Reformista, tal como rabis reconstrucionistas, permaneceram escondidas ou preferiram servir em congregações *gays* ou em cargos que não envolvessem o uso do púlpito. Stacey Offner, a primeira rabi lésbica em uma congregação tradicional a assumir sua condição de lésbica, foi demitida em 1986 de seu cargo de rabi-adjunta do Mount Zion Temple, em St. Paul, Minnesota. Subseqüentemente, ela iniciou a formação de uma congregação própria, a Shir Tikvah, que inclui *gays* e lésbicas mas é predominantemente heterossexual. Começando em 1994, várias lésbicas declaradas obtiveram cargos em congregações em Nova York e Los Angeles.

O Movimento Reformista tem sido muito franco em questões sobre justiça para os *gays* e lésbicas judias, através de sua organização de justiça social, o Religious Action Center. A Stephen Wise Free Synagogue, na cidade de Nova York, sob a liderança da rabi-adjunta Helene Ferris, organizou em 1986 uma inovadora conferência sobre *gays* e lésbicas judias na comunidade judaica. O declarado objetivo de Ferris era iniciar um diálogo entre a comunidade judaica e seus membros *gays* e lésbicas, com o resultado de que, em 1996, foi realizada uma conferência comemorativa do décimo aniversário dessa iniciativa.

Em 1996, a CCAR votou pelo apoio a casamentos entre *gays* e lésbicas. A questão da realização de cerimônias religiosas nesses casos foi deixada para uma data posterior.

O Movimento Conservador vem incluindo em suas revistas debates sobre a questão dos *gays* e lésbicas judias, com a participação de importantes rabis conservadores. A organização congregacional (a United Synagogue) e a organização dos rabis (a Rabbinical Assembly) endossaram direitos civis para os *gays* e organizaram seminários sobre questões de interesse de *gays* e lésbicas. Em 1992, porém, a Comissão de Leis e Normas da Assembléia publicou uma decisão no sentido de que *gays* e lésbicas só poderiam ser rabis se fizessem voto de celibato e que poderiam servir como professores e líderes de grupos de jovens apenas a critério dos rabis locais. As cerimônias de casamento *gay* foram consideradas inaceitáveis.

18. Ver Faderman, *Surpassing the Love of Women,* para uma discussão completa do conceito de amizade romântica na era moderna.

19. Taylor e Rupp, "Women's Culture and Lesbian Feminist Activism", 32-61.

20. Faderman, *Odd Girls and Twilight Lovers.*

21. O trabalho pioneiro nessa área foi realizado por Gayle Rubin, em seu artigo clássico, "Thinking Sex", 267-319. O volume do qual consta o artigo foi resultado de uma conferência realizada em 1982 no Barnard College, quando foram calorosamente debatidas questões sobre sexualidade e sexo. Para discussões, de pontos de vista radicais, da sexualidade lésbica, ver Califia, *Sapphistry; The Persistent Desire,* ed. Nestle; e "What We're Rolling Around in Bed With", de Hollibaugh e Moraga.

22. Warner, "Introduction", em *Fear of a Queer Planet,* vii-xxxi.

23. Ver Calhoun, "Separating Lesbian Theory from Feminist Theory", 558-581.

24. Taylor e Rupp, "Women's Culture and Lesbian Feminist Activism".

25. A exposição mais completa da separação é encontrada em *For Lesbians Only: a Separatist Anthology,* orgs. Hoagland e Penelope.

26. Reagon, "Coalition Politics", 359.

27. Minha crítica de lésbica judia ao judaísmo baseia-se no modelo feminista sugerido no *Standing Again at Sinai,* de Judith Plaskow. As notas ao texto de Plaskow contêm uma bibliografia abrangente de trabalhos de judias feministas até 1990.

28. Levítico, 18:22. Esse texto é discutido com maior extensão no Capítulo 2.

29. David Biale, "Who Was a Jew — Who Is a Jew?".

30. Silberstein, "Others Within and Others Without", 14. Numerosos estudiosos sugeriram que a própria história da comunidade judaica, estrangeira, impediu-nos de ver as maneiras com as quais temos o poder de definir também os outros como estrangeiros.

31. Esta definição não é lá muito aceita na comunidade judaica, que em geral define inclusão baseada nos critérios de nascimento e conversão. Conquanto compreenda os perigos de minha definição — ela é abrangente demais, uma vez que todos ou qualquer grupo podem alegar ligação e definir-se como judeus —, estou mais preocupada com os problemas que encontramos e com a energia que desperdiçamos criando fronteiras mais rígidas. Por isso mesmo, prefiro fazer definições amplas e, neste processo, errar no lado da inclusão. Para discussões úteis sobre a questão de fronteiras, ver "Negotiating Boundaries", no *The Reconstructionist* e no *Jewish Identity,* orgs., Goldberg e Krausz.

32. Collins, *Black Feminist Thought, 21.*

2. TEXTOS PERTURBADORES DA TORAH

1. Embora, neste contexto, a Torah se refira especificamente aos cinco primeiros livros da Bíblia hebraica (Gênesis, Êxodo, Levítico, Números e Deuteronômio), o termo "Torah" é usado em geral a respeito de todo o ensinamento judaico. Esse uso da "Torah" inclui toda a Bíblia hebraica (que os cristãos chamam de "Velho Testamento"). A Bíblia hebraica é composta dos cinco primeiros livros (Torah); Profetas (primeiros livros históricos e os escritos de profetas hebreus) e Textos (Salmos, Provérbios, materiais históricos posteriores e as histórias de Jó, Rute e Ester). A Bíblia hebraica é freqüentemente denominada de Torah Escrito e, as obras posteriores, de Torah Oral. Os textos judaicos a que me refiro mais adiante neste capítulo (como, por exemplo, o Mishnah, o Talmud, o Sifra, os comentários de Rashi, o Tosafot, o Emunot ve-Deot, a Torah Temimah, a Mishneh Torah) fazem todos eles parte da Torah, em seu sentido mais geral. Esses textos, escritos ao longo de um período de mais de dois mil anos, contêm comentários sobre a Bíblia hebraica, bem como legislação, folclore e teologia.

2. Ver Anne Fausto-Sterling, "How Many Sexes Are There?". *New York Times*, 12 de março de 1993, A15.

3. Ver Bornstein, *Gender Outlaw*, e Feinberg, *Stone Butch Blues*, para pungentes descrições da discriminação sofrida por aqueles que recusam definir-se como "ele" ou "ela".

4. Para uma discussão desses conceitos, ver Devor, *Gender Blending*, Garber, *Vested Interests*, 128-164, e Ponse, *Identities in the Lesbian World.*

5. Esse conceito foi formulado por Rich, "Compulsory Heterosexuality and Lesbian Existence", 631.

6. Ver Adler, "The Virgin in the Brothel", 32.

7. Ver Kimelman, "Homosexuality and Family-Centered Judaism", 53-57, e Levado, "Family Values: A Reply to Reuven Kimelman", 57-60.

8. Lamm, "Judaism and the Modern Jewish Attitude to Homosexua-

lity", 194-205. Este artigo, que teve grande circulação, foi reproduzido em *Contemporary Jewish Ethics*, org. Kelner, 375-400, e *Jewish Bioethics*, org. Bleich e Rosner, 197-218,

9. Lamm, "Judaism and the Modern Attitude to Homosexuality", 198.

10. Freehof, "A Responsum", 31.

11. Encontrado também em fontes posteriores, *Genesis Rabbah*, 26:6 e *Leviticus Rabbah*, 23:9.

12. Ver Mannich, "Some Aspects of Egyptian Sexual Life", 330.

13. Cantarella, *Bisexuality in the Ancient World*, 166.

14. Ver Boswell, *Christianity, Social Tolerance, and Homosexuality*, 26 e 84. Boswell estuda ainda a questão de casamento entre homens na antigüidade no *Same-Sex Unions in Premodern Europe*.

15. *Paidagogos*, 2, 3:21. Para mais informações sobre a Igreja antiga e o homoerotismo feminino, consultar Brooten, *Love Between Women*.

16. *The Sentences of Pseudo-Phocylides*, linha 192.

17. Brooten, "Paul's View On the Nature of Women and Female Homoeroticism", 64, sugere que o contexto deixa claro que a referência é a comportamento homossexual feminino.

18. Ver *Babylonian Talmud* (Soncino: Londres, 1938), *Yebamot* 76a.

19. Para uma discussão da relação entre homoerotismo feminino e penetração, nos textos judaicos antigos, ver Satlow, "'They Abused Him Like a Woman'", 16-17.

20. A definição de tribadismo é encontrada no comentário de Rashi (1040-1105), que explica a significação do mesolelot no *Babylonian Talmud*: "Tal como no coito de homem e mulher, elas esfregam uns nos outros os órgãos genitais", *Yebamot* 76.

21. Moses Maimonides, *Mishneh Torah, Issurei Bi'ah*, 21:8.

22. Lamm, "Judaism and the Modern Attitude to Homosexuality", 203.

23. Kaufman, *The Woman in Jewish Law and Tradition*, 127-128. Trabalhos anteriores sobre mulheres judias, da perspectiva ortodoxa, jamais mencionam o lesbianismo.

24. Tem havido ampla discussão deste tópico. Ver, por exemplo, Rachel Biale, *Women and Jewish Law;* Plaskow, *Standing Again at Sinai*; Wegner, *Chattel or Person?*

3. INTERPRETAÇÃO DA TORAH POR JUDIAS LÉSBICAS

1. Arthur Waskow, comunicação pessoal.

2. Manifesto aqui minha gratidão aos trabalhos do rabi Hershel Matt (de abençoada memória) por essa interpretação.

3. ben Ari, *Menorah*, 1.

4. Levado, "Gayness and God", 60.

5. Trible, *God and the Rhetoric of Sexuality*, 77.

6. Esta frase é freqüentemente traduzida como ajuda-encontro, que sugere uma relação de dependência entre homem e mulher desde o início. A frase hebraica, no entanto, pode ser também compreendida como significando oposto ou companheiro, enfatizando o contraditório *ezer* (ajudante) e *c'negdo* (oposto).

7. Ver Patai, *The Hebrew Goddess*, 180-225, e Koltuv, *The Book of Lilith*, para amplas discussões das lendas em torno da figura de Lilith.

8. Plaskow, "The Coming of Lilith", 206.

9. Eilberg-Schwartz, *God's Phallus*, 137-162, e Wolfson, *Through a Speculum*.

10. O crítico bíblico contemporâneo Saul Olyan argumenta que o único ato proibido era a penetração anal. Baseia essa suposição em uma análise filológica do termo "mishkavei ishah", que traduz como "deitar com mulher". Olyan, "'And With a Male You Shall Not Lie the Lying Down of a Woman'", 184-186.

11. Para essa interpretação, ver Boswell, *Christianity, Social Tolerance, and Homosexuality*, 100-101. Olyan discorda da interpretação dada por Boswell ao *to'evah*. Olyan traduz *to'evah* como "a violação de uma fronteira socialmente traçada, o solapamento ou inversão do que é convencional, da ordem das coisas, como os antigos poderiam vê-la". 'And With a Male', 180 nº 3.

12. Há muitas e diferentes explicações da preocupação do texto bíblico com a pureza. Ver Mary Douglas, *Purity and Danger*, e Howard Eilberg-Schwartz, *The savage in Judaism*, 177-216. Olyan resume os argumentos de ambos e de outros autores sobre a relação entre a proibição contida no Levítico e outras leis sobre pureza. Conclui que a proibição contra o coito anal entre dois homens deve ser considerada no contexto de mistura impura, presumivelmente de fezes e sêmen, "a mistura de duas substâncias poluidoras no corpo do parceiro receptivo", 206.

13. Olyan argumenta que esses dois textos não só refletem punições diferentes, mas também diferentes sensibilidades sobre o comportamento homossexual. No Levítico, 18, só aquele que penetra é considerado responsável. No Levítico, 20, ambos os homens envolvidos no ato são culpados e sujeitos à pena de morte. "'And With a Male'", 188.

14. Ver, por exemplo, Tribble, *God and the Rhetoric of Sexuality;* Schüssler Fiorenza, *In Memory of Her*; Plaskow, *Standing Again at Sinai;* Teubal, *Sarah the Priestess;* e *Reading Ruth*, orgs. Kates e Reimer.

15. *Ceremonies of the Heart*, org. Butler, 13.

16. A história baseia-se em um incidente contado no romance de Flagg, *Tomates verdes fritos*, 191.

17. Hirsch, "In Search of Role Models", 84-85.

18. David Biale, *Eros and the Jews*, 15. Biale não está sugerindo quaisquer conotações lésbicas quando faz essa comparação, embora, para mim, elas pareçam inegáveis.

19. Ver Hirsch, "In Search of Role Models", 84-85.

20. Ver *Ruth: A New Translation [Anchor Bible]*, org., Campbell, 22-23.

21. Em seu comentário feminista sobre Rute no *Countertraditions in the Bible*, Pardes sugere de fato que a relação definidora na história é a ligação entre Rute e Noemi, embora não considere a possibilidade de uma dimensão lésbica nessa ligação.

22. Sinto-me grata a Lori Lefkowitz por imaginar essas perguntas.

4. *HAZNEA LEKHET IM ELOHEKHA*: A VISIBILIDADE DA JUDIA LÉSBICA

1. É difícil traduzir o conceito de *ahavat hesed*. A tradução padrão é amor de compaixão, mas ela é inadequada. *Ahavat hesed* é o amor baseado em bondade. Talvez seja o amor de que fala Martin Buber quando define o relacionamento "Eu-Tu", o amor que se focaliza no bem-estar do "tu". Resolvi traduzir esse conceito como amar bem.

2. Quanto às origens do lesbianismo, a prova é encontrada na vida de pessoas reais. Algumas mulheres alegam que tiveram, desde os três anos de idade, atrações eróticas por pessoas do mesmo sexo; outras dizem que experimentaram pela primeira vez esses sentimentos tarde na vida. Ambos os grupos dizem a verdade. As mulheres aceitam o lesbianismo em ritmos diferentes e de maneiras diferentes. Ver Plaskow, "Lesbian and Gay Rights", 31-32, para uma discussão mais completa da questão de opção e biologia.

3. Esse argumento baseia-se em Lorde, "The Uses of the Erotic".

4. Johannson e Percy, *Outing*, 297-298.

5. Ver entrevista com Yoel Kahn, *Advocate* (12 de fevereiro de 1991).

6. Johannson e Percy, *Outing*, 290.

7. A fórmula de bênção, "abençoemos a origem da vida", consta da obra de Marcia Falk. Ver o seu "Notes on Composing New Blessings", 39-53. Meus agradecimentos a Leila Gal Berner por sua ajuda em terminar o resto da bênção.

8. Sou grata a Sarra Levine por me lembrar essa conexão.

9. Abramowitz, "Growing up in Yeshiva", 26-27.

10. Até poucos anos, era prática geralmente aceita na comunidade lésbica que ninguem dá informação sobre a orientação sexual de outra pessoa. Esse comportamento é fundamental para a lésbica escondida, que teme ser machucada por outras pessoas que lhe descobrem a identidade. Recentemente, a comunidade *gay* iniciou debates sobre as práticas de "revelação". Discuti no início deste capítulo os méritos dessa prática. Participar de cerimônias públicas não deve ser interpretado como licença para discutir, sem permissão, a orientação sexual de uma pessoa. Quando alguém assume, faz sentido lhe perguntar quantas pessoas sabem disso e com quem quer que o assunto seja discutido.

11. Cooper, "No Longer Invisible", 84-86, fornece uma história detalhada do movimento pelas sinagogas *gays*.

12. O início da história da Beth Simchat Torah (CBST) é detalhada em uma etnografia da sinagoga, escrita por Shokeid, *A Gay Synagogue in New York*, 32-62.

13. Brick, "Judaism in the Gay Community", 83.

14. Ver Shokeid, *A Gay Synagogue*, 174-182, sobre a maneira como esses processos se desenvolveram na CBST. É importante notar que muitos homens que participaram do movimento em prol de sinagogas *gays* consideravam-se feministas e que lutaram por uma linguagem igualitária e por inovações feministas, juntamente com suas irmãs lésbicas.

15. Maggid, "Joining Together: Building a Worldwide Movement", 165.

16. Ver Marder, "Getting to Know the Gay and Lesbian Shul", 209-217.

17. Cooper, "No Longer Invisible", 85.

18. O *New York Times* fez, por quatro vezes, a cobertura dessa história em 1993: 31 de março, quando a CBST rejeitou a sugestão dos organizadores, de que poderiam marchar, mas sem sua bandeira (B2); 21 de abril, quando um meio-termo foi alcançado, segundo o qual a CBST poderia marchar com o Grupo Sionista do Movimento Reformista (B12); 5 de maio, quando o *Times* publicou um perfil de Sharon Kleinbaum, "'Luckiest Rabbi in America' Holds Faith Amidst the Hate", (Alex Witchell, C1); e finalmente, no dia 8 de maio, quando a sinagoga foi proibida de marchar e resolveu realizar um evento separado (A16).

5. *AHAVAT HESED*: RELACIONAMENTOS TRANSFORMADORES

1. Beck, "Why is This Book Different?", xiii.

2. Katz, *Running Fiercely*, 171-183. Ver a discussão desse trabalho no Capítulo 9.

3. Ver Weston, *The Families we Choose*, 40-41.

4. Esse argumento é apresentado em detalhes por Ettelbrick, "Since When Was Marriage the Path to Liberation?", 14-17.

5. Exemplos de cerimônias de compromisso entre lésbicas são encontrados em Silverberg-Willis e Silverberg-Willis, "Gospel Under the Chuppah", 55-70; Leipzig e Mable, "Tikkun Olam", 289-305; e Gal Berner e Gal Primack, "Uncharted Territories", 173-177.

6. A Associação Rabínica Reformista (CCAR) declarou seu compromisso com o casamento civil de *gays* e lésbicas na convenção de 1996. A associação tratará da questão do casamento religioso em data posterior. A Associação Rabínica Reconstrucionista (RRA) já divulgara, em 1993, seu compromisso com casamentos civis e religiosos de *gays* e lésbicas.

7 Ver, por exemplo, Gal Berner e Gal Primack, "Uncharted Territories", 175-178.

8. Sou grata a Rebecca Lillian por esta última interpretação.

9. Silverberg-Willis e Silverberg-Willis, "Gospel Under the Chuppah", 55-70.

10. Um documentário sobre uma cerimônia de compromisso de lésbicas, realizado pela rabi Sue Levi Elwell, *Chicks in White Satin*, foi indicado para um Prêmio da Academia em 1994. O filme trata dos muitos dilemas que surgem em casamentos de lésbicas e pode ser usado para gerar debates sobre o assunto.

11. Ver Eisenbach-Budner, "Spilling Out Wine", 44.

12. Balka, "Thoughts on Lesbian Parenting", 57-65.

7. *ASOT MISHPAT*: O COMPROMISSO COM A JUSTIÇA

1. Esta idéia foi inicialmente desenvolvida por Gilligan, *In A Different Voice*, e tem sido debatida em foros feministas eruditos durante muitos anos.

2. Heyward, "Sexuality, Love, and Justice", 92.

3. Tenho esperança de que alguns grupos queiram denominar esse evento de Semana de Consciência de Comportamento Sexual Diferente, para sinalizar a inclusão de indivíduos bissexuais e transexuais na celebração e aprendizagem.

4. É importante notar que os Estados Unidos não são o único país em que uma mudança no *status* de *gays* e lésbicas judias ocorreu em anos recentes. Israel iniciou mudanças em seu sistema jurídico com vistas à aceitação de lésbicas e *gays* judeus. A descriminalização do homossexualista em Israel em 1988 constituiu uma mudança muito importante. Antes dessa época, *gays* e lésbicas não eram bem-vindos a Israel nos termos da Lei do Retorno, que concedida a cidadania judaica aos que voltassem à pátria ancestral. A discriminação legal e social manteve em silêncio as lésbicas israelenses durante muitos anos. Uma organização homófila, a Sociedade de Proteção de Direitos Pessoais, existe em Israel desde 1975. Seu principal objetivo tem sido a defesa dos direitos civis de *gays* e lésbicas. Entre as líderes do movimento feminista israelense havia numerosas lésbicas escondidas, algumas das quais, em anos recentes, tiveram a coragem de assumir sua condição. A Kol Isha, organização feminista israelense, era conhecida como local de encontro de lésbicas desde sua fundação na década de 1970. Uma de suas líderes, Marcia Freedman, membro do Knesset (Parlamento), assumiu sua condição em 1977 e sofreu marginalização extrema na sociedade israelense. Freedman enfrentou uma pressão terrível aplicada à sua família, com o resultado de que teve finalmente que deixar Israel, como descreve em suas memórias, *Exile in the Promised Land*. Outra feminista ligada a Kol Isha, Chaya Shalom, fundou a CLAF, a Organização Feminista Lésbica Israelense. Em 1993, uma conferência de

lésbicas, patrocinada pela CLAF, foi realizada no prédio do Knesset. Um membro do Knesset, Yael Dayan, tem sido também uma importante defensora dos direitos de *gays* e lésbicas. O *Lesbiōt: Israeli Lesbians Talk About Sexuality, Feminism, Judaism and Their Lives*, organizado por Tracy Moore, conta, através de histórias orais, a história da vida de lésbicas israelenses nas duas últimas décadas.

Evidentemente, o ambiente em Israel tornou-se mais receptivo, ainda que não aceite o lesbianismo. Outros grupos de apoio às lésbicas, incluindo um conhecido como Orthodykes, reuniram-se para tratar das conexões entre observância de preceitos religiosos e lesbianismo. (Ver "On Being Orthodox and Lesbian".) Há mesmo uma pequena congregação de *gays* e lésbicas que se reúne em Tel Aviv. O Supremo Tribunal de Israel determinou a El Al Airlines que concedesse benefícios de parceria a um de seus empregados, abrindo a porta para legislação semelhante. A situação está também melhorando para as lésbicas na Inglaterra (ver o artigo de Elizabeth Sarah), na França (consultar o artigo de Marthe Rosenfeld) e na Austrália, onde foram formados numerosos grupos de judias lésbicas. (Workshop, International Conference of Gay and Lesbians Jews, Nova York, 1995).

5. Esses filmes incluem *Out in Suburbia: The Stories of Eleven Lesbians, Gay Youth, Forbidden Love: The Unashamed Stories of Lesbian Lives, Johanna d'Arc of Mongolia, Oy Gay, Queer Son, Treif, Emily and Gitta* (temas judaicos), *Came Out, It Rained, Went Back in Again, War on Lesbians, First Comes Love* (sobre o casamento), *Damned if You Don't* (temas católicos), *The Ties That Bind* (Holocausto, temas sobre mãe/filha), *Women Like Us* (história do lesbianismo), *Lifetime Commitment* (questões legais), *No Need to Repent: The Ballad of Rev. Jan Griesinger* (história de uma sacerdotisa lésbica), *Exposure* (cruzamento de identidades sexual e lésbica).

6. Minha gratidão a Rebecca Lillian por esta sugestão.

7. A New Jewish Agenda National Platform exige que instituições comunitárias judaicas levem em conta as necessidades de lésbicas e *gays*, entre outros, que foram "invariavelmente ignoradas".

8. Armstrong descreve esse fato no "New Jewish Agenda Havdallah Service". Essa tradição foi mantida pelos editores da *Bridges*, que patrocinaram um evento semelhante na marcha de abril de 1993. Ver "At the March on Washington with *Bridges*". Em 1993, várias organizações sem os *gays* manifestaram seu compromisso com a causa dos *gays* e lésbicas judias, tomando parte na parada.

9. Ver "From the Editors", 4.

10. David Biale comenta que "uma mulher judia adotar uma identidade sexual, e ainda mais, adotar uma identidade lésbica, implica desafiar os mitos da mulher judia assexual". *Eros and the Jews*, 225.

11. Iris Marion Young iniciou esse trabalho no *Justice and the Politics of Difference.*

12. Numerosas lésbicas ressentem as alegações de bissexuais de que eles são o grupo mais estigmatizado, rejeitado tanto por heterossexuais quanto por lésbicas. As lésbicas mencionam o perigo de viver abertamente como tais, em comparação com a proteção relativa dos privilégios heterossexuais aos bissexuais que vivem com homens, mas querem acesso à cultura e companheirismo — sexual ou de outra natureza — das lésbicas.

13. Consultar os ensaios de Rich, "Split at the Root", Kaye/Kantrowitz, "Some Notes on Jewish Lesbian Identity", Miriam, "Anti-Semitism in the Lesbian Community", Liza e Penny, "Anti-Semitism in the Lesbian Movement", e Mushroom, "Merrill Mushroom is a Jew".

14. Beck, *Nice Jewish Girls*, xxxi, e Klepfisz, *Dreams of an Insomniac* 80.

15. Rich, "If Not With Others, How?", 209.

16. Bulkin, Pratt e Smith, *Yours in Struggle*, 95.

17. Cooper, "*No Longer Invisible*", 85.

18. Klepfisz, *Dreams of an Insomniac*, 118.

7. TEXTOS MODERNOS: A SEXUALIDADE DA JUDIA LÉSBICA

1. Ver, por exemplo, Vicinus, "They Wonder to Which Sex I Belong" 171-178; *Hidden From History*, org. Duberman, *et al.*, Faderman, *Surpassing the Love of Women and Odd Girls and Twilight Lovers*, 215-308; Kennedy e Davis, *Boots of Leather, Slippers of Gold*, e Smith-Rosenberg, "The Female World of Love and Ritual", 53-76.

2. Ver Bullough e Bullough, *Cros Dressing, Sex, and Gender;* Garber, *Vested Interests: Cross-Dressing and Cultural Anxiety*; e Newton, "The Mythic Mannish Lesbian", 557-575. Ver também Devor, *Gender Blending.* Devor estuda mulheres que foram confundidas com homens e a relação entre aparência e desejo.

3. Foucault, *The History of Sexuality: An Introduction*; Laqueur, *Making Sex*; e Weeks, *Sexuality and its Discontents.*

4. A história *gay* na antigüidade do mundo ocidental e nas primeiras culturas em todo o mundo recebeu a atenção de estudiosos sérios nas últimas décadas. A maioria desses autores menciona a escassez de informações sobre o homoerotismo feminino. Ver, por exemplo, Boswell, *Christianity, Social Tolerance and Homosexuality*, e Greenberg, *The Construction of Homo-sexuality.*

5. Ver Grahn, *Another Mother Tongue.* Lillian Faderman compilou no *Chloe plus Olivia* textos literários que exemplificam as possibilidades de encontrar uma história desse tipo.

6. O exemplo mais conhecido de homoerotismo feminino na antigüidade é o da poetisa grega Safo (612-560 a.C.) A palavra "lésbica", que não

entrou em uso comum para referir-se ao homoerotismo feminino senão no século XIX, deriva da ilha de Lesbos, na qual viveu Safo. Há um debate erudito sobre o fato de Safo ter sido ou não amante de mulheres. Mas há acordo geral de que, pelo menos entre os séculos VI e IV a.C., o amor erótico entre mulheres fazia parte do contexto da civilização grega. Ver Hallett, "Sappho and Her Social Context"; Stigers, "Romantic Sensuality, Poetic Sense"; e Eva Cantarella, *Bisexuality in the Ancient World*. Em seu trabalho sobre o homoerotismo feminino no Mundo Antigo (citado em uma entrevista com Edouard Fontenot, "Of Spells and Lesbians in Ancient Rome", 12), Bernadette Brooten argumenta que casamentos entre mulheres existiram na antigüidade.

7. Wiesen Cook, "Review Essay: *The Life of Lorena Hickok*", 511

8. Todas as lésbicas que resolvi aqui incluir mantiveram também relações importantes com sua identidade judaica. Dadas as finalidades deste livro, resolvi não discutir a vida de lésbicas como a pintora Gluck, a escritora Jane Bowles, ou membros do círculo de Natalie Barney, todas as quais se identificaram como judias, mas para as quais a identificação pouca ou nenhuma importância tinha em suas vidas. Gertrude Stein e Alice B. Toklas, embora também judias, foram também omitidas deste livro. Stein e Toklas tiveram, as duas, relações problemáticas com sua herança judaica — mostrando-se Stein freqüentemente negativa ou ambivalente sobre a condição de judia; Toklas, no fim, acabou por converter-se ao cristianismo. Para mais informações sobre suas ligações com o judaísmo, ver Watts, "'Can Women Have Wishes'", e Orenstein, *The Reflowering of the Goddess*, 50-56.

9. Ver Diller, *Freud's Jewish Identity*, 209-218.

10. Freud, "Hysterical Fantasies", 151. A ênfase de Freud sobre a natureza inata da bissexualidade e sua insistência em que o lesbianismo nem era doença nem podia ser facilmente mudado pela psicanálise é evidente nesse trabalho e no posterior, "The Psychogenesis of a Case of Homosexuality in a Woman".

11. Ver Deutsch, "A Footnote to Freud's 'Fragment of an Analysis of a Case of Hysteria'", 42.

12. Freud, "Hysterical Fantasies", 142. Só uma intérprete, Lewin, "Dora Revisited", 520-532, sugere que o lesbianismo de Dora foi fundamental para sua vida e que a incapacidade de Freud de compreendê-lo desfigurou-lhe o trabalho nesse caso. Outros autores sugerem que Freud calculou mal a natureza da transferência e que Dora via em Freud como representando as mulheres em sua vida. Ver Jerre Collins, "Questioning the Unconscious", 243-253.

13. Rich, "Compulsory Heterosexuality and Lesbian Existence", 635-637.

14. Jacobus, "Dora and the Pregnant Madonna", 137-196.

15. Ramas, "Freud's Dora, Dora's Hysteria", 472-510.
16. *Ibid.*, 478.
17. Daniels, *Always a Sister*, 5-12.
18. Wiesen Cook, "Female Support Networks", 51.
19. *Ibid.*, 52.
20. *Ibid.*, 53.
21. Daniels, *Always a Sister*, 72.
22. *Ibid.*
23. Wiesen Cook argumenta que "mulheres que amam mulheres, que escolhem mulheres para alimentar, apoiar e criar um ambiente vivo em que possam trabalhar criativa e independentemente, são lésbicas". "Female Support Networks", 48.
24. Daniels, *Always a Sister*, 74.
25. A história da produção dessa peça proporciona dados importantes, com os quais é possível reconstruir atitudes judaicas em relação ao lesbianismo. Asch escreveu a peça em 1907, em iídish. Sem incidentes, foi encenada na Alemanha, Áustria, Polônia, Holanda, Noruega, Suécia, Itália e no teatro iídish da Lower East Side, em Nova York. E continuou a ser encenada durante dezessete anos, antes de surgirem problemas com a apresentação. As primeiras dificuldades apareceram em 1923, quando uma versão em inglês, estrelada pelo conhecido ator teatral iídish Rudolph Schildkraut, foi ao palco na Broadway. Como parte das atitudes antiprostituição na era pós-Primeira Guerra Mundial, um grupo de cidadãos, a Sociedade pela Repressão da Prostituição, denunciou a peça como obscenidade, exigindo que fosse suspensa a representação. Embora o elenco fosse preso e multado, a peça continuou a ser encenada.

No estudo que fez da peça, Kaier Curtin observa que as diferenças de classe e cultural entre judeus russos e alemães nos Estados Unidos desempenharam um papel importante nesse episódio. Os judeus alemães estavam ativamente empenhados no movimento antiprostituição. A Sociedade pela Repressão da Prostituição era dirigida pelo rabi do Reform Temple Emanuel, Joseph Silverman. Os atores e produtores, claro, faziam parte do teatro iídish, amado pelos imigrantes russos.

Para mais informações, ver Curtin, *We Can Always Call Them Bulgarians.* Curtin escreve longamente sobre a peça, seus antecedentes e as críticas que recebeu e deve ser consultado sobre o papel desempenhado pela peça no contexto da descrição do trabalho de *gays* e lésbicas no teatro americano.

26. Asch, *The God of Vengeance, 17.*
27. *Ibid.*, 40.
28. *Ibid.*, 59.
29. *Ibid.*, 59-60
30. Curtin, *We Can Always Call Them Bulgarians*, 29.

31. Singer, "Zeitl and Rickel", 117.
32. *Ibid.*, 199.
33. A menos que indicado expressamente, sou grata por estes comentários sobre a vida de Pauline Newman ao trabalho de Orleck, *Common Sense and a Little Fire*, que ela graciosamente discutiu comigo e me permitiu ler na forma de manuscrito.
34. *Ibid.*, 71.
35. Chauncey, *Gay New York*, 227-244.
36. Ver Kessler-Harris, "Organizing the Unorganizable", 14.

8. TEXTOS MODERNOS: LÉSBICAS E INCONFORMISMO EM MATÉRIA DE SEXO

1. Ellis, *Studies in the Psychology of Sex*, 195-264, e Krafft-Ebing, *Psychopathia Sexualis*. Para uma discussão abrangente do assunto, ver Faderman, *Odd Girls*, Capítulo 2, e D'Emilio e Freedman, *Intimate Matters*, 222-235.
2. O principal interesse de Horodetzky era provar que a tradição hassídica reservava um papel importante às mulheres. Ver seu *Leaders in Hasidism*. Seu trabalho foi adequadamente refutado por Ada Rapoport-Albert em "On Women in Hasidism". Esse trabalho, no entanto, foi perpetuado em nossos tempos em obras como a de Gershon Winkler, *They Called her Rebbe*, um livro para mocinhas adolescentes.
3. Horodetzky, 115.
4. *Ibid.*
5. *Ibid.*, 116.
6. Rapoport-Albert, "On Women in Hasidism", 495-525.
7. Singer, *Shosha*, 27.
8. Singer, *Yentl the Yeshiva Boy*, 8.
9. *Ibid.*, 20.
10. *Ibid.*, 23.
11. *Ibid.*, 26.
12. Eve Sicular encontra um tema semelhante de travestismo no filme iídish *Yidl mitn fidl* (1936). A popular estrela de filmes iídish Molly Picon veste-se como travesti nesse filme, para poder trabalhar como músico *klezmer* ambulante. Tal como a Yentl de Streisand, não há vestígio de ambigüidade no desejo sexual de Yidl pela liderança masculina nem também qualquer confusão real sobre seu sexo. "'A yingl mit a yingl hot epes a tam'", 41. Ver também Sicular, "Gender Rebellion in Yiddish Film", 12-17.
13. Em seus comentários sobre o filme, Streisand negou veementemente qualquer homoerotismo no texto, até mesmo a homossexualidade masculina mais do que óbvia nos *double entendres* entre Anshel/Yentl e Avigdor. Garber faz uma demorada análise da interpretação do texto por Streisand e a reação de Singer à mesma, no *Vested Interests*, 63-76. Ver também Schanfield, "Singer's 'Yentl'", 185-192.

14. Pouco antes de sua morte, em 1994, Ruth Seid publicou um livro de memórias, *The Seasons: Death and Transfiguration*. Embora o livro não contenha qualquer informação sobre o caráter de Deborah Brown, certos detalhes da vida de Ruth Seid revelaram uma grande semelhança com o personagem fictício. Tal como Deborah, Ruth era a mais jovem de cinco irmãos em uma família judaica da classe operária do Meio-Oeste. Escritora, amava livros e música e não se conformou às expectativas da família. Também como Deborah, foi trabalhar para a WPA, o que permitiu que sua família saísse da lista de pessoas ajudadas pelo poder público, e publicou seu primeiro artigo na *New Masses*. Ao contrário de Deborah, porém, ela não acreditava na psicoterapia tradicional. Grande parte do livro focaliza seu relacionamento com Helen, mentora e patrocinadora. Como explica no livro, Helen era uma terapeuta que a ajudou a desenvolver-se como escritora e ser humano. Embora várias críticas mencionem a própria Seid como lésbica, tomando por base seu relacionamento com Helen, e seu necrológio refira-se à sua grande amiga, Joan Soffer, com a qual viveu durante mais de 20 anos (*Philadelphia Inquirer*, 7 de abril de 1995, B6), ela não se assumia como tal nem estava interessada em discutir seu trabalho ou vida com a geração atual de lésbicas que a procuravam. Devido à intensidade da opressão na década de 1950, Sinclair nunca mais criou uma personagem judia lésbica. Ao ser publicado em 1956 seu romance *The Changelings*, a personagem principal era uma jovem mulher judia. Judy Vincent, na verdade, era lésbica na primeira versão do romance, embora tenham sido omitidas todas as menções ao seu lesbianismo ao ser publicado o livro. Os rascunhos dos originais de Seid e seus documentos pessoais encontram-se no Twentieth Century Archives, na Mugar Memorial Library, Universidade de Boston. Sou grata a Elly Bulkin por terme fornecido essas informações sobre *The Changelings*.

15. Sinclair, *Wasteland, 26*.

16. *Ibid.*, 122.

17. *Ibid.*

18. *Ibid.*, 189.

19. *Ibid.*, 191.

20. *Ibid.*, 273.

21. Decker, *Freud, Dora, and Vienna*, 1900, 2.

22. Gilman, "The Jewish Psyche", 60-103.

23. Em fotografias, Wolff tem uma aparência fortemente masculina. Essa impressão foi corroborada por James Steakley, que a conheceu no fim da vida. (Comunicação pessoal, novembro de 1994.) Ver a entrevista de Steakley com Wolff, "Love Between Women and Love Between Men".

24. Wolff, *Hindsight, 2*.

25. *Ibid.*, 3.

26. *Ibid.*, 6.

27. *Ibid.*, 26.
28. *Ibid.*, 21.
29. *Ibid.*, 48.
30. *Ibid.*, 7.
31. *Ibid.*, 26.
32. Para informação sobre a cultura lésbica na Alemanha de Weimar, ver "Germany: Not Just Memories", 28-29, e "Sixty places to talk, dance and play", 16-18, e, sobre o destino das lésbicas sob o governo nazista, ver Fisher, *Aimée and Jaguar*, e Shoppmann, *Days of Masquerade*.
33. Wolff, *Hindsight*, 74.
34. *Ibid.*
35. Wolff, *Magnus Hirschfield*, 377.
36. Wolff, *Hindsight*, 110.
37. Wolff, *A Psychology of Gesture*, 199.
38. *Ibid.*, 200. Ver também Wolff, *The Hand in Psychological Diagnosis*, 26-29, 112, 193-197.
39. *Ibid.*, 60.
40. *Ibid.*, 215.
41. *Ibid.*, 218.
42. *Ibid.*, 218.
43. Wolff, *Love Between Women*, 41.
44. *Ibid.*, 21.
45. *Ibid.*, 46.
46. Wolff, *Hindsight*, 220.
47. Wolff, *Bisexuality: A Study*, 106.
48. *Ibid.*, 109.
49. Wolff, *Hindsight*, 296.
50. *Ibid.*, 219.
51. Wolff, *Hirschfeld*, 262.
52. *Ibid.*, 402.
53. Wolff, *Hindsight*, 262.
54. *Ibid.*, 266.
55. *Ibid.*, 295.
56. *Ibid.*, 237.
57. *Ibid.*, 155.
58. Wolff, *Hirschfeld*, 103, 285.

9. FICÇÃO LÉSBICA JUDAICA MODERNA

1. Bloch, *The Law of Return*, 75.
2. *Ibid.*, 85.
3. *Ibid.*, 93.
4. Bonnie Zimmerman sugere uma conexão entre alimento e sexo na literatura lésbica em geral, *Safe Sea of Women*, 104-105. Essa conexão é

predominante na literatura de judias lésbicas. Uma das personagens de Lesléa Newman compõe uma série de parelhas de versos, muitos deles de natureza sexual, mas também vários sobre as delícias sexuais da comida judaica e o corpo de mulheres (*Harvey Milk*, 70). A história de Jano sobre as relações amorosas ente Yetta e Hannah é uma fantasia, na qual as mãos e a boca de Yetta nos bicos dos seios de Hannah transforma-os em pão judeu e, em seguida, em challah para a refeição do Shabat de ambas. "The Woman Who Lied", 116-118.

Judith Stein escreveu uma ode erótica ao creme azedo, para ela a quintessência da "comida judaica da Europa Oriental". Descreveu uma cena na qual ela e a namorada, "duas moças judias esplendorosamente gordas", decidem passar creme azedo nos seios uma da outra e lambê-los. E concluiu Stein: "Está vendo, ela realmente adora também creme azedo, a maidl iídish boazinha que é! E eu, fico mais do que vidrada em creme azedo o tempo todo." "Jewish Food."

A protagonista de Jyl Lynn Felman, Esther, passa por uma transformação de judia em lésbica no "Hot Chicken Wings". Neste caso, comer comida treif é o começo do processo de Esther sentir-se à vontade com seu desejo lésbico também "treif". Ela precisa deixar de ser judia para sentir-se à vontade em uma identidade lésbica, como é simbolizado pelo alimento que ingere.

5. Schulman, 59-61.

6. Katz, 115.

7. *Ibid.*, 81.

8. *Ibid.*, 151-152.

9. A rejeição pela família é um tema comum nas obras de escritoras judias lésbicas. É, aliás, o tema de três dos romances lésbicos mais antigos: *Wasteland* (1946), de Sinclair, *Triangles* (1984), de Ruth Geller, e *Choices* (1980), de Nancy Toder. A família figura também com destaque nas obras mais recentes de Jyl Felman e Lesléa Newman. Em algumas, é bem vívido o simbolismo da rejeição pela família. No *The Two Mujeres*, de Sara Levi Calderon, o filho adulto de Valeria atinge-a na cabeça com a menorá da família ao flagrá-la com a amante. Freqüentemente, relacionamentos lésbicos não conseguem sobreviver à pressão da família. No conto "Soup Story", de Ellen Gruber Garney, Nan e Michelle se separam depois de esta última ter visitado o lar da família, que lhe ignora o relacionamento lésbico e pressiona-a a casar. O relacionamento entre Nikki e Ilana termina após uma longa visita da mãe da segunda, sobrevivente do Holocausto, que descreve o lesbianismo da filha como uma punhalada em seu coração. Em Shelley, "The Car O'Tea Belove".

10. Schulman, 59.

11. Katz, 171-183.

12. Galford, 247.

13. Naomi Schemen escreve pungentemente sobre um jantar cerimo-

nial lésbico de Páscoa, onde o pai de uma das mulheres participa alegremente. "Aceitar o lesbianismo da filha foi o inacreditável caminho de sua própria volta ao judaísmo." ("Jewish Lesbian Writing: A Review Essay", 193.)

14. Bloch, 204.

15. *Ibid.*, 216.

16. *Ibid.*, 231.

17. *Ibid.*

18. *Ibid.*, 248.

19. Galford, 1.

20. Mudar de nome é típico de formação da identidade em vários contos escritos por autoras lésbicas. A personagem de Thyme Seagull muda seu nome, que tem um som iídish, Cheikie. "É um nome tribal. Eu, agora, pertenço a uma tribo diferente." "My Mother Was a Light Housekeeper", 186. Elisheva Rogin mudou o nome, Ellen, quando emigrou para Israel. No *In Every Laugh a Tear*, de Lesléa Newman, a personagem muda o nome, de Linda para Shayna, quando assume como lésbica (1), numa interessante inversão do padrão estabelecido por Thyme Seagull e indicativo de uma mudança no tempo das atitudes das lésbicas judias na afirmação de sua condição de judias.

21. Numerosas obras de ficção de judias lésbicas incluem fantasias de lésbicas vivendo no passado. No *The Sophie Horowitz Story*, Sophie admira a destreza e a pele morena de Muffin e pensa que ela era "o tipo de mulher com quem minha avó provavelmente trabalhou nas plantações de batatas na Lituânia" (60). Vários contos de judias lésbicas tecem também fantasias sobre outras no passado. O "With Love, Lena", de Teya Schaffer, 157-158, é uma história de amor reprimido entre imigrantes judias, no Lower East Side, em Nova York. Marcy Alancraig escreveu sobre duas judias criadoras de frangos em Petaluma, Califórnia, na década de 1930, e sobre a atração mútua de ambas. Rheabie e Mae são vizinhas e estudam a paixão sexual recíproca, a despeito dos medos de Rheabie. "Such a Business", 71-76. Susan Ruth Goldberg estuda a possibilidade de que Teibl e Chana poderiam ter-se tornado amantes, se a destruição do gueto de Varsóvia não as tivesse impedido de assim proceder. Em carta a Chana em abril de 1943, Teibl descreve a profundidade de seu amor e intensidade de paixão que "Não tive jamais... por qualquer rapaz". "Letter from the Warsaw Ghetto", 31-33.

22. Galford, 235.

23. *Ibid.*

24. Katz, 159.

25. *Ibid.*, 186.

10. VISÕES PARA O FUTURO

1. Cleaver, *Know My Name*, fornece interpretações das Escrituras cristãs que são úteis nesse trabalho.

Glossário

(Palavras do idioma hebraico, a menos que indicado de outra maneira.)

adamah: A terra.
Ahare Mot: Parte da Torah que inclui a proibição de comportamento homossexual masculino.
aliyá: Honra de recitar uma bênção sobre a Torah durante uma interpretação pública.
apikoros (grego): Cético, pessoa que recusa aceitar a lei e o costume hebraicos.
aufruf (iídish): Aliyá especial em honra do noivo, no Sabat anterior ao casamento.
bar/bat-mitzvá: Literalmente, filho/filha dos mandamentos; ritual realizado quando o indivíduo atinge a maioridade.
bet din (pl. **batei din**): Tribunal religioso.
bet midrash: Casa de estudo.
betulah: Virgem.
bimah: Púlpito.
brit: Literalmente, aliança. Termo usado para descrever a cerimônia de dar nome ao bebê no caso de meninas e que se tornou popular em tempos recentes. Durante a maior parte da história, o judaísmo não iniciava mulheres na Aliança de Israel e

não realizava cerimônias especiais relativas ao nascimento de meninas.

d'var torah: Comentário sobre um texto judaico durante uma cerimônia religiosa.

dybuk: O espírito de um morto que entra em uma pessoa viva.

ezer c'negdo: Companheiro e ajudante, a outra parte, a contrapartida.

enosh: Homem.

farbrente (iídish): Ardente, fanático.

Habad (Chabad): Seita de judeus hassidim.

haftarah: Parte profética da Bíblia hebraica, lida em todos os Sabat.

hagadá (pl. **haggadot**): Texto usado no jantar cerimonial da Páscoa.

halakhah: Textos legais judaicos.

hamez (chametz): Pão levedado, que não deve ser comido na Páscoa.

Hanukkah (Chanukah): Feriado que comemora a reinauguração do templo no século II a.C.

havdallah: Ritual de encerramento do Sabbath.

hevruta (chevruta): Parceiros de aprendizagem.

hupá (chupá): Dossel usado nos casamentos, cerimônia nupcial.

ketubbah (pl. **ketubbot**): Contrato nupcial.

kikombe (africano): Taça usada durante celebrações kwanzaa e que representa unidade.

Kwanzaa: Celebração afro-americana realizada no solstício de inverno.

lashon hara: Fofoca, espalhar boatos.

lazet min hamezarim (lazet min hametzarim): Neologismo que significa assumir a condição de lésbica.

mazzah (matzah): Pão não levedado comido na Páscoa.

mazzal tov (mazel tov): Cumprimento de parabéns.

mehizah (mechitzah): Obstáculo físico que separa o espaço reservado às mulheres na sinagoga tradicional.

mesolelot: Comportamento lésbico.

midrash: Processo de fazer comentários para interpretar um texto.

mikveh: Banho ritual.

mishkavei ishah: Coito, penetração.
Mishnah: Compilação antiga da lei judaica.
Mizrayim (Mitzrayim): Egito. Literalmente, lugar estreito.
mohel: Pessoa que realiza o ritual da circuncisão.
nashim: Mulheres.
niddah: Mulher menstruada.
nosin: Termo técnico que designa o casamento judaico.
payis (iídish): Cachos de cabelos usados por homens hassidim em observação do mandamento bíblico que proíbe que sejam raspados os cantos da cabeça.
Pesah (Pesach): Páscoa, o festival de primavera que comemora a libertação dos judeus e saída do Egito.
prizut (pritzut): Pequena infração.
rebbitzin (iídish): Esposa do rabi.
reyut: Amizade apaixonada.
Shabbat Shirah: Sabat durante o qual é lida a parte que conta o cruzamento do mar Vermelho para a liberdade.
shammes (iídish): Zelador da sinagoga.
shamor: Guardar.
sheva berakhot: As sete bênçãos nupciais.
shiva: Observância do luto pelo judeu.
shul (iídish): Sinagoga.
tallit: Xale de oração.
Talmud: Compilação da lei judaica efetuada no século V a.C., que compreende o Mishnah e os comentários sobre este teste conhecidos como gemara. Há duas versões do Talmud: uma compilada na Babilônia e a outra em Jerusalém. O Talmud babilônico é o mais completo e a obra de referência mais usada.
tashlikh: Cerimônia realizada no Ano-novo para livrarmo-nos de nossos pecados.
tefillin: Amuletos de couro usados na cabeça e braços durante as preces matutinas nos dias da semana, no cumprimento do mandamento bíblico seguinte: "Também as atarás como sinal na tua mão e te serão como frontal entre os teus olhos" (Deuteronômio, 6:4). Só os homens adultos podem usá-los. Recentemente, porém, mulheres começaram a adotar essa prática.

to'evah: Ato proibido, abominação.
treif: Não kosher, proibido.
yihud: Momento de privacidade do casal após a cerimônia do casamento.
zaddik (tzaddik): Homem justo.
zakhor: Lembrar.
zedakah (tzedakah): Literalmente, justiça, integridade; atos de doação, considerados obrigatórios nos termos da lei judaica.

Obras Citadas

"A Woman's Haggadah." Oberlin, Ohio: Miriam's Timbrel, 1984.

"At the March with *Bridges.*" *Bridges: A Journal For Jewish Feminists and Our Friends* 4 (inverno/primavera de 1994): 50-18.

"Coming Out, Coming Home: Lesbian and Gay Jews and the Jewish Community." Nova York: New Jewish Agenda, s.d.

"From the Editors." *Bridges: A Journal For Jewish Feminists and Our Friends* 1 (primavera de 1990): 5.

"Germany: Not Just Memories." *Connexions: An International Women's Quarterly* 29 (1989): 28-29.

"Negotiating Boundaries." *The Reconstructionist: A Journal of Contemporary Jewish Thought and Practice* 59 (outono de 1994).

"On Being Orthodox and Lesbian." *Neshama* 5 (primavera de 1993): 4-5, 8.

"Report on the Ad-Hoc Committee on Homosexuality and the Rabbinate." *Central Conference of American Rabbis Yearbook*, 100 (1990): 98-112.

"Sixty Places to Talk, Dance, and Sing." *Connexions: An International Women's Quarterly* 3 (janeiro de 1982): 16-18.

Abramowitz, Adina. "Growing up in Yeshiva." Em *Twice Blessed: On Being Lesbian or Gay and Jewish.* Organizado por Christie Balka e Andy Rose. Boston: Beacon, 1989.

Adler, Rachel. "The Virgin in the Brothel: The Legend of Beruriah." *Tikkun* 3 (novembro/dezembro de 1988): 28-35, 102-105.

Alancraig, Marcy. "Such a Business." Em *Speaking for Ourselves: Short Stories by Jewish Lesbians.* Organizado por Irene Zahava. Freedom, California Crossing, 1990.

Armstrong, Toni L. "New Jewish Agenda Havdallah Service and Concert. *Hotwire* (março de 1988): 20-21, 60-61.

Asch, Sholom. *The God of Vengeance*. Traduzido por Isaac Goldberg. Boston: Stratford, 1918.

Balka, Christie. "Thoughts on Lesbian Parenting and the Challenge to Jewish Communities." *Bridges* 3 (1993): 57-65.

Balka, Christie e Andy Rose, orgs., *Twice Blessed: On Being Lesbian or Gay and Jewish*. Boston: Beacon, 1989.

Bauman, Batya. "Women-Identified Women in Male-Identified Judaism." Em *On Being A Jewish Feminist: A Reader*. Organizado por Susannah Heschel. Nova York: Schocken, 1983.

Beck, Evelyn Torton. "Why Is This Book Different from All Other Books?" e "Still Different (1989)." Em *Nice Jewish Girls: A Lesbian Anthology*, edição revista e atualizada, organizada por Evelyn Torton Beck. Boston: Beacon, 1989.

Ben Ari, Yehudah. *Menorah* (julho/agosto de 1983): 1.

Berman, Phyllis e Arthur Waskow. "The Seder of Rebirth." Em *Tikkun* 9 (março/abril de 1994): 72-75.

Biale, David. *Eros and the Jews: From Biblical Israel to Contemporary America*. Nova York: Basic Books, 1992.

——. "Who Was a Jew — Who is a Jew?" Em *Disciplinary Boundaries* Organizado por Wolfgang Nutter. Nova York: Guilford, 1997.

Biale, Rachel. *Women and Jewis Law: An Exploration of Women's Issues in Halakhic Sources*. Nova York: Schocken, 1984.

Bleich, David e Fred Rosner, orgs., *Jewish Bioethics*. Nova York: Sanhedrin, 1980.

Bloch, Alice. *The Law of Return*. Boston: Alyson, 1983.

——. "Scenes from the Life of a Jewish Lesbian." Em *On Being A Jewish Feminist: A Reader*. Organizado por Susannah Heschel. Nova York: Schocken, 1983.

Bornstein, Kate. *Gender Outlaw: On Men, Women, and the Rest of Us*. Nova York: Routledge, 1994.

Boswell, John. *Christianity, Social Tolerance, and Homosexuality: Gay People in Western Europe from the Beginnings of Christianity to the 14th Century*. Chicago: University of Chicago Press, 1981.

——. *Same-Sex Unions in Premodern Europe*. Nova York: Villard, 1994.

Brick, Carrett L. "Judaism in the Gay Community." Em *Positively Gay*. Organizado por Betty Berzon e Robert Leighton. Millbrae, Calif.: Celestial Arts, 1979.

Brooten, Bernadette. "Paul's View on the Nature of Women and Female Homoeroticism." Em *Homosexuality and Religion and Philosophy*. Vol. 12, *Studies in Homosexuality*. Organizado por Wayne R. Dynes e Stephen Donaldson. Nova York: Garland, 1992.

——. *Love Between Women: Early Christian Responses to Female Homoeroticism.* Chicago: University of Chicago Press, 1996.

Bulkin, Elly, Minnie Bruce Pratt, e Barbara Smith. *Yours in Struggle: Three Feminist Perspectives on Anti-Semitism and Racism*. Brooklyn, N.Y.: Long Haul, 1984.

Bullough, Vern e Bonnie Bullough. *Cross Dressing, Sex, and Gender.* Filadélfia: University of Pennsylvania Press, 1993.

Butler, Becky, orga. *Ceremonies of the Heart: Celebrating Lesbian Unions.* Seattle, Wash.: Seal, 1990.

Calderon, Sara Levi. *The Two Mujeres.* Traduzido por Gina Kaufer. San Francisco: Aunt Lute, 1991.

Calhoun, Cheshire. "Separating Lesbian Theory from Feminist Theory." *Ethics* 104 (abril de 1994): 558-581.

Califia, Pat. *Sapphistry: The Book of Lesbian Sexuality.* Tallahassee, Fla: Naiad, 1980.

Cantarella, Eva. *Bisexuality in the Ancient World.* Traduzido por Cormac ó Cuilleanáin. New Haven e Londres: Yale University Press, 1992.

Chauncey, George. *Gay New York: Gender, Urban Culture, and the Making of the Gay World, 1890-1940.* Nova York: Basic Books, 1994.

Cleaver, Richard. *Know My Name: A Gay Liberation Theology.* Louisville, Ky: Westminster John Knox, 1995.

Clemente de Alexandria. *Paidagogos.* Traduzido por Simon P. Wood. Nova York: Fathers of the Church, 1954.

Collins, Jerre *et. al.* "Questioning the Unconscious: The Dora Archive." Em *In Dora's Case: Freud, Feminism, Hysteria.* Organizado por Charles Bernheimer e Claire Kahane. Nova York: Columbia University Press, 1985.

Collins, Patricia Hill. *Black Feminist Thought: Knowledge, Consciousness, and the Politics of Empowerment.* Nova York: Routledge, 1990.

Cooper, Aaron. "No Longer Invisible: Gay and Lesbian Jews Build a Movement." *Journal of Homosexuality* 18 (1989-90): 93-94.

Curtin, Kaier. *We Can Always Call Them Bulgarians: The Emergence of Lesbians and Gay Men on the American Stage.* Boston: Alyson, 1987.

D'Emilio, John e Estelle Freedman. *Intimate Matters: A History of Sexuality in America.* Nova York: Harper and Row, 1988.

Daniels, Doris. *Always a Sister: The Feminism of Lillian D. Wald.* Nova York: Feminist Press, 1989.

Decker, Hannah. *Freud, Dora, and Vienna 1900.* Nova York: Free Press, 1991.

Deutsch, Felix. "A Footnot to Freud's 'Fragment of an Analysis of a Case of Hysteria'". Em *In Dora's Case: Freud, Feminism, Hysteria.* Organizado por Charles Bernheimer e Claire Kahane. Nova York: Columbia University Press, 1985.

Devor, Holly. *Gender Blending: Confronting the Limits of Duality.* Bloomington: Indiana University Press, 1989.

Diller, Victor Jerry. *Freud's Jewish Identity: A Case Study in the Impact of Ethnicity.* Cranbury, N.J.: Associated University Presses, 1991.

Douglas, Mary. *Purity and Danger.* Londres: Routledge, 1966.

Duberman, Martin Bauml, Martha Vicinus e George Chauncey, Jr., orgs. *Hidden From History: Reclaiming the Gay and Lesbian Past.* Nova York: New American Library, 1989.

Eilberg-Schwartz, Howard. *God's Phallus and Other Problems for Men and Monotheism.* Boston: Beacon, 1994.

——. *The Savage in Judaism.* Bloomington: University of Indiana Press, 1990.

Eisenbach-Budner, Deborah. "Spilling Our Wine: A New Wedding Blessing." *Lilith* 20 (inverno de 1995-96): 44.

Ellis, Havelock. *Studies in the Psychology of Sex.* Filadélfia: F. A. Davis, 1928-30.

Ettelbrick, Paula L. "Since When Was Marriage the Path of Liberation?" *Outlook* 6 (outono de 1989): 9, 14-17.

Faderman, Lillian, org. *Chloe Plus Olivia: An Anthology of Lesbian Literature from the Seventeenth Century to the Present.* Nova York: Viking, 1994.

Faderman, Lillian. *Odd Girls and Twilight Lovers: A History of Lesbian Life in Twentieth-Century America.* Nova York: Nova York: Columbia University Press, 1992.

——. *Surpassing the Love of Women: Romantic Friendship and Love between Women from the Renaissance to the Present.* Nova York: William Morrow, 1981.

Falk, Marcia. "Notes on Composing New Blessings: Toward a Feminist-Jewish Reconstruction of Prayer." *Journal of Feminist Studies in Religion* 3 (primavera de 1987): 39-53.

Feinberg, Leslie. *Stone Butch Blues.* Ithaca, N.Y.: Firebrand, 1993.

Felman, Jyl L. *Hot Chicken Wings.* San Francisco: Aunt Lute, 1992.

Ferris, Helene. "Statement of Purpose and Goals: Conference on 'Lesbian and Gay Jews in the Jewish Community'", 20 de abril de 1986. Fotocópia.

Fischer, Erica. *Aimée and Jaguar: A Love History, Berlin 1943.* Traduzido por Edna McCown. Nova York: HarperCollins, 1995.

Flagg, Fannie. *Fried Green Tomatoes at the Whistle Stop Cafe.* Nova York: McGraw-Hill, 1988.

Fontenot, Eduoard. "Of Spells and Lesbians in Ancient Rome." *Harvard Gay and Lesbian Review* 1 (primavera de 1994): 11-14.

Foucault, Michel. *The History of Sexuality: An Introduction,* Vol. 1. Traduzido por Robert Hurley. Nova York: Vintage, 1990.

Freedman, Marcia. *Exile in the Promised Land: A Memoir.* Ithaca, N.Y.: Firebrand, 1990.

Freehof, Solomon R. "A Responsum." *CCAR Journal* 20 (verão de 1973): 31-32.

Freud, Sigmund. "Hysterical Fantasies." Em *Dora: An Analysis of a Case of Hysteria.* Organizado por Philip Rieff. Nova York: Collier, 1963.

——. "The Psychogenesis of a Case of Homosexuality in a Woman (1920)." Em *The Standard Edition of the Complete Psychological Works of Sigmund Freud.* Vol. 18. Traduzido e organizado por James Strachey. Londres: The Hogarth Press, 1955.

Gal Berner, Leila e Renee Gal Primack. "Uncharted Territory: Lesbian Commitment Ceremonies." Em *Lifecycles: Jewish Women on Life Passages and Personal Milestones.* Vol. 1. Organizado por Debra Orenstein. Woodstock, Vt.: Jewish Lights, 1994.

Galford, Ellen. *The Dyke and the Dybbuk.* Londres: Virago, 1993.

Garber, Marjorie. *Vested Interests: Cross-Dressing and Cultural Anxiety.* Nova York: Routledge, 1992.

Garvey, Ellen Gruber. "Soup Story." Em *Speaking for Ourselves: Short Stories by Jewish Lesbians.* Organizado por Irene Zahava. Freedom, Calif.: Crossing, 1990.

Geller, Ruth. *Triangles.* Freedom, Calif.: Crossing, 1984.

Gilligan, Carol. *In A Different Voice: Psychological Theory and Women's Development.* Cambridge: Harvard University Press, 1992.

Gilman, Sander. "The Jewish Psyche: Freud, Dora, and the Idea of Hysteria." Em *The Jew's Body.* Nova York: Routledge, 1991.

Goldberg, David Theo e Michael Krausz, orgs. *Jewish Identity.* Filadélfia: Temple University Press, 1993.

Goldberg, Susan Ruth. "Letter from the Warsaw Ghetto." Em *Speaking For Ourselves: Short Stories by Jewish Lesbians.* Organizado por Irene Zahava. Freedom, Calif.: Crossing, 1990.

Goldstein, Elsie. "Leter." *Lilith* 17 (primavera de 1992): 2.

Grahn, Judy. *Another Mother Tongue: Gay Words, Gay Worlds.* Boston: Beacon, 1990.

Greenberg, David F. *The Construction of Homosexuality.* Chicago: University of Chicago Press, 1988.

Grossman, Marlyn. "Dilemma of a Jewish Lesbian." Em *Chutzpah: A Jewish Liberation Anthology.* Organizado por Steven Lubet *et. al.* San Francisco: New Glide, 1977.

Hallett, Judith P. "Sappho and Her Social Context: Sense and Sensuality." *Signs* 4 (primavera de 1979): 447-464.

Heyward, Carter. "Sexuality, Love, and Justice." Em *Our Passion for Justice: Images of Power, Sexuality, and Liberation.* Nova York: Pilgrim, 1984.

Hirsch, Jody. "In Search of Role Models." Em *Twice Blessed: On Being Lesbian or Gay and Jewish*. Organizado por Christie Balka e Andy Rose. Boston: Beacon, 1989.

Hirschfeld, Magnus. *Racism*. Traduzido e organizado por Eden e Cedar Paul. Port Washington, N.Y.: Kennikat, 1973.

Hoagland, Sarah Lucia e Julia Penelope, orgs. *For Lesbians Only: A Separatist Anthology*. Londres: Onlywomen, 1988.

Hollibaugh, Amber e Cherrie Moraga. "What We're Rollin Around in Bed With: Sexual Silences in Feminism." Em *Powers of Desire: The Politics of Sensuality*. Orgnizado por Ann Snitow, C. Stansell, e S. Thompson. Nova York: Monthly Review Press, 1983.

Homosexuality and Judaism: The Reconstructionist Position. Wyncote, Pa.: Federation of Reconstructionist Congregations and Havurot e The Reconstructionist Rabbinical Association, 1992.

Horodetzky, Samuel A. *Leaders of Hasidism*. Traduzido por Maria Horodetzky-Magasanik. Londres: Hasefer Agency for Literature, 1928.

Horst, P.W. van der, trad. *The Sentences of Pseudo-Phocylides*. Vol. 4, *Studia Veteris Testamenti Pseudepigrapha*. Leiden: Brill, 1978.

Jacobus, Mary. "Dora and the Pregnant Madonna." Em *Reading Woman: Essays in Feminist Criticism*. Nova York: Columbia University Press, 1986.

Jano. "The Woman Who Lied." Em *Speaking for Ourselves: Short Stories by Jewish Lesbians*. Organizado por Irene Zahava. Freedom, Calif.: Crossing, 1990.

Johansson, Warren e William Percy. *Outing: Shattering the Conspiracy of Silence*. Nova York: Haworth, 1994.

Kaplan, Marion. *The Jewish Feminist Movement in Germany: The Campaigns of the Judischer Frauenbund 1904-1938*. Westport, Conn.: Greenwood, 1979.

Kaplan, Mordecai. *Judaism as a Civilization*. Nova York: Schocken, 1967.

Kates, Judith A. e Gail Twersky Reimer, orgs. *Reading Ruth: Contemporary Women Reclaim a Sacred Story*. Nova York: Ballantine, 1994.

Katz, Judith. *Running Fiercely Toward a High Thin Sound*. Ithaca, N.Y.: Firebrand, 1992.

Kaufman, Michael. *The Woman in Jewish Law and Tradition*. Northvale, N.J.: Jason Aaronson, 1993.

Kaye/Kantrowitz, Melanie. "Some Notes on Jewish Lesbian Identity." Em *Nice Jewish Girls: A Lesbian Anthology*, ed. revista e atualizada. Organizada por Evelyn Torton Beck. Boston: Beacon, 1989.

Kay/Kantrowitz, Melanie e Irena Klepfisz, orgs. *Tribe of Dina: A Jewish Women's Anthology*. Montpelier, VT.: Sinister Wisdom, 1986.

Kellner, Menachem, org. *Contemporary Jewish Ethics*. Nova York: Sanhedrin, 1978.

Kennedy, Elizabeth L. e Madelyn Davis. *Boots of Leather, Slippers of Gold: The History of a Lesbian Community*. Nova York: Routledge, 1993.

Kessler-Harris, Alice. "Organizing the Unorganizable: Three Jewish Women and Their Unions." *Labor History* 17 (inverno de 1976): 5-23.

Kimelman, Reuven. "Homosexuality and Family-Centered Judaism." *Tikkun* 9 (julho/agosto de 1994): 53-57.

Klepfisz, Irena. *Dreams of an Insomniac: Jewish Feminist Essays, Speeches, and Diatribes*. Portland, Ore.: Eighth Mountain, 1990.

Koltun, Elizabeth, org. *The Jewish Woman: New Perspectives*. Nova York: Schocken, 1976.

Koltuv, Barbara Black. *The Book of Lilith*. York Beach, Me.: Nicolas-Hays, 1991.

Krafft-Ebing, Richard von. *Psychopathia Sexualis with Specific Reference to Antipathic Sexual Instinct: A Medio-Forensic Study*. Londres, 1899.

Lamm, Norman. "Judaism and the Modern Jewish Attitude to Homosexuality." *Encyclopedia Judaica Yearbook* (1974).

Laqueur, Thomas. *Making Sex: Body and Gender from the Greeks to Freud*. Cambridge: Harvard University Press, 1990.

Leipzig, Roseanne e Judy Mable. "Tikkun Olam: Healing of the World." *Ceremonies of the Heart: Celebrating Lesbian Unions*. Organizado por Becky Butler. Seattle, Wash.: Seal, 1990.

Levado, Yaakov (pseud.). "Family Values: A Reply to Reuven Kimelman." *Tikkun* 9 (julho/agosto de 1994): 57-60.

——. "Gayness and God, Wrestlings of na Orthodox Rabbi." *Tikkun* 8 (setembro/outubro de 1993): 54-60.

Lewin, Karl K. "Dora Revisited." *Psychoanalytic Review 60* (1973-74): 520-532.

Liza e Penny. "Anti-Semitism in the Lesbian Movement." *Dyke 6* (outono de 1977): 20.

Lorde, Audre. "The Uses of the Erotic: The Erotic as Power." Em *Sister/Outsider*. Trumansburg, N.Y.: Crossing, 1984.

Maggid, Aliza. "Joining Together: Building a Worldwide Movement." Em *Twice Blessed; On Being Lesbian or Gay and Jewish*. Organizado por Christie Balka e Andy Rose. Boston: Beacon, 1989.

Mannich, Lise. "Some Aspects of Egyptian Sexual Life." Em *Homosexuality in the Ancient World*. Vol. 1, *Studies In Homosexuality*. Organizado por Wayne R. Dynes e Stephen Donaldson. Nova York: Garland, 1992.

Marcus, Jacob., org. *The American Jewish Woman: A Documentary History*. Nova York: KTAV, 1981.

Marcus, Steven. "Freud and Dora: Story, History, Case History." Em *In Dora's Case: Freud, Feminism, Hysteria*. Organizado por Charles

Bernheimer e Claire Kahane. Nova York: Columbia University Press, 1985.

Marder, Janet. "Getting to Know the Gay and Lesbian Shul: A Rabbi Moves from Tolerance to Acceptance." Em *Twice Blessed: On Being Lesbian or Gay and Jewish*. Organizado por Christie Balka e Andy Rose. Boston: Beacon, 1989.

Matt, Herschel. "Homosexual Rabbis." *Conservative Judaism* 39 (1987): 29-33.

——. "Sin, Crime, Sickness, or Alternative Life-Style?: A Jewish Approach to Homosexuality." *Judaism* 27 (1978): 13-24.

Mazow, Julia Wolf, org. *The Woman Who Lost Her Names: Selected Writings of American Jewish Women*. San Francisco: Harper and Row, 1980.

Merkin, Daphne. "A Closet of One's Own: On Not Becoming A Lesbian." *Tikkun* 10 (novembro/dezembro de 1995): 21-24, 93-94.

Miriam, Selma. "Anti-Semitism in the Lesbian Community: A Collage of Mostly Bad News by One Jewish Dyke." *Sinister Wisdom* 19 (1982): 25.

Moore, Tracy, org. *Lesbiot: Israeli Lesbians Talk about Sexuality, Feminism, Judaism, and Their Lives*. Londres: Cassell, 1995.

Mushroom, Merrill. "Merrill Mushroom is a Jew." *Common Lives, Lesbian Lives* 7 (primavera de 1983): 78-85.

Nestle, Joan, org. *The Persistent Desire: A Femme-Butch Reader*. Boston: Alyson, 1992.

Newman, Lesléa. *In Every Laugh a Tear*. Norwich, Vt.: New Victoria, 1992.

——. *A Letter to Harvey Milk*. Ithaca, N.Y.: Firebrand, 1988.

Newton, Esther. "The Mythic Mannish Lesbian: Radclyffe Hall and the New Woman." *Signs: Journal of Women and Culture in Society* 9 (verão de 1984): 557-575.

Olyan, Saul. "'And With a Male You Shall Not Lie the Lying Down of a Woman': On the Meaning and Significance of Leviticus 18:22 and 20:13." *Journal of the History of Sexuality* 5 (outubro de 1994): 179-206.

Orenstein, Gloria Feman. *The Reflowering of the Goddess*. Elmsford, N.Y.: Pergamon, 1990.

Orleck, Annelise. *Common Sense and a Little Fire: Women and Working Class Politics in the United States, 1900-1965*. Chapel Hill, N.C.: University of North Carolina Press, 1995.

Pardes, Ilana, *Countertraditions in the Bible: A Feminist Approach*. Cambridge: Harvard University Press, 1992.

Patai, Raphael. *The Hebrew Goddess*. Nova York: Avon, 1978.

Plaskow, Judith. "The Coming of Lilith: Toward a Feminist Theology." Em *Womanspirit Rising: A Feminist Reader in Religion*. Organizado por

Carol Christ e J. Plaskow. San Francisco: Harper and Row, 1979.

——. "Lesbian and Gay Rights: Asking the Right Questions." *Tikkun* 9 (março/abril de 1994): 31-32.

——. *Standing Again at Sinai: Judaism from a Feminist Perspective.* San Francisco: Harper and Row, 1990.

Ponse, Barbara. *Identities in the Lesbian World: The Social Construction of Self.* Westport, Conn.: Greenwood, 1978.

Ramas, Maria. "Freud's Dora, Dora's Hysteria: The Negation of A Woman's Rebellion." *Feminist Studies* 6 (outono de 1980): 472-510.

Rapoport-Albert, Ada. "On Women in Hasidism: S.A. Horodecky and the Maid of Ludmir Tradition." Em *Jewish History: Essays in Honor of Chimen Abramsky.* Organizado por Ada Rapoport-Albert e Steven J. Zipperstein. Londres: Peter Halban, 1988.

Reagon, Bernice Johnson. "Coalition Politics: Turning the Century." Em *Home Girls: A Black Feminist Anthology.* Organizado por Barbara Smith. Nova York: Kitchen Table Women of Color, 1983.

Rich, Adrienne. "Compulsory Heterosexuality and Lesbian Existence." Em *Signs: Journal of Women in Culture and Society* 5 (verão de 1980): 631-660.

——. "If Not With Others, How?." Em *Blood, Bread and Poetry: Selected Prose 1979-1985.* Nova York: Norton, 1986.

——. "Split at the Root." Em *Nice Jewish Girls: A Lesbian Anthology*, revista e atualizada. Organizada por Evelyn Torton Beck. Boston: Beacon, 1989.

Rogow, Faith. "Why Is This Decade Different From All Other Decades? A Look at the Rise of Jewish Lesbian Feminism." *Bridges* 1 (primavera de 1990): 67-79.

Rosenblum, Barbara e Sandra Butler, *Cancer in Two Voices.* San Francisco: Spinster, 1991.

Rosenfeld, Marthe. "Jewish Lesbians in France." Em *Lesbian Philosophies and Cultures.* Organizado por Jeffner Allen. Albany, N.Y.: State University of New York Press, 1990.

Gayle, Rubin. "Thinking Sex: Notes for a Radical Theory of the Politics of Sexuality." Em *Pleasure and Danger: Exploring Female Sexuality.* Organizado por Carol Vance. Boston: Routledge and Kegan Paul, 1984.

Ruth: A New Translation (Anchor Bible). Introdução por Edward F. Campbell. Garden City, N.Y.: Doubleday, 1975.

Sarah, Elizabeth. "Judaism and Lesbianism: A Tale of Life on the Margins of the Text." *Jewish Quarterly* 40 (1993): 20-23.

Satlow, Michael. "'They Abused Him Like a Woman': Homoeroticism, Gender Blurrring, and the Rabbis in Antiquity." *Journal of the History of Sexuality* 5 (1994): 1-25

Schaffer, Teya. "With Love, Lena." Em *Tribe of Dina: A Jewish Women's Anthology*. Organizado por Melanie Kaye/Kantrowitz e Irena Klepfisz. Montpelier, Vt.: Sinister Wisdom, 1986.

Schanfield, Lillian. "Singer's 'Yentl': The Fantastic Case of a Perplexed Soul." Em *Spectrum of the Fantastic: Selected Essays from the Sixth International Conference on the Fantastic in the Arts*. Organizado por Donald Palumbo. Nova York: Greenwood, 1988.

Schemen, Anomi. "Jewish Lesbian Writing: A Review Essay." *Hypatia* 7 (1982): 186-194.

Schneider, Susan Weidman. *Jewish and Female: Choices and Changes in Our Lives Today*. Nova York: Simon and Schuster, 1984.

Schoppmann, Claudia. *Days of Masquerade: Life Stories of Lesbians During the Third Reich*. Traduzido por Allison Brown. Nova York: Columbia University Press, 1996.

Schulman, Sarah. *The Sophie Horowitz Story*. Tallahassee, Fla.: Naiad, 1984.

Schüssler Fiorenza, Elisabeth. *In Memory of Her: A Feminist Theological Reconstruction of Christian Origins*. Nova York: Crossroad, 1989.

Seagull, Thyme S. "My Mother Was a Light Housekeeper." Em *The Woman Who Lost Her Names: Selected Writings by American Jewish Women*. Organizado por Julia W. Mazow. San Francisco: Harper and Row, 1980.

Seid, Ruth. *The Seasons: Death and Transfiguration*. Nova York: Feminist Press, 1993.

Sinclair, Jo. *The Changelings*. Nova York: Feminist Press, 1985.

——. *Wasteland*. Nova York: Harper and Brothers, 1946.

Shelley, Martha. "The Car O'Tea Belove." Em *Speaking For Ourselves: Short Stories by Jewish Lesbians*. Organizado por Irene Zahava. Freedom, Calif.: Crossing, 1990.

Shokeid, Moshe. *A Gay Synagogue in New York*. Nova York: Columbia University Press, 1995.

Sicular, Eve. "'A yingl mit a yingl hot epes a tam': The Celluloid Closet of Yiddish Film", *Jewish Folklore and Ethnology Review* 16 (1994): 40-45.

——. "Gender Rebellion in Yiddish Film (It's Not Victor/Victoria!)". *Lilith* 20 (inverno de 1995-96): 12-17.

Silberstein, Laurence. "Others Within and Others Without: Rethinking Jewish Identity and Culture." Em *The Other in Jewish Thought and History: Constructions of Jewish Culture and Identity*. Organizado por Laurence Silberstein and Robert Cohn. Nova York: New York University Press, 1994.

Silverberg-Willis, Luana e Yael Silverberg-Willis. "Gospel Under the Chuppah." *Ceremonies of the Heart: Celebrating Lesbian Unions*. Organizado por Becky Butler. Seattle, Wash.: Seal, 1190

Singer, Isaac Bashevis. *Shosha.* Nova York: Farrar, Straus and Giroux, 1978.

——. *Yentl the Yeshiva Boy.* Traduzido por Marion Magid e Elizabeth Pollet. Nova York: Farrar, Straus and Giroux. 1983.

——. "Zeitl and Rickel." Em *The Seance and Other Stories.* Nova York: Farrar, Straus and Giroux, 1964.

Smith-Rosenberg, Carroll. "The Female World of Love and Ritual: Relations Between Women in Nineteenth-Century America." Em *Disorderly Conduct: Visions of Gender in Victorian America.* Nova York: Knopf, 1985.

Smith, Beverly, com a colaboração de Judith Stein e Priscilla Golding. "The Possibility of Life Between Us: A Dialogue Between Black and Jewish Women." *Conditions* 7 (1981): 25-46.

Steakley, James D. "Love Between Women and Love Between Men: Interview with Charlotte Wolff." *New German Critique* 23 (primavera/verão de 1981): 73-81.

Stein, Judith. "Jewish Food: A Short Thought." Fotocópia.

——. *A New Haggadah: A Jewish Lesbian Seder.* Cambridge, Mass.: Bobbeh Meiseh, 1984.

Stigers, Eva Stehle. "Romantic Sensuality, Poetic Sense: A Response to Hallett on Sappho." *Signs* 4 (primavera de 1979): 465-471.

Taylor, Verta e Leila J. Rupp. "Women's Culture and Lesbian Feminist Activism: A Reconsideration of Cultural Feminism." *Signs* 19 (outono de 1993): 32-61.

Teubal, Savina. *Sarah the Priestess: The First Matriarch of Genesis.* Athens, Ohio: Swallow, 1984.

Toder, Nancy. *Choices.* Boston: Alyson, 1980.

Towarnicky, Carol. "Accepting or Embracing." *The New Menorah: The P'nai Or Journal of Jewish Renewal* 23, 2ª série (primavera de 1991): 13, 18.

Trible, Phyllis. *God and the Rhetoric of Sexuality.* Filadélfia: Fortress, 1978.

Vicinus, Martha. "'They Wonder to Which Sex I Belong': The Historical Roots of Modern Lesbian Identity." Em *Homosexuality, Which Homosexuality?* Organizado por Dennis Altman, *et. al.* Amsterdam: Schorer, 1989.

Warner, Michael. "Introduction." Em *Fear of a Queer Planet: Queer Politics and Social Theory.* Minneapolis: University of Minnesota Press, 1993.

Watts, Linda. "'Can Women Have Wishes': Gender and Spiritual Narrative in Gertrude Stein's *Lend a Hand or Four Religions.*" *Journal of Feminist Studies in Religion* 10 (1994): 49-72.

Weeks, Jeffrey. *Sexuality and Its Discontents: Meanings, Myths and Modern Sexualities.* Londres: Routledge and Kegan Paul, 1985.

Wegner, Judith. *Chattel or Person? The Status of Women in the Mishnah.* Nova York: Oxford University Press, 1988.

Weston, Kath. *The Families We Choose: Lesbians, Gays, Kinship.* Nova York: Columbia University Press, 1991.

Wiesen Cook, Blanche. "Female Support Networks and Political Activism: Lillian Wald, Crystal Eastman, Emma Goldman." *Chrysalis* 3 (1977): 43-61.

——. "Review Essay: *The Life of Lorena Hickok: ER's Friend* by Doris Faber." *Feminist Studies* 6 (outono de 1980): 511-516.

Winkler, Gershon. *They Called Her Rebbe: The Maid of Ludmir.* Nova York: Judaica, 1991.

Wolff, Charlotte. *Bisexuality: A Study.* Londres: Quartet, 1977.

——. *The Hand in Psychological Diagnosis.* Nova York: Philosophical Library, 1952.

——. *Hindsight.* Londres: Quartet, 1980.

——. *Love Between Women.* Londres: Duckworth, 1971.

——. *Magnus Hirschfeld: A Portrait of a Pioneer in Sexology.* Londres: Quartet, 1986.

——. *On The Way to Myself: Communications to a Friend.* Londres: Methuen, 1969.

——. *A Psychology of Gesture.* Londres: Methuen, 1945.

Wolff, Elliot R. *Through A Speculum That Shines: Vision and Imagination in Medieval Jewish Mysticism.* Princeton: Princeton University Press, 1994.

Young, Iris Marion. *Justice and the Politics of Difference.* Princeton: Princeton University Press, 1990.

Zahava Irene, org. *Speaking for Ourselves: Short Stories by Jewish Lesbians.* Freedom, Calif.: Crossing, 1990.

Zimmerman, Bonnie. *The Safe Sea of Women: Lesbian Fiction 1969-1989.* Boston: Beacon, 1993.

Seja um Leitor Preferencial Record
e receba informações sobre nossos lançamentos.
Escreva para
RP Record
Caixa Postal 23.052
Rio de Janeiro, RJ – CEP 20922-970
dando seu nome e endereço
e tenha acesso a nossas ofertas especiais.

Válido somente no Brasil.

Ou visite a nossa *home page*:
http://www.record.com.br

Impresso no Brasil pelo
Sistema Cameron da Divisão Gráfica da
DISTRIBUIDORA RECORD DE SERVIÇOS DE IMPRENSA S.A.
Rua Argentina 171 – Rio de Janeiro, RJ – 20921-380 – Tel.: 585-2000